生 命 哲 学 研 究 丛 书

本丛书属于国家社会科学基金重大项目"欧洲生命哲学的新发展"（批准号：14ZDB018）最终研究成果。

高宣扬　《生命的自我创造精神》，待出
杜保瑞　《中国生命哲学真理观》，已出
常雪敏　《从自然之善到公民幸福——卢梭的人文主义》，已出
雷　静　《宋明理学责任伦理思想研究》，已出
邓　刚　《从生命哲学到社会哲学——柏格森晚期思想研究》，待出
　　　　……

Collection of
Life Philosophy
Research

生命哲学
研究丛书
高宣扬/主编

宋明理学责任伦理思想研究

雷 静 ◎ 著

Research on the Thought of Responsibility Ethics in
Neo-Confucianism of Song-Ming Era

总　序

高　宣　扬

每个人都有自己独特的生命,但并不是每个人都真正了解和珍惜自己的生命。正如中世纪神学家和思想家奥古斯丁所说,每个人都在时间中度过,但一旦问起"什么是时间",人们却茫然失措,无以言答。当现代化越来越紧迫的进程把越来越多的人卷入紧张的生活节奏的时候,许多人只顾埋头工作,一心专注于眼前的事务,把完成议事日程上的具体活动当作主要的生活内容,使自己的生命耗费在近乎盲目的简单重复性运动中,而把至关重要的自身生命问题置之度外,也逐渐忘却了现代化本身的创新使命及其与自身生命的内在联系。

诺贝尔奖获得者奥地利理论物理学家、量子力学奠基人之一薛定谔(Erwin Schrödinger, 1887—1961)并没有把自己限制在物理实验室的工作中,而是把自己的事业视为自己的生命,"关注生命"和"热衷于创新"交融在一起,构成他生命的原动力,使他在 1944 年发表《什么是生命》,试图以热力学、量子力学和生物化学理论来解释生命的本性与价值,强调生命靠"负熵"(Negentropie)来保障其自身有序的系统组织性,使生命有可能持续地实现自我创造和自我更新。薛定谔说得对:"我们的任务不是去发现别人还没有发现的东西,而是针对所有人都看见的东西做一些从未有过的思考",一语道破现代化的创新精神,也喊出了生命本身发自其内在本质的强有力创新呼声。

其实,早在现代化的黎明时期,意大利政治哲学家、修辞学家、历史学家兼诗人维科(Giambattista Vico, 1668—1744)就明确指出:生命的真正价值在于不断创新;有了生命,光是活着,或仅仅空想,不实行创新活动,就辜负了生命的价值。他说:"真理本身是做出来的"(verum esse ipsum factum; the true itself is made);要使生命的存在价值发挥出来,就必须创造性地"做",有所作为。维科反对笛卡尔过于倚重"我思",反对使生命的创造行动纳入格式化的理性逻辑中。他认为,重要的问题,不是形而上学地反思理性所想到的一切,而是分析出导致创新行动的思想原因。1725年维科发表的《新科学》(Scienza Nuova)更明确地论证现代化时期新科学的基本精神:珍惜生命本身的创造性力量,发扬古人的诗性智慧,充分发挥想象的威力,不断开辟新视野,创造出前无古人的新作品。

生命的存在归根结底是一种自我创造活动。最早的时候,希腊人用Autopoiesis这个词表示"自我创造":Auto就是自身,poiesis表示"创造"或者"生产"。很发人深思的是,希腊人用同一个词根表示"生产"和"诗歌",把创造、生产和诗歌当成是一回事。在天真的古希腊人看来,生产和创造的共同特点,就是实现"从无到有"的过程,都是开创性和实验性的探险活动,它们是人类所固有的自由的思想创造活动,因此,唯有诗歌、诗人,才有资格被当成是人类这种固有的创造精神的典范。

但人类只是经历千百年来的长期艰苦的科学探索以及实际体验之后,才对生命自身的自我创造性获得越来越深刻的认识,直到1972年,"自我创造"(Autopoiesis)这个词才由智利的生命科学家洪贝尔多·马图拉纳(Humberto Maturana,1928—)和弗朗西斯科·瓦列拉(Francisco Varela,1946—2001),正式首次引入当代生命科学中。从那以后,"自我创造"成为生命哲学的一个重要概念,集中凸显生命本身的基本特征,并由此突破了原来生命科学的狭小范围,成为推动整个自然科学和哲学人文社会科学发展的一个典范式的概念。

从此以后,在自然科学中,首先是直接研究生命的各个学科,诸如生物学、医学、生物化学、生物分子、生物物理、纳米科学、基因工程、胚胎学等;其次是所有与生命的生存及其条件紧密相关的学科和现代技术,包括环境科学、伦理学、认知科学、语言学、生理学、心理学等,都以突飞猛进的姿态,向生命哲学研究提出越来越紧迫的挑战。

正如牛津大学生命科学院的成立宣言所说:"生命科学是一门令人激

动并正在迅速发展的学科,它涉及越来越多的学科领域,也采用了越来越复杂的方法,因而,生命科学本身正在演化和分化成越来越多的分支科学,包括'维持生命的生命科学'、'分子基因学'等"。生命科学不仅在自身越来越复杂的各个分支中,开创性地使用越来越深入细致的严谨细腻的新方法,而且,也越来越高速地膨胀到更多的领域,扩展到令人难以置信的新学科,开辟越来越多的前沿学科,富有挑战性地把生命研究同自然科学中生物学之外的各个学科连接在一起,使生命研究在自然科学领域内成为最有领导地位的"牵动性学科",不只是带动生物物理、生物化学、分子物理学、基因工程等朝向微观世界的精密科学,同时也带动天体物理、宇宙生成学、宇航生物学、太阳粒子研究等朝向宏观世界的新型学科,而且,也把哲学、社会科学及人文科学联系在一起,使人类的创新活动导向史无前例的新方向。

从20世纪中叶开始,国外环绕生命哲学研究所涉及的主题和内容,就其原始资料而言,远的不说,在近30年间,包括各种论文、专著及文献等,已达成千上万,毫不夸大地说,可以用"汗牛充栋"来形容;数量之多,论题之复杂,涉及面之广,多学科之穿插性,新概念和新方法之多样化,都是史无前例的。研究状况之热烈气氛及其丰富性,一方面表示这一研究课题的广泛性、传统性、延续性、多样性及其含糊性和前瞻性,另一方面也显示生命哲学探索的迫切性、前沿性及其重大意义。

国内学术界对于生命科学和生命哲学的研究和探索,自改革开放之后,有了长足的进步和发展。近40年来,特别是在改革开放中成长的新一代哲学家和人文社会科学研究者,已经注意到当代生命科学的划时代成果及其对当代哲学改造的决定性意义。

正是在此基础上,自2014年11月国家社科基金重大项目"欧洲生命哲学的新发展"(批准号:14ZDB018)获准立项以来,研究组成员充分发挥积极主动的创造精神,一方面全面深入研究和吸收西方生命科学与生命哲学的最新成果;另一方面发扬中国传统生命哲学的优秀成果,试图创建一个符合新时代的生命哲学。

在欧洲生命哲学研究中,有过多次试图吸纳东方和中国传统生命概念的尝试,例如,在叔本华和尼采生命思想中,有对禅宗生命思想的向往;在

"后现代"思想家中也出现倾向于东方思想的趋势,但欧洲思想家对中国生命思想的认识及其实际经验的缺乏,远远大于中国思想家对西方生命思想的认识程度,使他们的各种相关努力都无法从根本上实现突破性进展。

而且,在对待科学的态度上,欧洲哲学家也往往满足于理性主义和经验主义的框架,始终处理不好科学发展中"科学理性"与"生活理性"之间的极其复杂的关系,他们没有认真从中国科学发展史、中国医学史和中国思想史的丰富经验中总结出对于生命的自然淳朴概念,阻碍了新型生命哲学的创建。

因此,实现具有时代意义的新生命哲学研究的突破口,恰恰就在于克服欧洲生命哲学的功利性和工具性,深入批判西方传统哲学的西方中心主义和主体中心主义,彻底摆脱福柯所说的"正常与异常的割裂"的西方传统思想模式①,针对欧洲生命概念中的"理性"与"非理性"、"生命"与"非生命"、"科学"与"哲学"、"主体"与"客体"的割裂和对立,以中国传统生命观中"有形与无形"和"阴与阳"的辩证法,从"天、地、人"相互紧密结合的广阔视野,积极从哲学理论的高度,总结当代科学技术的最新成果,将中国漫长哲学思想中的积极潜在创造力量,特别是中国生命哲学和医学中的自然的淳朴性质加以发扬光大,坚持在生命自身的生活过程中,把生命的哲学意义同自然科学意义结合起来,避免欧洲生命哲学一再重复的"身心两分法"或"科学和哲学的学科逻辑区分原则",朝着开创新生命哲学的方向,进行尽可能全面而灵活的新型哲学探索。

在中国哲学史上,首先是《易经》,接着是老子和孔子等人,在社会和文化发生重大转变的历史时刻,准确地把握了自身的历史使命,而他们的最大贡献,就在于始终以"生命"作为哲学研究的焦点,创建天人合一的独具特色的生命哲学。这种建立在中国思想文化传统基础上的中国哲学,从先秦的原初形式,经历两汉至魏晋时代而与外来的佛教哲学相结合之后,进一步丰富了生命哲学的内涵,特别是提升了生命存在的工夫理论风格,使此后的中国生命哲学具有生命本体论与生命存在工夫论相互渗透的特点。

---

① Foucault, M. *Folie et Déraison. Histoire de la folie à l'âge Classique*, Paris, Plon, 1961:5-20.

所以，开拓生命哲学创新的空间，存在于两大方向的研究和努力。首先，通过此项研究，以客观的态度，克服迄今为止欧洲生命哲学各个学派所走过的"各持己见"的偏向，通过认真的生命哲学史的科学梳理，全面总结和吸收法国、德国和英国等各国生命哲学的研究成果，同时，根据各个学派之间的历史和当代争论，归纳出各个学派生命理论中的特点，特别是揭示其弱点，作为我们继续进行研究的突破口。其次，结合当代西方科学技术的新成果，在发扬中国生命哲学传统的基础上，纳入源自中国传统的科学风格和生命智慧，开拓出我们自己的富有民族特色的生命哲学的广阔发展空间，为中国现代化所急需的民生建设和全球生命共同体的幸福生活前景，提供符合时代精神的新型生命哲学的中国创新版。这一切，不但是必要的和可能的，而且也是可行的。

长期以来，中国哲学研究，特别是生命哲学研究的短处及其症结，就在于忽视当代科学技术的最新成果，又把"中（中国哲学）、西（西方哲学）、马（马克思主义哲学）"分得很清楚，同时也很少关注哲学以外的人文社会科学，特别是自然科学和技术的发展，致使中国哲学中的生命哲学，基本上只研究"儒释道"三大家的传统理论观点，而国内研究西方生命哲学的学者，既不了解中国传统生命哲学，又不熟悉自然科学和现代技术的发展成果。

改革开放以来，中国科学技术取得了许多可喜的成果，其中甚至直接为我们创建中国版的新型生命哲学提供新的科学基础。最鲜明的例子，就是20世纪80年代山东大学张颖清教授所创建的"细胞全息理论"，其对创建我们自己的新型生命哲学具有重要的意义。按照"细胞全息理论"，生物体从细胞到整体之间普遍存在中间结构层次及其内在联系，由此提出了生物体结构的全息胚学说，创立了全息生物学，使人们对生物体的认识发生了根本性的和观念性的改变。我国著名生物学家，中国细胞生物学奠基人之一汪德耀教授指出：细胞全息理论的提出同细胞的发现以及细胞学说的提出有着相同的重要科学意义。"如果说伟大的达尔文进化论打破了物种的种与种之间的绝对界限，形成生物系统的进化论，那么，全息胚学说就打破了生物个体的整体与部分、部分与部分之间的绝对界限，是生物个体的新型进化论"。张颖清教授以及我国其他生命科学、纳米技术、控制论等方面的研究成果,尚未提升到哲学理论的层面,有待中国新型生命哲学进行总结。

在全球化和现代化的21世纪,生命越来越成为社会发展的核心问题,它关系到社会发展的方向和基本目标,也直接关系到人的社会命运,还关系到全球人类生命共同体的未来幸福生活。

具体地说,生命哲学研究具有四方面的重要的学术价值和社会意义。

首先,生命哲学的新成果将全面重建21世纪的哲学,使之成为以新的生命观为核心、紧密结合全球化和中国现代化的丰富经验、结合中西思想文化传统和当代科学技术成果的新哲学,而这种新哲学的创造动力正是来自它对生命的极度关怀。当然,在创建以生命哲学为核心的21世纪新哲学的时候,不能忘记,恰恰是中国哲学始终坚持对于生命的研究传统。在中国哲学源远流长的传统中,生命论题始终是研究的焦点,生命哲学构成了中国哲学的基本内核,是中华民族的宇宙观、自然观、生命观、伦理观、社会观、文化观和运筹观的基石,集中了中国思想文化的精华,凝聚了中华民族传统智慧的强大而持久的精神力量,同时也历史地见证了中华民族对生命本身的持久珍爱情怀以及对生命认真负责的至诚品德,集中体现了贯穿于中国思想文化的"尊道贵德"的生命价值观的哲学意义,运载着持久推动中华民族思想文化不断更新的生命活力。

探讨新时代生命观,我们首先必须珍视集中总结了中华民族生活智慧的优秀国学宝典,尤以《易经》、《道德经》、《黄帝内经》、《论语》、《孙子兵法》为典范,一方面从"天地人三才"和"易与天地准"的纵深广阔视野,坚持"天人合一"和"心物一元"的中国传统生命观的哲学本体论基础,探索和发扬国学优秀传统中具有重要历史意义的宇宙观、自然观、生命观、伦理观、运筹观的内在核心价值及其相互关联,突出宇宙自然化生万物之大德,置"尊道贵德"于首位,贯彻"善生"的为人之道;另一方面,集中环绕人的"万物之灵"性能,深入探索人类生命"心身合一"的精微复杂特征,揭示人为"万物之灵"的真正意义,针对新时代生态危机对于生命的威胁,结合最新生命科学研究成果,以创新精神,重新评估《黄帝内经》等医学宝典对于生命的"易且深"的珍贵总结,发扬《黄帝内经》关于"精气神为生命之本"、"阴阳为万物纲纪"的基本原则,维护生命的价值和意义,使越来越多的人,灵活巧妙地发扬"医病医国同道"的伟大精神,把个人修身养性、行善施仁和治病健身营卫的实践,相互结合起来,遵循共同理性的原则,以新时代精神,积极运筹人生,合理调控心身关系,以科学的营卫养生,维护和发展生命,使个人生命、社会生命、国家生命、自然生命、世界生命及宇宙生命等不同的命运共同体,获得全面健康的发展。

其次,生命哲学的研究将有力地促进哲学与科学技术之间的对话、交流和相互转化,使哲学与科学技术环绕生命的论题,实现和谐发展和同步更新,保障哲学和科学技术在新世纪的全面复兴。

再次,对于生命的哲学研究的推进,势必联系到对人本身的整体研究,将同时地改变21世纪的人文思想,使之成为以关注生命为中心的新人文思想,不仅创建新的人的概念,而且也全面地改变人与"非人"(包括动植物、周在世界和整个自然界)的关系,把哲学、科学、艺术、生态研究结合起来,为创造一个全球范围内的和谐幸福的人类命运共同体奠定思想基础。

最后,为推进现代化的民生建设提供符合时代精神的生命哲学理论,保障21世纪人类生命共同体的健康发展,同时也为努力开创全球和整个宇宙生命共同体的和谐生态环境,做出必要的贡献。

未来新世纪的科学更新,无疑将是以新生命科学为中心而展开,在这个意义上说,21世纪正在明显地成为生命科学的世纪。生命性质本身极其复杂,从科学研究的实际过程及其经验教训来看,它是一切科学研究对象中最复杂和最难以解决的问题。这显然源自生命自身的高度变动性、创造性、变化可能性,它是世界上一切现象中最复杂的现象,它本身原本就是世界和宇宙发展的最高产物,科学史和世界发展进程的历史,人类知识的发展史以及哲学研究史,都证明生命现象的高度复杂性及其难以攻克解决的大难度。但同时,从中西方哲学史和人类科学研究中,生命研究是最有挑战性的,因为它在向人类智力提出高难度问题的同时,又向研究者发出富有启发性的暗示,因为生命的活生生性质及其自我创造性特质,从研究者本身的角度,产生出进行自我挑战和自我提示的复杂反应,促使具有生命创造力的科学研究者和生命哲学研究者,不断地向生命难题挑战,并一再尝试使自身进入生命研究的漩涡中,试图在来回研究和发出难题之间,进行无止境的研究游戏,促使研究者在向作为对象的难题进行研究的时候,也同时向研究主体自身焕发出研究智慧,给予研究者进入难题研究的兴趣和乐趣,让生命研究者和研究对象之间产生互动,在互动中,研究者和研究对象两方面,双双获得相互认识和相互挑战的激情。

生命研究的进程,特别是近来在对各种病毒研究中出现的既奇特、又富有引诱力的现象,就是研究者越发现被研究的病毒的更多奥秘,就越获得对付作为对象的病毒的新奇科学手段;更加神奇的是,作为研究对象的病毒,面对新的科学成果,就越以更灵活的方式,更新其生存形态,甚至产生新的更复杂和更高一级的免疫力,以提升病毒本身具备攻击外在生命的能力,促使研究者与被研究者之间的相互认识和相互克服的互动状态,一再地提升到更高水平,同样也促进对于生命的研究的更深入发展。

所以,生命哲学研究和生命科学研究一样,一方面将不可避免地遭遇生命奥秘的更多难题;另一方面又一再地产生和开辟揭示生命奥秘的新动力和新智慧,让生命科学研究和生命哲学研究,在面临难题与解决难题的互动游戏中,一步一步地深入生命的迷宫中,并从中同时地享尽生命运动以及生命研究活动的乐趣,积极地推动人类社会文化在21世纪的全面复兴。

从根本上说,创新就是生命本身的内在需要。生命在本质上是一种不断地进行自我创造的活动性存在;也就是说,只要生命存在于世,它就永远处于变化革新中。生命的运动性和创造性,表明生命本身的缺乏性。薛定谔在《什么是生命》一书中论证了生命通过自我消耗不断寻求自我更新的"负熵"运动性质。既然生命永远寻求创新,永远使自己处于缺乏状态,所以,生命总是要在缺乏中实现无止境的超越,试图一再地填补自身的欠缺;但它又永远无法完全克服自身的缺乏状态。这样一来,"缺乏"反而成为生命存在的基本状态,同时又成为生命实现自我创造的永不枯竭的动力。

这样一来,以新型生命哲学为理论基础而创建的21世纪新人文精神,将充分展现人类的创造力量以及人类力图不断提升自身生存能力的基本特征,它集中了人类自然本性及其文化创造的积极能量和无限潜力,同时也体现了未来人类文化创造的基本模式,旨在不断地丰富人性本身的内容及其持续发展的可能性。实际上,21世纪人文艺术精神是人类生命本身不断更新和不断重建的思想精神力量,它充分体现在生命自身的持续自我重建和不断自我创造过程,它的持续性及其在21世纪的自我展现,标志着人类思想文化发展的新转折。

不同于传统的人文思想,21世纪的新人文艺术精神把人文与艺术紧密地结合在一起;"人文的艺术化"和"艺术的人文化"同时进行,致使当代人类一切创造活动都显示出人文与艺术的高度结合,它集中体现当代"科技人文"、"生态人文"、"数字人文"的基本特点,也集中体现21世纪新型人文思想的"人文—艺术—科技—生态"的"四合一"基本结构,在这个结构中,艺术是贯穿整体结构的基本力量。

未来新世纪的科学创新,无疑将是以新生命科学为中心而展开;21世纪正在明显地成为生命科学独占鳌头的时代。生活在这样的新时代,每个人都应该为自己的生命的创造精神而自豪。为了不辜负生命本身和全球现代化时代赋予我们的使命,让我们共同努力创新,展现出生命无限超越的潜在性、可能性及其现实性,永葆生命的青春活力!

2018年秋末于上海交通大学

序

冯达文

自由与责任话题，现在变得越来越沉重了。

谁不渴望自由？然而，看着当代许多人以"自由"的名义遮蔽着内心的极度自利和对他人的极端冷漠，更有豪富们以"自由"的名义对弱者疯狂地掠杀和弱者被随意解雇后在街头上的"自由"游荡，尤其是强权国家凭借"自由"的口号掠取他国财富成为霸主还在不断要求在他国"自由"地横行；看着这一切，不由得不"自由"地产生一种莫名的惆怅。

人毕竟无法摆脱特定社群以单独个体的方式去谋取生活资料，甚至不可能离开特定地域—国家求得生命的延续，这表明，人是不是需要讲究一种"责任"呢？

而一涉及"责任"，我们就不能不想起中国传统儒者的许多警示语："士以天下为己任"；"天下兴亡，匹夫有责"；"为天地立心，为生民立命，为往圣继绝学，为万世开太平"；毫无疑问，传统儒学传承的这种极其强烈的责任意识与担当精神，必将成为我们今天重构"责任"观念的重要思想资源和践行范式。

青年学者雷静的这本书，正是要通过重新追寻宋明时期儒家学者的思想脉络，来呼应当代学界和社会对责任担当的强烈诉求。她的论作揭明：北宋程颢、程颐兄弟确立的"万物一体"的观念，已经进一步奠定了儒家责任意识的基调，在他们让这种责任意识立足于生生不息的宇宙论，同时还获得了存在论的坚实支持；南宋以朱熹子为代表则通过"格致"的理性分辨，使责任担当安立于"分位"的基础上而具在现实中建构"秩序"的意义；明代阳明子更使责任担当强化为意志甚至富于牺牲精神；及至明末刘宗周又以"一统于万"的本体论架构统合朱子和阳明子的思想，特别强调一种回归于内在心性的深刻反思的"恕道"工夫，去开显"廓然大公"的天下关怀。

雷静君的这本书的这种讨论,诚然是清晰而富有教益的。

也许有人会说,儒家学者的这些思想意识,都是农业社会的遗传,在当今信息时代,岂有意义?

请大家一读阳明子后学罗汝芳如下一段话:

> 孔子云:"仁者人也。"夫仁,天地之生德也,天地之大德曰"生",生生而无尽曰"仁",而人则天地之心也。……夫知天地万物之以生而仁乎我也,则我之生于其生,仁于其仁也,斯不容已矣。夫我生于其生以生,仁于其仁以仁也,既不容已矣,则生我之生,以生天地万物,仁我之仁,以仁天地万物也,又恶能以自己也哉?夫我能合天地万物之生以为生,尽天地万物之仁为仁也,斯其生也不息,而其仁也无疆,此大人之所以通天地万物以成其身者也。①

罗汝芳这是说,天地万物(含前辈一代又一代的承接)是以它的"生"来养育我、成全我的,这体现天地之"仁";我既以天地万物之"生"为"生",则我亦当以我之"生"来延续天地万物之"生",这是不容许自己不这样去做的,这是我之"仁";正是由天地万物之"生"生我,由我之"生"生天地万物,而使天地宇宙(含人类社会)得以无限地延续、永久地发展,我亦得以融入天地宇宙无限延续、永久发展的长河,而获得无限的意义。

显然,儒家建构的责任意识与文化精神,绝不仅仅是农业文明才得以承诺的。人是天地宇宙—自然世界和社会群族的创造物。离开自然世界、社会群族,"我"是怎么来的?"我"现在在哪里?"我"有存续的可能吗?

还是要回归自然,回归社群,承担责任,培植爱心。这应该成为新世纪人之为人的最基本的价值追求!

2020 年 9 月 1 日

---

① (明)罗汝芳撰,方祖猷、梁一群、李庆龙等编校整理:《罗汝芳集》上册,南京:凤凰出版社 2007 年版,第 388 页。

目　录

总　序 ·································· 高宣扬 001
序 ···································· 冯达文 001
引　论 ································· 001
第一章　二程识仁说与责任感 ····················· 011
　第一节　"识痛痒"即识仁："责任感"作为"万物一体"命题
　　　　　条件的探讨 ··························· 014
　　一、"责任感"与"万物一体" ····················· 014
　　二、"识痛痒"与"生生"宇宙论中的"万物一体" ········· 017
　　三、"识痛痒"责任感作为"万物一体"的充要条件 ········ 020
　　四、"以"，而非"是"：基于"识痛痒"责任感的"万物
　　　　一体"的理路 ··························· 022
　第二节　"万物一体"责任感的性质与分限 ············· 027
　　一、道德实践中的责任感 ······················ 027
　　二、"廓然大公" ··························· 030
　　三、"万物一体"责任感的向善趋势 ················ 032
　　四、一体感通的责任分限 ······················ 034
　第三节　"万物一体"责任感的存在理路 ·············· 038
　　一、一体感通之气 ·························· 038

二、"忧":阴阳感通架构中的责任感 ……………………… 040
三、"忧—敬"所证立的"万物一体" ……………………… 046
四、"万物皆备于我"之"我"即万物 ……………………… 047
五、一体之生机:"我"为何负责 ……………………… 050

第二章 朱熹格致说与"位"的哲学 ……………………… 058

第一节 朱熹"格物致知"的政治哲学 ……………………… 061
一、"经界"事件中朱子对宰相失职的批评 ……………………… 061
二、"以天下为己任"与道统 ……………………… 067
三、"己任"抱负下的"格物致知"政治哲学 ……………………… 070

第二节 "格物致知"工夫论中的天位天职观 ……………………… 075
一、"以天下为己任"之为"天位天职" ……………………… 075
二、"格物致知"即讲究职分之所当为 ……………………… 078
三、思不出位 ……………………… 082

第三节 皇极辨:"标准"所凸显的"位"与"正心" ……………………… 085
一、以"标准"诠释"皇极"之"极" ……………………… 085
二、以"标准"囊括"中"之"位"的含义 ……………………… 088
三、"位"与天地的对应 ……………………… 093
四、"标准"与正心为本:由日常语言到哲学诠释 ……………………… 095

第三章 王阳明良知说与担责问题 ……………………… 102

第一节 平濠事件中的担责困境与"不动心" ……………………… 104
一、阳明门人辨明其师心迹 ……………………… 104
二、阳明的不动心与士大夫担责的合法性 ……………………… 108

第二节 良知与士大夫担责的是非标准 ……………………… 111
一、"良知只是是非":士大夫担责合法性辩护的另一种
思路 ……………………… 111

二、良知之于节目时变：是非标准的新界定 …………… 115
　　三、"致良知"：是非标准的"信得及" ……………………… 118
第三节　对阳明"致良知"之担责心曲的考察 ………………… 119
　　一、致良知之心曲 ……………………………………………… 119
　　二、阳明散曲《归隐》与正德十五年心曲 ……………… 121
　　三、"是非"问题根源 …………………………………………… 124
　　四、《纪梦》："良知即是非"的内在权威 ………………… 128
　　五、"使天下之人皆知自致其良知" ………………………… 132

第四章　刘宗周"一统于万"说与"公"的政治哲学 …… 136
第一节　从"理一分殊""万物一体"到"一统于万" ………… 138
　　一、从"理一分殊"到"一统于万" ………………………… 138
　　二、从"万物一体"到"一统于万" ………………………… 143
　　三、一般性评论 ………………………………………………… 150
第二节　基于恕道的"公"的政治哲学 ……………………… 153
　　一、"己所不欲,勿施于己"之"公" ……………………… 153
　　二、"公"的本体论 …………………………………………… 156
　　三、"公"的"改过"工夫 ……………………………………… 161

第五章　儒家责任思想中的道德哲学问题 ……………… 166
第一节　宋明儒家责任观中的人己关系论 ………………… 168
　　一、德性之"己" ……………………………………………… 169
　　二、人己同情 …………………………………………………… 171
　　三、父子君臣"责善"中的人己关系 ……………………… 174
　　四、宋明儒责任思想研究方法问题 ……………………… 180
第二节　《孟子》道德情境中的仁义联属理路 …………… 182

一、仁义有别的儒家礼法……………………………………… 182
　　二、仁义联属的观念结构……………………………………… 188
　　三、仁义联属的实践内涵……………………………………… 191
　　四、儒家、哲学家、实践家…………………………………… 196
　第三节　仁义德行的结构…………………………………………… 197
　　一、仁义德行与伦理情感……………………………………… 199
　　二、"父子不相夷"与仁的基础 ……………………………… 202
　　三、因仁而有义………………………………………………… 204
　　四、仁义德行的基本结构……………………………………… 206
　　五、仁义结构与仁义的必然性………………………………… 210

附录一：王阳明的责任思想…………………………………………… 213
附录二：王阳明诗与寂感问题：兼论工夫教学作为日用之道 ……… 228
参考文献………………………………………………………………… 252
后　记…………………………………………………………………… 267

引　论

一、"责任"

身心问题及其工夫论域,是理学研究的经典问题领域。而"内圣外王"之"外王"相关的线索,如何呈现与心性之学的内在联系,则既需要在理学的具体历史境遇中开掘,又需要现代人的哲学意识。哲学追源探本,会对儒家内圣外王的构造与联系的"机关"感兴趣,而哲人的求索,常常把思想放在生命的内、外整体开展中。

引起本书撰写的因缘是,打开理学家的书卷,总能感受到强烈的"士以天下为己任"的责任担当。早期理学诞生于这种气度,程门"万物一体"说,被赞誉为"大人责任感的宇宙向度"①。理学一代宗师朱熹,辨明道统、建立"理"的体系,这不仅仅是学问的事情,更是北宋士大夫群体重建天下秩序的系统性的卓绝努力②。阳明自是一位干臣能将,他的事功并非求取一己荣显,而往往得罪权贵、遭人构陷。多少次他陷入困境,如果不是一股"士"的担当血气,常人恐怕难以度过重重的生命绝地——尽管阳明在其诗歌中抒发了作为常人的痛苦。历时数百载,当现代人与阳明学者思想交会,"责任"浮现出来。明季"宋明理学殿军"刘宗周,则以综汇朱王的慧识,开启了近世"公"的政治哲学的纵深维度,再次为士大夫的责任情怀

---

① [美]狄百瑞著,李弘祺译:《中国的自由传统》,香港:香港中文大学出版社1983年版,第90页。
② 卢国龙则透过北宋士大夫政治理想的视角,梳理了宋儒的学问如何是政治哲学。这其中包括儒、释、道之间的交流融通,以广阔的学术视野来容纳多元的政治诉求。理一分殊、体用一源等理学观,同时也是政治哲学的范畴。卢国龙:《宋儒微言:多元政治哲学的批判与重建》,北京:华夏出版社2001年版。

正名。

若是一路追溯,可知自先秦以来,以天下为己任的责任担当是儒门共识。宋代以降,理学家所阐发的哲学命题,蕴含了层次丰富的责任思想。二程彰显的"万物一体",所谓"大人责任感的宇宙向度",其中包含了责任感与"万物一体"命题的关系。程门"万物一体"的本体论是基于"识痛痒"的责任感。朱熹"格物致知"的政治哲学中,讨论了士大夫履行责任的身"位",并诠释了"皇极"的标准问题。王阳明"致良知"说产生于平濠事件的政治困境,蕴含了一种辩护,即承担责任之于士大夫,如何是当仁不让的。

"宋明理学殿军"刘宗周的学问特点是综汇朱子学与阳明学。他综合了朱、王的本体论,提出了"一统于万"的道德本体论,突出了"己所不欲,勿施于己"的"公"的政治哲学。"公"的领域成为了每个个体的责任。他不仅继续发展了士大夫承担责任的客观性的理由,还强化了这一客观性(朱学)与主体性(王学)的相即,从而小程的"公"之说,也获得了大程"万物一体"的责任感的"仁"的意蕴。在这一综合性的理路下,责任问题得到了进一步的拓展。

本书还尝试对儒家责任思想中的道德哲学一般问题,进行了初步探讨。总之,"述论"之义,即力图进入理学家思想的历史语境,去遇见责任感、责任之"位"、担责心路与"公"的体知等"责任"视野下的理学问题线索。

二、"责任"作为理念或实践

在理学研究领域,前辈与时贤贡献宏富,对于"责任"问题的讨论,也灼见辈出。本书限于篇幅与主题,无法一一列举,只能就主题论述的任务来进行梳理。

以"责任"为对象的责任伦理学是 20 世纪新兴的伦理学方向。哲学家汉斯·约纳斯力图为责任伦理学的形而上学奠基,凸显了每个主体对于世界的责任。他建立了责任伦理学与现代科技实践的关联,彰显了伦理学的强烈现实关怀。在现代科技背景下,世界日益连接为一个整体,召唤着伦理学探索主体对世界、对他人的责任。①

对宋明理学责任问题的研究,经历了由关注理念到探讨政治、道德的实践的过程。

20世纪中后叶,"责任"相关的理念作为宋明儒学乃至东亚儒学的标志性理念,受到日本学界关注。岛田虔次指出,张载的"为万世开太平",是表现宋学根本精神的语言②。冈田武彦将宋明儒家沟通道德与经世的学问总括为全体大用之学,其中有两种理论类型,陆王心学重视全体之本体,朱熹学派则重视分殊之事用、士人的经济政治等责任③。沟口雄三建议将东亚儒学划分为八个方面来考虑,其中第四点即为"领导阶层的责任理念"。他指出,责任理念在理解东亚儒家的近现代变革中有关键的意义,对于越南和朝鲜,儒教式的知识分子的责任理念或者责任伦理都是针对"外来的近代"。而中国赞成儒教复兴的人是针对上述八个方面中的哲学思想或领导层的责任理念而言的④。

进入21世纪,出现了聚焦儒家政治思想与文化的研究思潮,凸显了宋明儒家政治责任实践问题。对以朱熹为典型个案的宋代士大夫政治文化的研究,讨论了士大夫与皇帝"同治天下"的责任主体意识,及其秩序重建的努力,引起了广泛关注。在儒家政治思想的视野下,还论证了儒家信念伦理与责任伦理是关联在一起的,辩驳了认为儒家只有信念伦理而无责任伦理

---

① Hans Jonas, *The Imperative of Responsibility: In Search of an Ethics for the Technological Age*, Chicago: University of Chicago Press, 1985。[德]汉斯·约纳斯著,方秋明译:《责任原理:技术文明时代的伦理学探索》,香港:世纪出版社有限公司2013年版。"责任伦理"一词,传统上有马克思·韦伯的定义。康德哲学对于"责任"则有基于道德本体的诠释。汉斯·约纳斯著述的特色是建构"责任伦理学"这样的伦理学学科,并为责任进行本体论奠基。在这个意义上,他比较了"责任"范畴在人文科学各分支的含义,系统地讨论了人类必须对子孙后代、必须对世界负责的本体论基础。他还将自己与韦伯以及康德学说的不同之处进行了评述。

② [日]岛田虔次著,蒋国保译:《朱子学与阳明学》,西安:陕西师范大学出版社1986年版,第1页。

③ [日]冈田武彦著,吴光、钱明、屠承先译:《王阳明与明末儒学》,上海:上海古籍出版社2000年版,第17—25页。

④ [日]沟口雄三著,孙军悦译:《作为方法的中国》,北京:生活·读书·新知三联书店2011年版,第176—184页。

的观点。① 对公共意识与中国文化的研究则指出,儒家心灵最重要的表征是,积极参加外部世界是儒者责无旁贷的责任。儒家思想呈现的整个面貌,是自我实现的道路与建构社会的原理的整合体,指示这一整合体的观念就是内圣外王。②

我国学界长期深入宋明理学道德实践工夫的相关范畴研究,道德责任是近十年来的重要论题。宋明儒家"以天下为己任"的责任宗旨正是"万物一体"的道德本体的直接体现。道德责任问题指向儒家责任意识、道德金律(忠恕之道)、道德实践等维度,俱是学界重视的研究范畴。并且,提出了责任伦理、信任品性等儒家政治哲学范畴。③ "责任"是中华传统文化与核心价值观的重点观念。④ 关于责任伦理,也有了具体的讨论。论者主要讨论了儒家责任伦理观念⑤、

---

① 参考李明辉:《儒家视野下的政治思想》,台北:台湾大学出版中心2005年版。李明辉关于儒家责任伦理与意图伦理之相即关系的讨论,主要建立在其康德哲学的预设下。在康德哲学关于责任的分析,也可以看到这点。因此,关于儒家责任伦理问题的争论,可以视为具有康德哲学与韦伯思想的交锋的背景。

② 陈弱水:《公共意识与中国文化》,台北:联经出版事业公司2005年版。

③ 郭齐勇在《儒家政治哲学略论》中指出,孔子强调责任伦理、信用品性、廉洁奉公,作为对为政者、士大夫在公共事务中的道德要求;以及"君使臣以礼,臣侍君以忠"君臣关系的相对性。还有君臣的权责之相互的要求,含有政治分工与制约的萌芽。儒家网,2017年4月。儒家的信德可以划分为"个体道德""社会家长原则""治国原则"三个层次,即从个人、社会、国家三方面体现儒家的公德意识,君子人格就是"从事公共事务的品格"。郭齐勇:《儒学——为当代诚信建设提供思想指引》,《光明日报》2016年11月28日。

④ 陈来在《中华传统文化与核心价值观》提出,中国传统社会价值观念跟西方近代相比,有很大不同,第一个特点是"责任先于自由"。就是很强调个人对于他人、对社群,甚至对自然所负有的责任。责任意识非常强。以天下为己任,孟子就讲过了。古人在汉代就明确要以天下为己任,己任就是责任。从古代先秦的"君子"到汉代的士大夫,有一个很突出的责任意识,就是对天下的责任心。"信"是中华传统美德。载《光明日报》2014年8月11日。又见陈来:《中华文明的核心价值:国学流变与核心价值观》,北京:生活·读书·新知三联书店2015年版。

⑤ 朱俊林:《儒家责任》,《道德与文明》2014年第6期。林远泽:《儒家后习俗责任伦理学的理论》,台北:联经出版事业有限公司2017年版。陈乔见:《后习俗责任伦理学与儒家伦理之重构——林远泽教授的〈儒家后习俗责任伦理学的理论〉评介》,《伦理学术》2019年第6期。

儒家仁政与责任政治①，儒家责任认知②。这些讨论将学术史上的关注要素进行了拓展。如将20世纪被关注的儒家责任理念，做了断代史的搜集和诠释。将21世纪被关注的儒家责任实践维度，针对相关概念进行了政治哲学、责任伦理学与社会学的分析。

总体而言，围绕宋明理学责任问题的讨论，学术史积累主要在宋代政治文化史以及儒家政治思想史或道德哲学方面。尤其是近两年来，对于责任伦理、信用品信、责任价值观的提出，以及对于责任伦理的相关研究，提供了本书任务开展的基础。即进一步讨论儒家政治与道德之间的互动，尤其在责任的角度进行论述，以及对于"责任"范畴本身的专门讨论。

三、思路与期待

本书正文分为五章，依次沿着以下思路来展开：二程识仁说与责任感、朱熹格致说与"位"的哲学、王阳明良知说与担责问题、刘宗周"一统于万"说与"公"的政治哲学。以及最终章，关于儒家责任思想的道德哲学一般性问题讨论。

第一章，探讨了二程识仁说中的责任感问题。本章首先论述了"识痛痒"的责任感，如何是"万物一体"命题的充要条件。只有在生生不息的宇宙论视野下，方有"识痛痒"即"识仁"，责任感才成为万物一体的充要条件。这不仅说明，物我同体是万物一体的形式，更说明以万物为一体、即以万物

---

① 谢文郁：《自由与责任》，《浙江大学学报（人文社会科学版）》2010年第1期。
② 顾红亮在一系列文章中谈到了儒家责任观中的"他者"视角。顾红亮：《责任与他者——列维纳斯的责任观》，《社会科学研究》2006年第1期；《梁漱溟的责任观与责任的层级》，《天津社会科学》2014年第5期；《作为他者》，《现代哲学》2007年第1期；《为他责任》，《南京社会科学》2006年第10期；《另一种主体性》，《天津社会科学》2005年第4期。
　　许茨借鉴现象学为韦伯社会学作出哲学论证，相关观点见［奥地利］阿尔弗德·许茨著，霍桂桓译：《社会实在问题》，杭州：浙江大学出版社2011年版，第151页。目前在国内发表的比较了许茨与中国古典中人己关系学说的论文，有美国曼彻斯特大学社会学博士卢崴诩的《从解释社会学到修身社会学——舒兹与孟子思想中的人己关系及其社会学意涵》，该文也指出许茨的人己关系理论为韦伯社会学作出哲学论证，详见《江苏社会科学》2013年第3期。

为我(关爱)的事情,是万物一体的内容。这也正体现了儒家伦常责任是一体之仁的现实基调。对于二程而言,责任表现为责人责己中的感应感通,这属于情感范畴,故本章接着梳理了责任感的性质与"分限"①(二程语)。而应对责善难题的调整策略,以及廓然大公之情、一体感通中的分限或秩序,都说明了责任感具有理性的特点。感通的存在论依据是阴阳二气交感,故本章最后一节,讨论了"万物一体"责任感的存在理路。阴阳二气乃至善恶之气,皆彼此消长,那么一体之仁就不仅有乐,还有忧。君子担忧小人被恶遮蔽,其忧患意识是敬的工夫的基础。或如牟宗三先生所言,认真负责的忧患意识是敬的来源②。正是由于我对万物的认真负责,万物作为我关切的目的与我的活动目标融为一体,我即为主体性与客观性统一的廓然大公的主体。从存在论的角度,还可以考察我对万物负责的必然性基础。万物一体之"体",同时是"天地大身体"与"我身"。由于天地大身体的一气周流,我必然对同体的万物负责。并且,由于我身的存在,我与万物是殊别的独立个体,具有各自的生存需要,这是我能够理解万物需要,从而我如何对万物负责的基础。基于我身的特殊性,本章最后还讨论了识痛痒为什么是程门识仁说所针对的典型经验。

第二章,讨论了朱熹格致说中的"位"的哲学。本章先由绍熙年间的福建经界之争,引出了格致说作为朱熹的政治哲学主张。其早年的《壬午封事》已指出,格物致知是《尚书》精一的道统心传。在《中庸章句序》中,朱熹明确地将己任归属于儒家的圣贤道统,己丑之悟后,明确了道统叙述中的精一作为本体,格致是精一的工夫。可见,以天下为己任,就是植根于以修身为己任的道统,己任是道德与政治的一体。以格致说中理一分殊的方法论为背景,在《孟子集注》《大学章句序》中,朱熹进一步发挥了孟子的天位天职说,说明政治职分是天理条贯。个体由于气禀差异,而适合不同层次的职分。格物致知就是要讲究当为的职分。不能遵循天理履行职分的君臣,俱

---

① (宋)程颢、程颐著,王孝鱼点校:《河南程氏遗书》卷第二上,见《二程集》,北京:中华书局1981年版(下同),第14页。
② 牟宗三:《中国哲学的特质》第三讲,见《牟宗三先生全集》第二十八册,台北:联经出版事业有限公司2003年版(下同),第16页。

是虚位。朱熹还提出了"思不出位",以天下为己任,更重视在身位上遵循天理。天位天职的顶端是皇极,朱熹《皇极辨》扬弃了关于皇极的传统经说,而使用意义更明确的"标准"一词。以标准诠释皇极,突出了作为本体的皇极的实体意义,从而可以囊括尊位、方位、身位。其中尊位与方位都是先天的地位,而身位则是后天实现的。君主修身齐政,成就身位而建立了天下人的行为标准。君主的身位表现为视听言动等德行,人民通过"观"其身位德行而受到感化,从而君主率天下人民归于正道。朱熹还提出"天秩天叙":天叙即天子—诸侯—大夫—士—庶人,是纵向的、由高到低的身位;天秩即每一身位(每一叙)所统摄的事物,如天子统摄的天地,诸侯统摄的山川等。这说明"位"与气运动的条理相应。本章还考察了标准如何由口语转变为哲学语词,结合朱熹的奏疏与书信中的主张,呈现朱熹治道本于正心的宗旨。这正是其格致说的本体工夫之意,也正是士人在其身位上,以天下为己任的实质内容。

第三章,考察阳明在艰难政治处境中的心路历程,他通过良知说,证悟士大夫承担责任的正当性,即本章的内容。本章首先考察了平濠事件中的士大夫担责困境,凸显了责任承担的正当性问题。阳明晚年在心学上的突破,其"致良知"之悟,正发生于这段心路历程中。进而,分析了阳明如何以良知为是非标准,为士人担责辩护。致良知说的哲学叙述,是其心路历程的结果;而这段鲜为人知的心曲,则需要进入到阳明的自我叙述才能发现。本章接下来即以阳明的诗歌、散曲等直抒胸臆的文学作品为解读文本。将散曲《归隐》与正德年间阳明书信、诗歌相对照,可知其表达了阳明在正德十五年,探索出"良知只是是非"的艰难心曲。阳明以又诗歌《纪梦》托其志,平濠事件中暴露出的是非颠倒,通过梦的意念形式,被良知审判,阳明也假借圣贤的身份,凸显了良知即是非的权威性、正当性。本章的附录,《王阳明的责任思想》,梳理了王阳明所著文献中具有责任含义的词"责""任""志"等,其中"志"为体现阳明责任思想的主要范畴。《王阳明诗与寂感问题》,则讨论了阳明诗歌的工夫内涵,其中寂感问题反映出工夫教学的普适化努力,这亦是王学"觉民行道"的责任承担艺术。

第四章,讨论了刘宗周的道德本体论与政治哲学特点,体现了士大夫承担天下责任之"公"的哲学与个体改过之间的因果关联,即本章的内容。刘宗周的政治哲学是建立在其道德本体论基础上,相关特点也是基于其本体论的特质。朱熹的理一分殊,大程到阳明的万物一体,被刘宗周进行了综合,形成了"一统于万"的道德本体论新说。其特质就是综汇了理一分殊的客观性与万物一体的主体性。基于一统于万说,本章接着讨论了"公"的道德—政治哲学。"一统于万"的本体,落实在人心就是"一心纳万心,一恕推万恕",这种恕道就是"己所不欲,勿施于己"。刘宗周点明其宗旨即为"公于己者公于人"。这是"公"的道德—政治哲学,"己所不欲,勿施于己"的恕道,意欲立足个人与公众领域的客观联结,从而切切实实地端正个人的改过工夫。用反思、改正过错的工夫实践来实现"廓然大公"的天下关怀,体现了刘宗周深刻的政治哲学:面向天下公众的政治领域是经验的领域,具体而言是个人经验的汇集,其成就的途径,恰恰是个人从对于过错的反思当中开辟出来的。

第五章,探讨了儒家责任思想的道德哲学的一般问题。与现当代流行的责任伦理学乃至相关社会学比较,本章更关注儒家对于责任问题的讨论思路。依于文本,发现人己关系是儒家责任问题的中心议题,而"父子之间不责善"的孟学案例是典型的被讨论对象。本章首节以描摹概貌为任务,在梳理宋明儒家责任观文献的基础上,总体地描述其中人己关系的特点。若从宏观结构上把握,宋明儒家道德责任问题乃是存在于"差序格局"中的,责任行为的种种——责人、责己、责善,是否能够达成实效,即"己"的德性是否能感化他人,需要立足于"己"的德性的人己之间的同感同情。在同情过程中,以"己"为价值的中心,人己之间的同感同情一体化的具体形式则取决于双方的宗法伦理关系。从研究思路上而言,这种差序格局的特殊主义伦理特点,以及教化、同情本身的因材施教的特殊性,使得宋明儒家责任问题的研究,无法通过西方社会学家所通常采用的理论模型建构的方法来进行,而是要真正进入"己"的德性价值开展的人己关系的现实具体的场景。第二节以及第三节,则从不同角度讨论了孟学"父子之间不责善"的案例。如梳理"父子之间不责善"所呈现的仁义一体的观念、本体论和宇宙论意义,以及仁义德行的结构问题。这说明,儒家在理解责任问题上的基本论调,即在责任行为的具体实践中去把握责任的某些限度,而这些限度又植根于伦理生活、感应与感情①。从而儒家的宗旨——仁(义),是充分考虑了责任限度之后的仁义一体的立体构造。这使得本土对责任问题的研究,需要奠基于儒家所关注的人情领域。

若以知识领域划分,本书所面对的是宋明理学的道德—政治哲学问题,因此,需要综合理学家的各种体裁的文献,尽可能地占有从哲学、道德到政治等层次的充分材料。这意味着,处理相应材料,使用相应的解读方法,因此,本书研究方法亦尝试综合了哲学论证、奏疏与哲学文献对读的史料比较考证、政治思想梳理、诗歌散曲等文学作品的心理解读与哲学分析。

就本书思路与主题而言,关注历史世界中的思想叙述,考察历史事件怎样成为理学家问题意识,分析他们如何基于理学的道德工夫论来解决相关的伦理与政治问题,都说明,本书的研究,力图在哲学—道德—政治等层次的综合论述中进行。因此,本书以理学家关注的"责任"问题为切入点,以"万物一体""格物致知""致良知""一统于万"等道德本体论为论证的基础,并各有侧重地展开哲学分析、史料梳理与事件的思想解读。

本书期待能够在哲学与历史、道德与政治、体与用之间融会贯通。当以"责任"为切入点时,必须进入历史的重重帐幕,深入思想的密密丛林,追溯形而上的根基,探寻或显或隐的线索。本书期待,儒者的责任承担,理学家对于"责任"等价值观的生命情怀,能在其思想脉络中呈现为哲学语言。

本书整体完成于笔者在伦敦大学国王学院做客座研究员期间。2016年回国后,又对其中的问题进行了拓展研究,在学术期刊或国际学术会议上有所发表。部分内容拓展及发表情况如下:

第一章的第一节,于 2017 年 7 月,在新加坡召开的第 20 届国际中国哲学大会上宣读。后又着重讨论了程颢本体论特点,即《程颢万物一体论的责任感向度及本体论特质》,发表于《学术研究》2018 年第 6 期。对第三节

---

① 最近道德哲学方面的研究,如玛莎·纳斯鲍姆对"善"的哲学探讨的贡献,是论证了伦理的情感基础。[美]玛莎·C.努斯鲍姆著,徐向东、陆萌译,徐向东、陈玮修订:《善的脆弱性:古希腊悲剧与哲学中的运气与伦理》(修订版),上海:译林出版社2018年版。

内容进行了拓展讨论，即《一体与同体：程颢"万物一体"说辨证》，发表于《中山大学学报（社会科学版）》2019年第1期。这两篇论文属于拓展研究，故未收入本书，谨录出以供参考。

第二章的第三节《皇极辨：标准所凸显的"位"与"正心"》，修订成英文版，即"Wei"位 and "Zhengxin"正心 Highlighted in "Biaozhun"标准：The Philosophical Interpretation of Zhu Xi's Discussion on Huangji《皇极辨》，于2018年8月，在北京召开的第二十四届世界哲学大会上宣读。该篇英文论文未收入本书。

第三章的附录一《王阳明的责任思想》，于2014年8月，在台湾召开的"东亚视域中儒学的在地化与普世化"国际学术研讨会上宣读。附录二《王阳明诗与寂感问题》，于2019年7月，在瑞士召开的第二十一届国际中国哲学大会上宣读。均已收入本书。

第四章之《从理一分殊、万物一体到一统于万：刘宗周融汇朱、王的本体论探析》，发表于《中国哲学史》2010年第4期。《刘宗周基于恕道的"公"的哲学》，发表于《广东社会科学》2014年第5期。第五章之《宋明儒家责任观中的人己关系论》，发表于《中山大学学报（社会科学版）》2014年第4期，《〈孟子〉道德情境中的仁义联属理路》，发表于《学术研究》2014年第7期，《仁义德行的结构——〈孟子〉"父子之间不责善"章的道德哲学问题探析》，发表于《南昌大学学报（人文社会科学版）》2014年第3期。收入本书时，都做了一定修改。

第 一 章
二程识仁说与责任感

对于二程的万物一体观,学者主要是从本体论(仁体)、伦理学(目前主要延伸到生态哲学)等方面来讨论。就仁体而言,程门万物一体观固然是宋明以来理学与心学的共同资源①,但"识仁"意义上的仁体究竟呈现出怎样的义理结构②,还有待厘清。就伦理学而言,一体观所蕴含的家国、社会乃至天下责任,是论者关注的焦点,乃至可以扩展为现代生态哲学的资源。

张载《西铭》具有民胞物与的情怀,程颢万物一体说也植根于对民瘼的关切之情。显而易见的是,责任情怀是万物一体的基调。如《宋元学案》中,黄百家诠释识仁时指出,《论语》之仁"以此恻怛之苦心,恳挚婉转于伦类间,而克全其至性者也。"③又如近人马一浮所揭明的万物一体宗旨:"儒

---

① 陈立胜:《王阳明"万物一体"论——从"身—体"的立场看》,上海:华东师范大学出版社 2008 年版,第 23—39 页。陈立胜系统地分梳了理学万物一体说的意义谱系,指出了自二程以来的一体说的宇宙论、心性论、儒家品格、功夫论等四个基本面向。

② 陈来:《仁学本体论》,北京:生活·读书·新知三联书店 2014 年版(下同),第 170 页。陈来指出线索:其一,程颢《识仁篇》侧重从认识论(广义的)来讲仁体,即识得仁体的问题。其二,"识得"必须真实体现在自家身心,从而"实有之"。识得仁体的活动,当其彻底完整时,其自身也获得了本体论的意义。其三,程颢不强调仁体的实体意义,较关注仁体的体验与境界意义,后来的宋明儒者,大多是朝境界与体验的方面来了解"识得仁体"的内涵。陈来诠释了程门一体说的实体、本体含义,以及朱熹发展的宇宙论面向,王学的心性本体等诸含义。本书较为关注"识仁"之"识得"活动,从这里来讨论万物一体的证立思路,以此为基础,来探讨儒家实践的责任感问题。

③ (清)黄百家:《求仁篇》,《宋元学案》,见《黄宗羲全集》第三册,杭州:浙江古籍出版社 2005 年版,第 661 页。

者立志,须是令天下无一物不得其所,方为圆成……此皆明万物一体之义。"①

在朱熹看来,恻隐之情是一体的表现,但恻隐本身还不是仁体②。这提示着,恻隐还不能完全指示仁体及其责任情怀。须得来审视一体之仁及其责任情怀。一体是在仁者践形的身体场域中展开的。杨儒宾指出,程明道特别强调生生之机、仁体流行、知觉展现,乃是一种生命哲学。③ 仁体一定会在身体的自然现象中展现。④ 并认为,是孟子的"践形""养气""生色"诸种理论,若转变为宋明以后流行的语言,是"作用是性""变化气质""身心一如"。⑤ 这正是自家身心"识得""实有",如北宋陈淳所指点:"道流行乎天地之间,无所不在,无物不有,无一处欠缺……程子谓此是子思吃紧为人处,活泼泼地。所谓'吃紧'云者,只是紧切为人说。所谓'活泼泼'云者,只是真见这个道理在面前,如活底物相似。"⑥如此可以思考,在生生宇宙论的视野中,程门"识仁"之"识"的义理如何?

程门以识痛痒来说识仁,则从本体论层面,识痛痒(责任感)与仁体是什么关系?本章试图梳理,识痛痒与万物一体命题的条件关系。在痛痒之"识"中,物我呈现为生机条畅的宇宙中的一体,"识"正是我身对生机一气周流的体知。而对于"万物一体"说,是"以(万物为一体)",而非"万物是一体"。仁的反面不是"非仁",而是"不仁";仁与不仁,在于是否"(万物)疾痛累其心"、即是否关心爱护万物。由此,识痛痒而识仁,识就是对万物爱护的意识。物不是静态的,而正是处在仁的作用中的、仁者所关爱的事物。以万物为一体,正是以万物为我(关爱)的事情。这些事情也是儒家指出的伦理责任的内容。通过梳理这些关键问题,可以说明识痛痒即识仁、责

---

① 马一浮:《马一浮集》第一册,杭州:浙江古籍出版社1996年版,第6页。
② 陈来:《仁学本体论》,第181页。陈来指出,朱熹认为仁体作为源头不是心体,恻隐之心不能作为源头,源头乃是宇宙生化流行。
③ 杨儒宾:《儒家身体观》,台北:"中研院"中国文哲研究所筹备处1996年版(下同),第321页。
④ 杨儒宾:《儒家身体观》,第322页。
⑤ 杨儒宾:《儒家身体观》,第332—333页。
⑥ (宋)陈淳:《北溪字义》,北京:中华书局1983年版,第40页。

任感是一体之仁的充要条件。更重要的是,上述梳理还表明,与物同体是万物一体的形式,而儒家的人伦责任,更是万物一体的实质内容与现实基调。在生机条畅的宇宙中,"万物一体"不是面面俱到、以"我"为万物或以万物为我的构造,而是基于"我"与世界整体之感应的机能。并且,由于"我"的有限性,每个"我"与世界全体感应的渠道、方式也不尽相同,但只要是"我"在自己所在的"大身体"位置上感应到、参与到世界全体的机能,这就是"我"的责任所在,也是"万物一体之仁所在"。

在二程的道德实践中,责任表现为人己之间的相感相应。感应属于情感的范畴,故本章还梳理了责任感的性质。伦常责任不仅基于血缘或者恻隐等自然情感,理学家对于责善的诉求,还表现出了应对伦常责任实践中两难困境的调适策略,这说明责任感还具有理性的特点。其理性特色,还体现于平等对待物我的廓然大公之情(从而能够真正负责、以他人为目的),人性之能够"推及"的向善之势(从而责任对象得以扩展到万物),以及一体感通所先天具有的秩序。责任感所表现出的秩序,即程门所言"物来顺应""随其分限应之"①的"分限"。这也是其"止欲'老者安之,朋友信之,少者怀之'"②的"老—少—友"的对万物的责任情怀次第。

对于作为责任感的活动方式的感应感通而言,其存在论的依据即阴阳之气的交感。所以有"一阴一阳,一善一恶"③的彼此消长。由于善恶之气消长的存在论结构,一体之仁不仅有乐,同时还有忧。本章梳理了程门仁说的"忧"的理路,呈现君子欲与万物同之、对小人被恶所遮蔽的忧患意识。忧患意识也是程门敬义工夫的基础,或如牟宗三先生言,"认真负责"的忧患意识是"敬"的来源④。我对万物"认真负责",从而万物本身作为目的,规定了我的主体性活动的目标,主体性目标与万物作为目的的客观性,在此融为一体。这也是"廓然大公"的无私主体。

---

① (宋)程颢、程颐著,王孝鱼点校:《河南程氏遗书》卷第二上,见《二程集》,第14页。
② (宋)程颢、程颐著,王孝鱼点校:《河南程氏遗书》卷第二上,见《二程集》,第17页。
③ (宋)程颢、程颐著,王孝鱼点校:《河南程氏遗书》卷第十一,见《二程集》,第123页。
④ 牟宗三:《中国哲学的特质》第三讲,见《牟宗三先生全集》第二十八册,第16页。

从存在论的角度，还可以辨析一体之仁中，我对万物负责的必然性基础。在"万物一体"中，有两种"体"，一是天地大身体，二是我身。由于"天地大身体"，我体知到物我之间的一气周流，血脉贯通，这是"我必须对万物负责"的基础。由于"我身"，我与万物都是独立平等的个体，并且作为独立的生命体，有着生存的种种需要；所以责任的现实内容，也就是我能够理解"万物需要"并"如何对万物负责"的基础。基于"我身"的特性，本章最后还考察了识痛痒为什么成为程门识仁说所针对的典型经验。

在"识得"的身体场域、实践活动中，正如前述马一浮等所言，儒者的责任情怀体现为万物一体的基调。又如黄百家言，《求仁篇》识前识后功夫，贯穿的是存，识前是不需穷索，识后是诚敬。① 总之，进入责任感的本体—工夫的语脉，也可能使得程门识仁说的责任基调与本体论特质逐渐清晰起来②。

第一节 "识痛痒"即识仁："责任感"作为"万物一体"命题条件的探讨

一、"责任感"与"万物一体"

"万物一体"是二程关于"仁"的诠释。关于"仁"，程颐解释为"一所以为仁"，"公而以人体之故为仁"，侧重于"公"，是视物我为"一"（体）而非"二"（"不仁则二"）。程颢则指出"仁者浑然与物同体"，侧

---

① （清）黄百家：《求仁篇》，《宋元学案》，见《黄宗羲全集》第三册，第660页。
② 林月惠：《一本与一体：儒家一体观的意涵及其现代意义》，见林月惠：《诠释与工夫：宋明理学的超越蕲向与内在辩证》，台北："中研院"中国文哲研究所2008年版，第15页。林月惠指出，一体观发端于孟子一本说，一本说以儒家伦理含义为主，强调爱有差等、仁的不安不忍的感通性。因此，儒家一体观的论述，应以仁之感通性为主，方能探其意蕴。本书即试图从感通性、识仁的进路，探索程门仁说的责任情感意蕴，并试图就从程门这样的思路，来证立其本体论特质（在识痛痒被批评为不是充要条件的情况下）。

重"与物同体"。尽管二者侧重点有差异，①但"万物一体"却是二者共识。程颐以"公"为"近仁"的原理，而确切地讲"一所以为仁""公则一，私则万殊"，可见物我一体是"公"所达到的"仁"的境界。程颢的"万物一体之仁"更是从境界起论。"公"侧重行为原理，而"物我一体"更侧重境界体验。

> 若夫至仁，则天地为一身，而天地之间，品物万形为四肢百体。夫人岂有视四肢百体而不爱者哉？圣人，仁之至也，独能体是心而已，曷尝支离多端而求之自外乎？故"能近取譬"者，仲尼所以示子贡以为仁之方也。医书有以手足风顽谓之四体不仁，为其疾痛不以累其心故也。夫手足在我，而疾痛不与知焉，非不仁而何？世之忍心无恩者，其自弃亦若是而已。②

这种体验就是"识痛痒"，即从天地大身体的视角来看，我与万物同为一体，万物之痛痒而于我攸关。从儒学仁论的脉络出发，程颢并非主张生理知痛痒，而是在心理上把万物体验为自己一部分的内在验觉。这是仁心的境界，是人之为人的本质。③ 按照狄百瑞的观察，万物一体在王阳明那里，即受到了朱熹的影响，发挥了朱熹的"大人"责任感的宇宙向度。④ 西方哲学中的责任意识往往与自由意识联系在一起，但在宋明儒这里，责任却是与"一体之仁"联系在一起，责任感乃是出于"一体不容已之情"。"知"万物

---

① ［英］葛瑞汉认为，程颐以"公"来定义"仁"，"仁"即是视己身与万物为一体，是"公"而不是"私"，较之程颢更为清晰。而程颢则认为，通过"体仁"就可以与万物一体。葛瑞汉著，程德祥等译：《中国的两位哲学家——二程兄弟的新儒学》，郑州：大象出版社2000年版，第158、160页。陈来从儒学自身脉络出发，指出程颐以公解仁，并不能全面把握或体现仁，因为任何普世原理都要求公无偏私，但公无偏私并不是仁的本义。陈来：《仁学本体论》，第268页。
② （宋）程颢、程颐著，王孝鱼点校：《河南程氏遗书遗书》卷第四，见《二程集》，北京：中华书局1981年版，第74页。
③ 陈来：《仁学本体论》，第263页。
④ ［美］狄百瑞著，李弘祺译：《中国的自由传统》，香港：香港中文大学出版社1983年版，第90页。

一体则必然要负起万物一体的责任。① 恻隐之心除了同情向度,更有"关爱、关心"向度,而此向度表现出强烈的责任感:正像我对自己的身体痛痒负有责任(当下去挠),当我体验到天地万物"大身体"的痛痒时,我对"大身体"的痛痒负有不可推卸的责任。② 可见,在仁学语脉中,"识痛痒"也是一种责任感,"万物一体"是"大人责任感的宇宙向度"。

如果进一步作出梳理,首先,若仅从形式而言,"责任感"与"万物一体"之间的关系如何?这里是从一般意义,或从"责任感"与"万物一体"的基本含义出发。即规定在此范围内讨论:"责任感"指一方对另一方负有责任的情感,"万物一体"指万物彼此联结为一个整体的关系。尽管"万物一体"范畴并非形式逻辑可以范围,但这种语义的梳理,有助于探索与责任感相关的"万物一体"命题的特点。梳理如下:

如果我有对万物的责任感,不必然有万物一体。对于万物有养护的责任感,不必然推导出万物一体。因为这仅说明了我对万物的行为,而不涉及万物之间是否一体的状况。

如果有万物一体,则必然有我对万物的责任感。万物与我联结成一个整体,必须相互依赖共同生存,所以万物的存在也是我关心的事情,这种关心本身就是我对万物的责任感。

因此,仅就抽象的概念而言,"责任感"是"万物一体"的必要但不充分条件③。但具体到仁学语境中,"识痛痒"的责任感却是"万物一体"本体论所蕴含的"定言命令"。程颢强调的"识痛痒"是就仁的境界说,责任感本身就是目的,就是仁。

---

① 陈立胜:《王阳明"万物一体"论——从"身—体"的立场看》,上海:华东师范大学出版社2007年版(下同),第55页。
② 前揭,第52—53页。
③ 陈立胜:《王阳明"万物一体"论——从"身—体"的立场看》,第33、34页。陈立胜指出,识痛痒在朱熹那里,只是一个"必要条件",而不是"充分条件"。朱子反对将"仁"奠定在"万物一体"上面,"万物一体"是"仁"之"生理"流行不已的"结果",而非前提。陈说辨析精妙。本书较关注程门如何在万物一体上奠定仁体,力图说明识痛痒之为充要条件。程颢的一体说固然要接受朱熹的批评,但也具有伦理学上的意义,相关论述,见雷静:《一体与同体:程颢"万物一体"说辨证》,《中山大学学报(社会科学版)》2019年第1期。

责任感的定位出现的这样差异,乃是因为在仁学语脉中,责任感与万物一体是同质的,取决于"即体即用"的本体论。尽管万物一体是本体,责任感是作用现象,但是在体用一如的本体论语境下,二者同质。

然而,尽管也可以理解"同质",但从语义的角度,如何说明这种"同质"?或者更具体而言,作为境界的"万物一体"命题,具有何种特点,因而责任感可以与之同质?从而在这种同质的层面,如何理解"万物一体"的理路?

二、"识痛痒"与"生生"宇宙论中的"万物一体"

"万物一体"是种物我关系,而仁,作为一种责任感,是这种关系的表现,同时它还是生生不息的,是一种动态的机能,而不是静态的结构布局。"识痛痒"表达的物我关系,蕴含了一种生生的宇宙论。那么,可以首先进入"识痛痒"关系的特性,进而在其宇宙论的视野下,审视程颢"万物一体"命题的特质,而"识痛痒"与此命题的关系,也将呼之欲出。

在"万物一体"说的谱系里,除了程颢,以张载之《西铭》最为经典。

> 乾称父,坤称母。予兹藐焉,乃混然中处。故天地之塞,吾其体;天地之帅,吾其性。民吾同胞,物吾与也。①

以乾坤天地为父母,万物为子女,渊源于《易传·说卦》:"乾,天也,故称乎父。坤,地也,故称乎母。"②程颢虽赞同并发扬《西铭》万物一体意思,但却并未使用天地父母、万物子女这一关系。这也是程颢乃至二程易学不同于《易》之传统的地方,邵雍、张载则仍是从易象客观方面来说。唐君毅先生因此认为这是二程易学的创新,从此接上了《中庸》传统。③

---

① (宋)张载著,章锡琛点校:《正蒙·乾称篇第十七》,见《张载集》,北京:中华书局1978年版(下同),第62页。
② (魏)王弼注,(唐)孔颖达疏,李申、卢光明整理,吕绍纲审定:《十三经注疏·周易正义》,北京:北京大学出版社1999年版(下同),第330页。
③ 唐君毅:《中国哲学原论·导论篇》,北京:中国社会科学出版社2005年版,第273页。

从关系的时空属性来看,亲子关系乃包含了时间先后与上下本末,但程颢的"万物一体"中,万物之间是身体各部分之间的机能关系,无分时间先后,也不区别上下本末,是共时性的关系。从关系的成立条件来看,身体各部分之间彼此协同的机能性关系,只有识痛痒才能感知其存在,不识痛痒则无法感知其存在。而对于亲子关系来说,无论是否有识痛痒的当下动态情景,都存在亲子之间的互相认肯。亲子关系成立的条件不取决于亲子之间的当下互动,而在于先天既定的血缘关系。它以时间上亲先子后、空间上子继亲体的固有的结构布局为条件,而不以亲子互动为条件。

当进一步考察其宇宙论背景时,可以参考唐君毅所指出的:从张载与二程的《易》学特点来看,前者从客观而论,认为人心隶属客观一气,故对于"万物一体",张载以为人是乾坤孝子,好以下承上,以合内外。而二程则是从生生之体、生生之易来说,天理天道或者体,都应当在生生之用中识取。①唐先生所指出的,张载"从客观而论","万物一体"是"客观一气"中,人作为宇宙孝子、万物作为人的同胞兄弟,这是用亲子关系来刻画的宇宙观。其着眼点在固有的布局结构,而未及互动的过程,这也是一种相对静态的宇宙观。程颢"识痛痒"的"万物一体"说,则反映了生生不息的、机能性的动态宇宙观。与张载的我与万物之间是同胞血缘的关系相比,程颢的万物一体,模糊了同胞血缘与非同胞血缘之间的界限,而共处在"天地大身体"中。

在程颢生生不息的、机能的、动态的宇宙论中,阐释我对万物负责的"大人的责任感",会采取什么路径?在张载《西铭》中,充满了亲子之间、同胞血缘之间的情感。但这种情感论证的方式,似乎并不为程颢所采取。而情感论证的方式,也是西方责任伦理学家汉斯·约纳斯所采取的。他认为,政治家对全体人民的责任,类似于父母对子女的责任,二者都指向"全体性""连续性"和"未来"②,这是在人类普遍情感的基础上奠基。所谓基于人类普遍情感,孟子的"恻隐之心"的"情"的路子,亦是如此。然而,程颢并没有沿袭孟子"恻隐之心"的"情"的路子,却指出了"识痛痒"的"识"的

---

① 前揭。
② [德]汉斯·约纳斯著,方秋明译:《责任原理》,第91页。

入径。

须得回到程颢之"识仁",来一看"识"的端倪:

> 学者须先识仁。仁者,浑然与物同体。义、礼、知、信皆仁也。识得此理,以诚敬存之而已,不须防检,不须穷索。……此道与物无对,大不足以名之。天地之用皆我之用。孟子言:"万物皆备于我",须反身而诚,乃为大乐。若反身未诚,则犹是二物有对,以己合彼,终未有之,又安得乐?《订顽》意思,乃备言此体。以此意存之,更有何事?①

若"仁"是人性中事,则"仁者浑然与物同体",是说人性、物性皆同体。此意固为程颢所持,其曰"'万物皆备于我',此通人物而言",②则物性、人性皆自然,其曰"'万物皆备于我',不独人尔,物皆然。都自这里出去",③都是这个意思。这即为"万物一体"题中应有之义。若仅从"同体"论,未能必然肯定为万物同在一身,亦可同为天地父母之子女。《老子》曰"道""可以为天下母""强为之名曰大",但程颢强调,"此道与物无对,大不足以名之"。不以此父母天地之"大"而以为足以状道。若天地为父母,万物为子女,此犹是道与物"有对"。程颢赞赏的境界是天地万物同流的"天地之用,皆我之用",则可知,天地未曾离"我"而别在,天地与万物的关系,不是彼此身体独立的父母与子女,而是体现为"用"——生机的一气周流的诸种现象,只要有生生不已的道的运动,这就是天地本身,故天地是万物运动的整体。

程颢此宇宙论,不是结构分隔的静态的,而正是一气周流的动态的。以此来解释孟子的"反身"之诚,是以"我"身的生机来体会天地大身体的生机,生机是一机,宇宙生生不已只是一气周流。故此"识"是从我身着眼,体知天地宇宙生生不已的机能。"若反身未诚,则犹是二物有对,以己合彼,

---

① (宋)程颢、程颐著,王孝鱼点校:《河南程氏遗书》卷第二上,见《二程集》,第16—17页。
② (宋)程颢、程颐著,王孝鱼点校:《河南程氏遗书》卷第二下,见《二程集》,第56页。
③ (宋)程颢、程颐著,王孝鱼点校:《河南程氏遗书》卷第二上,见《二程集》,第34页。

终未有之,又安得乐?""二物有对"是程颢举证的反例,仍是囿于彼此身体隔阂的静态视界,在这种宇宙论下,想机械地"以己合彼",是不可能达到"万物一体"的。

因此,在程颢的生生不息的宇宙论中,体知到的是天地大身子的物我关系,而正是通过"识痛痒"的身体机能来通达到"万物一体"。在这样的宇宙论中,会主张——有"识痛痒"(责任感),就必然有"万物一体"。而这与之前一般性讨论得到的结论相矛盾,前述结论指出,有"责任感",不必然有"万物一体",责任感是"万物一体"命题的必要不充分条件。而在生生宇宙论的语境中,一般意义下责任感之于"万物一体"的条件位置,出现了如此变动。这将使得讨论进入到此语境下,"识痛痒"责任感如何可以作为"万物一体"的充要条件。

三、"识痛痒"责任感作为"万物一体"的充要条件

基于程颢的万物同在天地大身体的宇宙论,根据这一语境中责任感与万物一体的具体定义,可以重新考察"识痛痒"之责任感作为"万物一体"命题条件的性质:

甲、万物之间的关系不是同个父母的同胞兄弟的关系,更非在万物之外别有一物(上帝)创造了万物。万物是彼此联结、同在天地大身体中的。这是物我同体的"万物一体"。"识痛痒"是一种责任感,即当他人、他物处于痛苦中时,我感到不能忍受并意欲减轻这种痛苦的情感。

乙、如果有"识痛痒",即当他人、他物处于痛苦中时,我感到不能忍受并意欲减轻这种痛苦,则说明:

丙、我与万物之间身体机能的联结是顺畅的,我对同体之物的痛苦所不能忍受并意欲减轻,表明物我(必然)同处一身的必然性。

丁、因此,有"识痛痒"(的责任感),则必然有万物一体。

加上前述一般性讨论的结论,即"如果有万物一体,则必然有我对万物的责任感",故而可知,在程颢的宇宙论中,"识痛痒"的"责任感",是"物我同体"的"万物一体"命题(下简称"万物一体")的充分且必要条件。

从"识痛痒"而"识仁","识痛痒"推导出"万物一体之仁",并且是其充

分且必要条件,说明了宇宙的机能性或活动性是万物一体关系的基石。按照杜维明先生的说法,正是在"痛"感中,儒家奠定了其德性①。"识痛痒"与否,固然是自明、客观普遍的经验,但由此推导出"万物一体之仁",则必须在万物彼此联结的机能动态的宇宙论中成立。

在常识理解的范围内,发自于亲子之情或者孟子"恻怛之情"的,都容易被普遍接受。但无论是亲子之情,尤其恻隐之情,我与你仍有彼此之间"我身"的隔阂。用汉斯·约纳斯的分析,即便父母,也有可能常有照顾子女不周的细微之处。②

并且,在恻隐之情的境况下,"我"不一定将此情扩充为对你负责的行为。对于孟子的"扩充",程颢并不满意。他认为,与孔、颜相比,孟子虽是雄才,但当学颜子才能入圣。凡圣之别,就在于孔颜之道是自然之道,而孟子集义工夫落于著意。所谓"充塞"之扩充,也是著意。"仲尼,元气也;颜子,春生也;孟子,并秋杀尽见。……仲尼无迹,颜子微有迹,孟子其迹著。"③"孟子有功于道,为万世之师,其才雄,只见雄才,便是不及孔子处。人须当学颜子,便入圣人气象。"④"孟子谓'必有事焉,而勿正,心勿忘,勿助长。'正是著意,忘则无物。"⑤"凡言充塞云者,却似个有规模底体面,将这气充实之。然此只是指而示之近耳。气则只是气,更说甚充塞?如化育则只是化育,更说甚赞?赞与充塞,又早却是别一件事也。"⑥天地万物一体,本是一气周流无碍,而说到充塞扩充,似乎表明在道德本心与其发用流行之间尚有隔阂。如此,则孟子之恻隐之心,还不足够明确地证成其导向道德行为的必然性。那么,如何在普遍有效的常识理解基础上,为道德奠基?

"痛痒"是能够被"我身"在第一时间感知到的、身体各部分之间这种当下迅疾的彼此关切,是身体作为整体的反映,也伴随终身。较之亲子或陌生

---

① [美]杜维明 Tu Wei Ming, "Pain and Suffering in Confucian Self-Cultivation", *Philosophy East and West*, Vol.34, no.4(oct.1984), pp.387–388。
② [德]汉斯·约纳斯:《责任原理》,第85页。
③ (宋)程颢、程颐著,王孝鱼点校:《河南程氏遗书》卷第五,见《二程集》,第76页。
④ 前揭。
⑤ (宋)程颢、程颐著,王孝鱼点校:《河南程氏遗书》卷第十一,见《二程集》,第132页。
⑥ (宋)程颢、程颐著,王孝鱼点校:《河南程氏遗书》卷第二上,见《二程集》,第35页。

人之间的恻隐,这是常识所能理解的直接自明地指向物我一体终身关系的经验。与"痛痒"相比,"恻隐"是后者,如刘宗周区分的:

> 满腔子皆恻隐之心,以人心八万四千毫窍,在在灵通,知痛痒也。只此知痛痒心,便是恻隐之心。凡乍见孺子感动之心,皆从知痛痒心一体分出来。①

可知"知痛痒心"方是体,见孺子感动之心,是从这里分出来。与程颢类似,刘宗周也以为"善"属于天道流行气机状态,故用自然的节奏来为道德奠基②。类似地,现代新儒家牟宗三也主张,既存有又活动,以一种活泼流行的宇宙观为儒家道德本体立基之地。牟宗三的"活动"义,主要在于道德主体性,以接心学传统。在程颢,这种主体性本身就是客观性,是"反身而诚""此道与物无对""天地之用即我之用"的机能性的宇宙论。而程门弟子谢良佐以"识痛痒"识仁,被朱熹批评为以知觉为性,也是朱熹看到了"识痛痒"定义的动态性。而朱子亦有喜怒哀乐四气流动的宇宙观。③ 将主体性归属于客观的宇宙运动,从而道德获得客观普遍性的根基,这确为程颢等新儒家的贡献。

四、"以",而非"是":基于"识痛痒"责任感的"万物一体"的理路

尤其引人瞩目的是,这一客观普遍的根基,是作为责任感存在的。当"我身"推及"天地大身体"的时候,"识痛痒"是指识得万物的痛痒。尽管在西方哲学的语境中,这或者为神秘主义的,或者为想象情感的,甚至因此被冠以意义虚无的标签,但在儒学视野中,这是身体的相互感应。现有研究

---

① (清)黄宗羲著,沈芝盈点校:《明儒学案》下册,北京:中华书局1986年版,第1525页。
② 林月惠在《从宋明理学的"性情论"考察刘蕺山对〈中庸〉"喜怒哀乐"的诠释》,详述了刘宗周用气机流行来解说喜怒哀乐,载《中国文哲研究集刊》,2004年9月。又,陈来指出刘宗周的这一思想是发展了朱子的心体流行的观念,详见陈来:《宋明理学》,上海:华东师范大学出版社2004年版(下同),第300页。
③ 陈来:《朱子思想中的四德论》,《哲学研究》2011年第1期。

已指出了这一区别,并提到现代镜像神经元的成果可以支持这一现象。①儒者对他者疾痛的切身感受、作为真诚恻怛的良知究竟是"呈现"还是"假设"?

之所以留下这样的学术公案,恻隐之心是呈现还是假设的论证,都凸显了儒家想要为利他道德奠基的努力。"识痛痒"、对万物的责任感,被儒者赋予了客观普遍的道德根基的地位。其预设即为"人心八万四千毫窍在在灵通",是宇宙生机一气周流。因此,追问至此,可以问宇宙万物是不是一体的?

以人有限的感知经验,无法证得宇宙的本质,这已是现代哲学消解本体论时所完成的话题。研究者发现,程颢"万物一体"说并没有证明"万物是一体的",而是说明"万物如何被认识为一体"。② 就哲学论证的任务来看,形而上学很难从经验角度证明"万物是一体的",而"万物一体"说本身也不是知识论命题,却是道德实践的本体论命题。去证明"万物是一体的"不是其任务,或者说,对于"万物是一体的"这样的命题,已不在"万物一体"原命题的范围。

"万物是一体的"的"A 是 B"的句式,也不适用于程颢的本体论。至少根据程颢的解释,"A 是 B"只能用来界定相对性的现象,而不能适用于绝对性的本体。他指出,"此道与物无对,大不足以名之。"这句话是对道家本体论路线的一种发扬。作为本体的道具有"与物无对"的特点,《老子》有言"道可道,非常道。名可名,非常名。"人们显然无法用"A 是 B"这样的语言去定义道(万物)。

不能使用"A 是 B",程颢却也没有照搬《老子》的"无名天地之始,有名万物之母"。这样的上下分层、超验经验两分的宇宙观,不被程颢所接受。他说"若夫至仁,则天地为一身,而天地之间,品物万形为四肢百体"。③ 此

---

① 陈立胜:《仁·识痛痒·镜像神经元》,《哲学动态》2010 年第 11 期。
② 方旭东认为,程颢将万物一体之仁论说的中心做了转移,即将万物是否一体,转变为认识万物是否一体,而识痛痒之类的情感联通的论述,缺乏说服力。方旭东:《他人的痛——对万物一体之仁说的沉思》,《学术月刊》2005 年第 2 期。
③ (宋)程颢、程颐著,王孝鱼点校:《河南程氏遗书》卷第四,见《二程集》,第 74 页。

语当解为:"至仁以天地为一身,以天地之间品物万形为四肢百体。"至仁亦可视作常说的"道",但这句话里,显然并没有说过"至仁是……"(A 是 B)。程颢提出的是"仁者以天地万物为一体",使用了"以"而非"是"的句式。"以"的内涵是什么?"以……为"的句式就是"以为"、是批评者指出的"万物如何被认识为一体"的以为、认为之义吗?诚然,"以"之以为,或"识得一体"的"识",均有认识的含义在内,但其目标则不仅仅是"认识"这个行为可以涵盖。"以"所蕴含的"一体"的理路,其显示的本体存在的客观性也不是对象化认识的客观性。

至仁是什么?又或者万物是什么?都不是程颢的问题。因为至仁、道、万物,就其本身而言,人类的经验怎可道、怎可名?但就人类经验和理性的觉知而言,可以体认到以天地为一身,以万物为百体的境界,这种境界就是至仁。若以常识而言,人有恻隐之心,这种恻隐之心本身就是一种"识痛痒"。"识痛痒",或恻隐之心,并不意味着主体等同地感觉到他人的痛痒,而是主体关心到他人的痛痒正在发生,这个的反面是"不识痛痒""麻木不仁",即对他人的痛痒毫无关心、痛痒完全没有进入到主体的视野。关于此"识",程颢用医家的话来摹状:

> 医书有以手足风顽谓之四体不仁,为其疾痛不以累其心故也。夫手足在我,而疾痛不与知焉,非不仁而何?世之忍心无恩者,其自弃亦若是而已。①

所谓不仁,就是疾痛不以累其心,这是一种忍心。另,需要注意的是,因程颢不会用"A 是 B"这样的理路来定义本体,则"仁"不可以是"仁是……",故"仁"的反面不是"非仁是……",而是"不仁"。在明道动态的宇宙观中,"仁"与"不仁"是关于生命机能活动与否的指称。所谓累其心,实有所关爱:"夫人岂有视四肢百体而不爱者哉?"这种"爱"当做"爱护"解。他说"医家以不识痛痒谓之不仁,人以不知觉不认义理为不仁,譬最近"。

---

① (宋)程颢、程颐著,王孝鱼点校:《河南程氏遗书》卷第四,见《二程集》,第74页。

义理者,"仁者浑然与物同体,义礼智信皆仁也",可见在儒家仁的伦理学中,"识痛痒"之"识",是对万物的爱护的意识,这种意识,譬如我对自身肢体的爱护。这种爱护肢体的意识,与当肢体痛痒时不能忍的感知,是同质的。这正是"切身之爱",是看见疼痛而不能忍的意识。因此,问题的关键在于,不是拥有与他人一样的疼痛,而是见到他人疼痛而不能忍受。

汉儒训"万物皆备于我"之"物"为事,被宋以来儒家所沿袭。在"万物一体"之中,"识痛痒"而不能忍他人之痛痒,此时,"物"作为"事",怎能孤立地存在?"物"就存在于"我对物的痛苦不能忍"的物我关系中。"我"又怎能孤立于"物"而存在?而"我"不能忍受目睹"物"遭受苦痛时,"物"已不在"我"之外,而是被"我"感知到的"莫非己也":

> 医书言手足痿痹为不仁,此言最善名状。仁者,以天地万物为一体,莫非己也。认得为己,何所不至?若不有诸己,自不与己相干。如手足不仁,气已不贯,皆不属己。故"博施济众",乃圣之功用。仁至难言,故止曰"己欲立而立人,己欲达而达人,能近取譬,可谓仁之方也已"。欲令如是观仁,可以得仁之体。①

"物"是与我"相干"的,是"我"的"事"。当我不能忍物之痛苦时,这物已是我想关爱的物,从结构上说,此物是处在我的意向中的物,进一步,对于"博施济众"而言,是处于圣人之仁"作用"行为中的物。"物"因此不是静态的,而是动态的事物。"仁者以天地万物为一体",不是静态机械的身体机构,而是意识到"万物的苦痛是我不能忍,而要去爱护它们的'我'的责任"。"以万物为一体"即"以万物为我的事情"。所以尽管仁至难言,但只要从"己欲立而立人,己欲达而达人"的对他人的责任出发,就可以体认仁。

顾宪成发现,"万物一体"常被忽略的地方:"'仁者,浑然与物同体,义礼智信皆仁也',此全提也。后人只说得'浑然与物同体',而遗却下半句,

---

① (宋)程颢、程颐著,王孝鱼点校:《河南程氏遗书》卷第二,见《二程集》,第15页。

此半提也。"①可见,"万物一体"中,与物同体是形式,而这种形式,在道家、佛教那里也存在类似的说法。"义礼智信皆仁也"是实质的内容,这是"万物一体之仁"的儒家特质。五伦所系的儒者责任,因而是"万物一体"的基调所在。

伊川说,"今士大夫受职于君,尚期尽其职事,又况亲受身于父母,安可不尽其道?"这里把职责与孝道并提,以"受职于君",或"受身于父母",来表明忠孝两种责任的来源,以"尽其职事"与"尽其道"之"尽",来说明责任的落实(尽责)。二程的责任观不是外在的规范,而正是"万物皆备于我也""反身而诚"的内在要求。前述说"以万物为一体",是以"万物为我的事情(责任)",这说明,责任主体的自主判断是首要的。为了尽到孝道的责任,伊川赞赏"逃"的方式。一种"逃"是"小杖受,大杖逃"。"曾子耘瓜,误斩其根。曾皙建大杖以击其背,曾子仆地,不知人事,良久而苏,欣然起,进曰:'大人用力教参,得无疾乎?'乃退,援琴而歌,使知体康。孔子闻而怒。曾子至孝如此,亦有这些失处。若是舜,百事从父母,只杀他不得。"②这说明孝道的履行是以主体的独立判断为条件,而不是以规训和服从为条件。另一种"逃"是"若舜,须逃也"。"又问:'如申生待烹之事,如何?'曰:'此只是恭也。若舜,须逃也。'"③这就是著名的"舜窃父而逃"的故事。舜为了尽到孝子的责任,中止了作为君王的责任,这说明由于有限主体的存在,根源于主体内在要求的责任,在有限的某个时空条件下,不可能也不必然是全面的。这更说明,"万物一体"不是面面俱到、以"我"为万物或以万物为我的构造,而是基于"我"与世界整体之感应的机能。并且,由于"我"的有限性,每个"我"与世界全体感应的渠道、方式也不尽相同,但只要是"我"在自己所在的"大身体"位置上感应到、参与到世界全体的机能,这就是"我"的责任所在,也是"万物一体之仁所在"。

---

① (清)黄宗羲著,沈善洪、吴光编校:《宋元学案》卷十三,见《黄宗羲全集》第三册,第655页。
② (宋)程颢、程颐著,王孝鱼点校:《河南程氏遗书》卷第二十三(伊川先生语九),见《二程集》,第310页。
③ 同上。

第二节 "万物一体"责任感的性质与分限

一、道德实践中的责任感

在具体的道德实践中,责任表现为一种相感相应,如"厚责于吾所感,薄责于吾所应,惟君子能之。"①"圣人之责人也常缓,便见只欲事正,无显人过恶之意。"②"圣人,责己感也处多,责人应也处少。"③责己厚而责人薄,惟君子、圣人能之。这是"躬自厚而薄责于人"的儒家美德。人己之间,首要的是审视自己的责任,这种"责己感也处多,责人应也处少",是强调自身高度自觉的责任感,这也是契合儒家为己之学的传统。

责任实践中的相感相应,作为理学的道德实践,是主体努力与道相契合的体认过程。程颐用《易》之亨通之理来说明相感相应之道:

> 物之相感,莫如男女,而少复甚焉。凡君臣上下,以至万物,皆有相感之道。物之相感,则有亨通之理。君臣能相感,则君臣之道通;上下能相感,则上下之志通;以至父子、夫妇、亲戚、朋友,皆情意相感,则和顺而亨通……利贞,相感之道利在于正也。不以正,则入于恶矣,如夫妇之以淫姣,君臣之以媚说,上下之以邪僻,皆相感之不以正也。④

感应之道或可为血气相感应,如孟子的恻怛,或可为天人感应,如汉代经学家在政治哲学上的编织。而肇始于《易》的乾坤阴阳男女交感,则在汉代经学的政治—伦理框架下,具有五伦次第的伦理秩序意义。宋代理学家诠释《易》,或如周敦颐利用《易》的图式,往往赋予儒家伦理以天道的内涵。

---

① (宋)程颢、程颐著,王孝鱼点校:《河南程氏粹言》卷第二,见《二程集》,第1267页。
② (宋)程颢、程颐著,王孝鱼点校:《河南程氏外书》卷第七,见《二程集》,第393页。
③ (宋)程颢、程颐著,王孝鱼点校:《周易程氏传》卷第三,见《二程集》,第854—855页。
④ 前揭。

而这一内涵,是建立在人与人之间的情意相感基础上的,这也是孟子以来的儒家传统。这种情意相感之所以成为宋明理学的哲学基础,是因为被赋予了"正"的内涵。如程氏《易》传所揭示的,"相感之道利在于正也。"

五伦是人的本性,同时也具有义务、责任的意思。在宋代理学家体知其为人性之本然、其成为道德实践主题之前,五伦的伦理责任、义务的意味更为突出。这也是程颢指出的:"后汉人之名节,成于风俗,未必自得也。然一变可以至道。"①"先王之世,以道治天下;后世只是以法把持天下。"②名教礼法构筑了汉唐的政治—社会体系,但未能指向人心的秩序。程颢此说并不意在消解名教礼法的责任内涵,他其实是努力为这种责任内涵作出"情意"的实践合理性奠基。"凡人家法,须令每有族人远来,则为一会以合族。……然族人每有吉凶嫁娶之类,更须相与为礼,使骨肉之意常相通。骨肉日疏者,只为不相见,情不相接尔。"③他把伦常之责任立足于"骨肉之意常相通",这正是责任在人己感应的责任感的范畴之内。

五伦之责任,又有种说法,是为《中庸》之"九经":"凡为天下国家有九经,曰:修身也,尊贤也,亲亲也,敬大臣也,体群臣也,子庶民也,来百工也,柔远人也,怀诸侯也。"虽"九经"是帝王之道,但亦体现了五伦责任的架构,而其中有些说法,如亲亲,尤其具有普遍性。如何做到"亲亲"而"诸父昆弟不怨",显然这是父子兄弟之间人己感应的问题,程氏也是在这个意义上,即在人己感应的情感范畴内解释如何"亲亲而不怨":

> 九经之用,皆本于德怀,无一物不在所抚,而刑有不与焉。修身,九经之本。必亲友,然后修身之道进,故次之以尊贤。道之所进,莫先其家,故次之以亲亲。由亲亲以及朝廷,故敬大臣,体群臣。由朝廷以及其国,故子庶民,来百工。由其国以及天下,故柔远人,怀诸侯。此九经之序。视群臣犹吾四体,视庶民犹吾子,此视臣视民之别。……尊之欲其贵,爱之欲其富。所欲与之聚之,所恶勿施尔,而不责以善,此所以诸

---

① (宋)程颢、程颐著,王孝鱼点校:《河南程氏遗书》卷第一,见《二程集》,第4页。
② 前揭。
③ (宋)程颢、程颐著,王孝鱼点校:《河南程氏遗书》卷第一,见《二程集》,第7页。

父兄弟相劝而亲。①

"不责以善",语出《孟子》"父子之间不责善",而"所欲与之聚之,所恶勿施尔",亦是《孟子》在父子之间不责善的问题上,教人如何学习舜待父、弟的亲亲之道。五伦中父子兄弟之伦常,"亲亲"是伦常的责任,也是亲情之感应,二者相即,"亲亲"之感应就是伦常责任。这固然是人性之本然,但在哲学论证上,界定"责任"之为感应、感情本身,实有混淆概念之嫌。因此,毋宁说,这是一种力行伦常责任的情感。

责任感不同于一般的自然情感,在这种人己感应中,还具有为了达成主体对亲人的责任而克制、化解自然情绪的理性选择。"父子不责善"并不是亲情中的本然状态,而却正是为了完成父亲对儿子的教养责任的理性选择。孟子说,人情之本然,是父亲常为了教育儿子而发怒,于是儿子受了训斥,自然埋怨父亲,因此父子感情受到损伤。《中庸》"九经"之说,亦是强调父子兄弟之间"无怨"。令亲人无怨念,这是一种"庸行"的标准,是一份责任。不责善,所欲与之聚之,所恶勿施尔,处处避免生怨,这不是放纵,而是对责善之纠偏,以符合中庸之道。

"九经"中,"尊贤,则不惑;亲亲,则诸父昆弟不怨;敬大臣,则不眩",一是皆为"甲,则不乙"的句式。而"甲"则为"尊(亲,敬)某人"的结构。甲即"九经"之"修身"以至"怀诸侯"的内容。其中,与"尊贤,亲亲,敬大臣"相对应的解释,较为特殊,用的是"则不乙"的句式。"则不乙",总体上是表达甲能避免乙这样的不良后果,或者说,甲作为"九经"之庸行,能够避免乙这样的偏颇。与"尊贤""敬大臣"并列之"亲亲","亲"作动词时,与"尊""敬"一样,是修身的要求。既然作为修身的要求,这就不局限于自然血亲的本然情感,而升华为理性的道德实践。君子、圣人都有责任去践行"亲亲",达到诸父兄弟无怨的效果或境界。"亲亲"与尊贤、敬大臣相比,既具有力行伦常责任的理性,又天然具足亲情感应,体现了责任感的理性与感性。

---

① (宋)程颢、程颐著,王孝鱼点校:《河南程氏经说》卷第八,见《二程集》,第1157页。

二、"廓然大公"

与贤者、大臣等血亲之外的他人相比,更容易被自身感应到的是亲人。而程氏对"九经"的诠解,我与他人(非血亲)之间具有类似血亲的自然感应的基础。"视群臣犹吾四体,视庶民犹吾子",这正是"万物一体"之宇宙论的论调。

在大程"万物一体"的宇宙论中,圣人的情感耐人寻味。这是一种"情顺万物而无情"的情感:

> 夫天地之常,以其心普万物而无心;圣人之常,以其情顺万物而无情。故君子之学,莫如廓然而大公,物来而顺应。①

解者或认为,这段话反映了大程子出入老学,是犹为庄学之余绪。然,大程子出入释老,终究是为了儒家入世的抱负。"心普万物而无心,情顺万物而无情",最终的落脚点不是"无",而是融有无于一炉的"公"。圣人之亲亲以及由此推及万物的情感,也不是如墨家的"兼爱",而是"公"。"公"承认差别之爱,甚至在大程子,"善恶俱是天理"。

> 此都只是天理自然当如此。人几时与? 与则便是私意。有善有恶。善则理当喜,……恶则理当恶,彼自绝于理,故五刑五用,曷尝容心喜怒于其间哉?②

> 人能放这一个身公共放在天地万物中一般看,则有甚妨碍? 虽万身,曾何伤? 乃知释氏苦根尘者,皆是自私者也。③

> 佛者一點胡尔,佗本是个自私独善,枯槁山林,自适而已。……今彼言世纲者,只为些禀彝又珍灭不得,故当忠孝仁义之际,皆处于不得已,直欲和这些禀彝都消杀得尽,然后以为至道也。然而毕竟消杀不

---

① (宋)程颢、程颐著,王孝鱼点校:《河南程氏粹言》卷第二,见《二程集》,第1263页。
② (宋)程颢、程颐著,王孝鱼点校:《河南程氏遗书》卷第二上,见《二程集》,第30页。
③ 前揭。

得。……人之有喜怒哀乐者,亦其性之自然,今强曰必禁绝,为得天真,是所谓丧天真也。①

与对佛教的"枯槁山林"的批评类似,大程子亦不会主张道家的某些"心如死灰"的主张,这毕竟也是流行于唐之后的修行方式。大程子笃信的是儒家"喜怒哀乐之自然",情顺万物是"放这一个身公共在天地万物之间看",是顺遂万物的自然之喜怒哀乐的本性,"无情"当做"无私"解。伦理是有情的,这"情",是顺万物喜怒哀乐,是理解、共鸣、顺应万物喜怒哀乐的公共情感。因此伦理是无私的,不会囿于一己之私的喜怒哀乐。而既然走出了一身,走向了世界,则首先要承认的是,万物是千差万别的。

> 天地阴阳之变,便如二扇磨,升降盈亏刚柔,初未尝停息,阳常盈,阴常亏,故便不齐。譬如磨既行,齿都不齐,既不齐,便生出万变。故物之不齐,物之情也。而庄周强要齐物,然而物终不齐也。②
> 事有善有恶,皆天理也。天理中物,须有美恶,盖物之不齐,物之情也。③
> 仁者,浑然与物同体。……此道与物无对,大不足以名之,天地之用皆我之用。④

就大程子的本体论来看,仁者浑然与物同体,本体并不在物之外。物则是有差别的、不齐的万物。这就是世界的本貌。"大不足以名之",道家之超然物外的"大",不足以使人彻悟"物终不齐"的"物之常情"。这种涵容差别、指向万物当下的生存状态的本体论,也即"事有善有恶皆天理"。这也是"与物同体",或"万物一体"的表现。

---

① (宋)程颢、程颐著,王孝鱼点校:《河南程氏遗书》卷第二上,见《二程集》,第24页。
② (宋)程颢、程颐著,王孝鱼点校:《河南程氏遗书》卷第二上,见《二程集》,第32—33页。
③ (宋)程颢、程颐著,王孝鱼点校:《河南程氏遗书》卷第二上,见《二程集》,第17页。
④ (宋)程颢、程颐著,王孝鱼点校:《河南程氏遗书》卷第二上,见《二程集》,第16—17页。

将万物类比于我的身体乃至同胞,具有类似亲情的情感互动(感应)。并且,这种情感具有责任承担的理性,如将"亲亲"定义为"诸父昆弟不怨"的伦理责任,将"浑然与物同体"落脚在"公共无私"的"伦理"。"廓然大公"作为"万物一体"责任情感的表现,伦理责任是其现实理性的内容,而这种责任又是内在的,体现为自我与他人、与万物生命之间的感应之情。

三、"万物一体"责任感的向善趋势

仅将责任作为一种义务规范,或仅把责任作为一种(源自)血亲或类似血亲亲情的情感,都不足以成其为儒家道德实践。与佛、道两家相比,儒家把伦理视为人在世之本,具有强烈的责任情怀。与法家相比,儒家更重视礼法所奠基的人的情感。但这种情感虽源于自然,走向的却是"爱有差等"的礼。因此,只有以基于人情的礼为宗旨时,其中名教之秩序与自然之性情才会成为思辨的问题。而相异于儒家伦理秩序追求而诉诸自然的道家,以及主张兼爱的墨家,都将落于性情中的某个面向,而不会为此困扰。"仁义内在"的传统,在赋予名教礼法以情感这一内在依据的同时,也预设了某些情感具有一种运动的趋势。孟子在其仁义内在的说法中,有个生动的譬喻来描摹这种趋势:"人性之善也,犹水之就下也。"① 这种趋势,是种"情不自已",是孟子描述的见孺子入于井而生怵惕的恻怛。研究者已经注意到,孟子恻隐之心的例子,是发生于陌生人之间,以及人与动物之间②,可知其为普遍公共的情感感应。

首先来看恻隐,它是真诚情感的自然流露。赡养父母是人伦责任,儒家的理解是,这种责任是内在的,是真诚恻怛的。守丧三年的礼制,是对"子生三年,方免于父母之怀"的情感回应。人伦责任中,最容易用彼此自然的情感感应来理解的,就是"亲亲"。

而在人与他人乃至与其他生命的关系中,责任与情感却不必然对应。如孺子入于井的例子,虽产生了恻隐之情,但不必然有救陌生人的责任。在

---

① (汉)赵岐注,(宋)孙奭疏,廖明春、刘佑平整理,钱逊审定:《孟子·告子章句上》,见《孟子注疏(十三经注疏)》,北京:北京大学出版社2000年版,第347页。
② 陈少明:《仁义之间》,《哲学研究》2012年第11期。

以羊易牛的例子里,易牛并不是礼制规定所必须的,也不是齐威王的责任。但人会对孺子或对牛伸出援手,只是因为不能"忍"。但仅仅是不忍人之心,显然也是不够的。在孟子这里,不忍人之心需要被扩充,才能成为"仁"。在齐威王的例子里,不忍人之心被扩充的对象范围由牛而及百姓。或者"老吾老以及人之老,幼吾幼以及人之幼",对于这个命题,人们常以为推己及人或推物及人是范围数量上的扩充,如《孟子》由家人而众人而天下的次第,在《中庸》的次第中,亦是由一身至天下的数量的增广。

事实上,这种推及,也是向责任对象或者更广意义上的责任对象的转移。在由牛而及百姓的推及中,是由不需负责的对象而向君主所负责的百姓的转移;在由己及人的推及中,则是由自然血亲的责任向对非血亲的人们负责而转移。由于"推及"的存在,儒家的人伦责任得以顺遂地从自然情感而扩充出来。因此程颢说:"'万物皆备于我',不独人尔,物皆然。都自这里出去,只是物不能推,人则能推之。……百理具在,平铺放着。"① "推及"是体认万物一体的方法。"推及"指向人伦责任这一价值与规范的领域,显然只有人能胜任,而动物是无法做到的。推及可以从本体论说,"以己及物,仁也。推己及物,恕也。……忠者体,恕者用,大本达道也。"② 也可以从实践说,"以物待物,不以己待物,则无我也。圣人制行不以己"。③

再回到"人性之善,犹水之就下"。在这个命题中,始终强调自然情感向善的态势,或者说,人的情感走向关心他人、关心万物的态势。正如汉斯·约纳斯指出,如果是因为为了让自己好受、只是为自己情感的需要而对他人负责,并不能说这是一种真正的责任。④ 因为在这样的行为中,我的情感与我的目标始终指向我的需要,从本质上未能覆盖对他人负责的客观事项,因此不能指向长久的、整体的责任。如果只为了自我的情感,这是把责任当做手段;而只有当把责任对象自身作为目的时,才会与关心他人、关心

---

① (宋)程颢、程颐著,王孝鱼点校:《河南程氏遗书》卷第二上,见《二程集》,第34页。
② (宋)程颢、程颐著,王孝鱼点校:《河南程氏遗书》卷第十一,见《二程集》,第124页。
③ (宋)程颢、程颐著,王孝鱼点校:《河南程氏遗书》卷第十一,见《二程集》,第125页。
④ [德]汉斯·约纳斯著,方秋明译:《责任原理》,第81—84页。

万物的情感产生对应。只是从不忍的角度，这是一种生命的同感共振。①但要从同感共振发展到对对方的关心乃至对万物的关心，就已经指向对对方的责任、以对方为目的。尤其在万物一体之仁中，这是一种终极关怀的、永久性的、整体性地对万物的存在负责。

四、一体感通的责任分限

> 人者，位乎天地之间，立乎万物之上；天地与吾同体，万物与吾同气，尊卑分类，不设而彰。圣人循此，制为冠、昏、丧、祭、朝、聘、射、飨之礼，以行君臣、父子、兄弟、夫妇、朋友之义。②

> 天地之道，则养育万物；养育万物之道，正而已矣。圣人则养贤才，与之共天位，使之食天禄，俾施泽于天下，养贤以及万民也，养贤所以养万民也。③

> 天地二气交感而化生万物，圣人至诚以感亿兆之心而天下和平。天下之心所以和平，由圣人感之也。观天地交感化生万物之理，与圣人感人心致和平之道，则天地万物之情可见也。感通之理，知道者默而观之可也。④

继"天地与吾同体，万物与吾同气"之后，是"尊卑分类，不设而彰"，万物一体有其秩序格局，即"尊卑分类，不设而彰"的天理。圣人循此天理，制作礼义，即"圣人循此制为礼，以行君臣、父子、兄弟、夫妇、朋友之义"，这也是万物一体的秩序体现。

这种秩序格局，有其实质内容，即天地养万物，圣人养贤才、与之共天下，施泽于万民。养育万物是"天地之道""正而已矣"，圣人与贤才则"共天位""食天禄"。天地对万物有其责任，乃是天地正道，且由圣人贤才任职天位，共担天责。就此而言，可以说"万物一体"的实质内容就是对万物的

---

① 陈立胜：《恻隐之心："同感"、"同情"与"在世基调"》，《哲学研究》2011年第12期。
② （宋）程颢、程颐著，王孝鱼点校：《河南程氏文集·遗文》，见《二程集》，第668页。
③ （宋）程颢、程颐著，王孝鱼点校：《周易程氏传》卷第二，见《二程集》，第833页。
④ （宋）程颢、程颐著，王孝鱼点校：《周易程氏传》卷第三，见《二程集》，第855页。

责任。

比较而言,天理人伦的秩序是万物一体的形式,天道天位则是其内容。这一内容的开展,顺遂"万物一体"的有机整体的性质。即责任的主体与责任对象之间,须贯通为一体。如此,天地通过二气交感来化生万物,天地与万物是生机接续的一体。圣人通过至诚感化人心而致天下和平,圣人与天下是生机感应的一体。交感接续,相感相应,万物由此而一体,故观感通之理,则见天地万物之情。感通属于情感的范畴,这种情感是天道天位责任的开展方式,即责任感以万物一体感通为基础。

上面都是从总体而言,若具体而论,天地养万物之道是"正"。圣人亦是"感之以正","圣人感天下之心,如寒暑雨旸,无所不通,无所不应者,正而已矣。"作为道路途径的"正",显然需要适用于万物的万殊情形,如圣人"无所不通,无所不应",能够照顾到每一个特殊的个体。

这就需要对万物有着如其所是的理解,即理解"物终不齐""天理有善恶"。另一方面,对"恶"的客观存在,不是消解摒弃,如佛教的"出尘"、道家的"齐同",而是积极应对。

> 尧夫解"他山之石可以攻玉",……譬如君子与小人处,为小人侵陵,则修省畏避,动心忍性,增益预防,如此便道理出来。①
>
> 阴阳之际,亦不可截然不相接,厮侵过便是道理。……《艮》之为义,终万物,始万物,此理最妙,须玩索这个理。②
>
> 与善人处,坏了人;须是与不善人处,方成就得人。他山之石可以攻玉。③

尽管佛教与道家化解"恶"、应对"恶"各有法门,但所谓"厮侵过才是道理",却不必然是必要条件,完全可以通过弃绝人世、摒却往来的环境来做到。而只有身处自我与他人、与万物的感应关系中,与天地共担化育万物的

---

① (宋)程颢、程颐著,王孝鱼点校:《河南程氏遗书》卷第二上,见《二程集》,第35页。
② (宋)程颢、程颐著,王孝鱼点校:《河南程氏遗书》卷第二上,见《二程集》,第39页。
③ (宋)程颢、程颐著,王孝鱼点校:《河南程氏遗书》卷第三,见《二程集》,第61页。

责任,随时面对、解决恶才是必然和应然的。

就天地万物始终不齐,善恶是万物之常情而言,圣人对恶人也有责任。

> 天地岂尝有心拣别善恶,一切涵容覆载,但处之有道尔。若善者亲之,不善者远之,则物不与者多矣,安得为天地?故圣人之志,止欲"老者安之,朋友信之,少者怀之"。①

因此,在圣人的道德情感中,没有因为"恶""不善"而远离此人,而皆以"老者安之,少者怀之,朋友信之"而一视同仁。万物都在圣人关怀的范围中,而无论善恶,都以"老—少—朋友"的身份视之,都对之有"安—怀—信"的责任。

此处"物不与者","物"与"分限""分"的关系密切。"学者全体此心,学虽未尽,若事物之来,不可不应,但随分限应之,虽不中,不远矣。"②"物"所含"分限"义,从训"物"为"事"的理路可见。伊川把"物"训为"事":"物则事也,凡事上穷极其理,则无不通。"③"要作得心主定,惟是止于事,为人君止于仁之类。……人不止于事,只是搅他事,不能使物各付物。"④物作为事的要点在于"事理",止于事即如人君止于仁之意。物训为事,又可以表述为物与道相即。"道之外无物,物之外无道,……即父子而父子在所亲,即君臣而君臣在所严,以至为夫妇、为长幼、为朋友,无所为而非道。"⑤可见,物即是事理,是在君臣父子兄弟等伦理地位上的本分。也是所谓"圣人致公,心尽天地万物之理,各当其分。"⑥从万物各有其伦理本分或责任分限而言,"万物一体"正是一个"各当其分"的伦理责任分限内容构成的全体。这也是天道天位的万殊表现。

---

① (宋)程颢、程颐著,王孝鱼点校:《河南程氏遗书》卷第二上,见《二程集》,第17页。
② (宋)程颢、程颐著,王孝鱼点校:《河南程氏遗书》卷第二上,见《二程集》,第14页。
③ (宋)程颢、程颐著,王孝鱼点校:《河南程氏遗书》卷第十五,见《二程集》,第143页。
④ (宋)程颢、程颐著,王孝鱼点校:《河南程氏遗书》卷第十五,见《二程集》,第144页。
⑤ (宋)程颢、程颐著,王孝鱼点校:《河南程氏遗书》卷第四,见《二程集》,第73—74页。
⑥ (宋)程颢、程颐著,王孝鱼点校:《河南程氏遗书》卷第十四,见《二程集》,第142页。

前述明道言，万物都在圣人关怀的范围中，而无论善恶，都以"老—少—朋友"的身份视之，都对之有"安—怀—信"的责任。则"各当其分"的分限，当在"老—少—友"及对应的责任"安—怀—信"的范围中。这层关系，又可从明道所论一体之感通来发明。

明道说过，"体天地之化，体字就是天地，不可别有个天地。"若单从字义论，"体字就是天地"，此语有病。但若知天地万物在"万物一体"的本体论中，是与主体同体的，尤如"我"的身体，则此语其实可以置换为"体身体之化，体字就是身体，不可别有个身体"。则通顺无碍。可知"万物一体"的本体论中，"各当其分"之身份的身体结构，与物我之间感通互动的生机系统，以及这种身体结构及生机系统的静态分布、动态运动的理则，都是先天地存在的。或者说，当"我"有感知的时候，这一切早已存在。"我"只是感知存在本身。所以说"道则万理具备，而无论感与未感"。

但若尚未感通，则物我之间犹如尚未感通的身体各部位之间，生机是隐而非显的。以身体为例，当各部位寂然不动时，可见的是各部位"各当其分"地在各自的位置上。人伦社会中，也有一些"寂然不动"时可以看到的身份。如在人己感通发生之前，各种身份已经前定地存在于"人""己"身上。如"老—少—友"之于"君臣父子夫妇"。相对于"君臣父子夫妇"的伦理秩序，"老—少—友"的分类标准是年龄，老少的年龄大小，或者朋友间的年岁相当，这些自然身份先于伦理秩序。（尽管可能出现老少之间成为朋友的情况，但忘年交也属于"老—少"的范围，故仍属于"老—少—友"之内。）

明道说，圣人之志是止于"老者安之，少者怀之，朋友信之"。伊川说，"惟是止于事，为人君止于仁之类。"为何明道止于"老—少—友"？"老—少—友"在范围上足以涵盖君臣父子兄弟夫妇，因为无论何种社会身份，都同时具备年龄上的自然身份。社会身份本身就以相应的责任、义务为属性规定。若推而广之，由人类社会而及万物，则万物不一定在君臣父子兄弟夫妇之列，但也可能可以在"老—少—友"之中。"老—少—友"的身份，正是一体感通发生的前定结构。

总的看来，在考察"老—少—友"（及其对应的责任"安—怀—信"）作为"万物一体"责任分限的内容时,始终需要在一体感通中展开讨论。这使得感通之所以能够联结所有个体的条件凸显出来,即个体间普适的、尤其前定的"一体"结构。

第三节 "万物一体"责任情感的存在理路

一、一体感通之气

前述天道天位的责任是万物一体的内容,其开展为感通,这是一种情感。这种情感反映着"理":

> 心所感通者,只是理也。①
> 天地万物之理,无独必有对,皆自然而然,非有安排也。②
> 万物莫不有对,一阴一阳,一善一恶,阳长则阴消,善增则恶减。③

"心所感通者,只是理。""天地万物之理,无独必有对。""万物莫不有对,一阴一阳"。感通的内容就是天地万物之理,此理则是万物阴阳成对之理。

与"道"之"一"相比,阴阳之理是"道"散在万殊的"多"。

> 散之在理,则有万殊;统之在道,则无二致。……太极者道也,两仪者阴阳也。阴阳,一道也。太极,无极也。万物之生,负阴而抱阳,莫不有太极,莫不有两仪,絪缊交感,变化不穷。形一受其生,神一发其智,情伪出焉,万绪起焉。④

---

① (宋)程颢、程颐著,王孝鱼点校:《河南程氏遗书》卷第二下,见《二程集》,第56页。
② (宋)程颢、程颐著,王孝鱼点校:《河南程氏遗书》卷第十一,见《二程集》,第121页。
③ (宋)程颢、程颐著,王孝鱼点校:《河南程氏遗书》卷第十一,见《二程集》,第123页。
④ (宋)程颢、程颐著,王孝鱼点校:《河南程氏文集·遗文》,见《二程集》,第667页。

感通就是在万殊之理中成立。由于"缊缊交感,变化不穷","缊缊,阴阳之感",在阴阳交感的变化中,产生了情、智,从而才有万物相感相应。

情智感通本质上也是阴阳交感,这意味着情智产生的善恶,也属于阴阳运动的范畴。故有所谓"一阴一阳,一善一恶,阳长则阴消,善增则恶减"的阴阳与善恶的对应关系。

> 天地之间皆有对,有阴则有阳,有善则有恶。君子小人之气常停,不可都生君子,……虽尧、舜之世,然于其家乖戾之气亦生朱、均,在朝则有四凶,久而不去。①

善恶是特殊的阴阳运动,所以可以使用"气"的范畴来描述其殊性。善恶分别是君子、小人之气。阴阳彼此消长,所以君子小人之气此消彼长,不可都生君子。即便在尧舜之世,都无法避免乖戾之气所生的小人。

情智对于善恶的感通,遵循"有所感必有所应"的理则。如程颐言:

> 大抵人心虚明,善则必先知之,不善必先知之。有所感必有所应,自然之理也。②

> 寿夭乃是善恶之气所致。仁则善气也,所感者亦善。善气所生,安得不寿?鄙则恶气也,所感者亦恶。恶气所生,安得不夭?③

善恶均是气,善气感应的是善,恶气感应的是恶。前者产生的结果是寿,后者所生则夭。"仁"是善气,则万物一体是善气感应的结果。从"有所感必有所应"的理则而言,善气感通从而万物一体,具有天道的必然性,不假人力。

---

① (宋)程颢、程颐著,王孝鱼点校:《河南程氏遗书》卷第十五,见《二程集》,第161—162页。
② (宋)程颢、程颐著,王孝鱼点校:《河南程氏遗书》卷第十八,见《二程集》,第228页。
③ (宋)程颢、程颐著,王孝鱼点校:《河南程氏遗书》卷第十八,见《二程集》,第224页。

> 一书天道之要,一书仁义之道,中以一榜,书"勿不敬,思无邪"。①
>
> 气则只是气,更说甚充塞?如化育则只是化育,更说甚赞?赞与充塞,又早却是别一件事也。②

天道与仁义是相通的,仁者应当顺遂此自然,即"勿不敬,思无邪",避免恶气感应。大程甚至认为,孟子以来的"充塞"、赞化育,都是多余的,因为"气则只是气",善气自然会感应成善。

二、"忧":阴阳感通架构中的责任感

张世英先生发现,"万物一体"的本体论中,正因为有他者存在,才能成就"我"之选择物我一体。③ 约纳斯也指出,他者的生存成为目的,是责任的本体论基础。④ 如前文所述,万物一体的责任情感是感通,感通之理是万殊之理,反映的是具体的"我"与他者的相感相应。

"我"与他者可以有多种关系类型,而"君子—小人"这一特殊的"我"与"你"的结构,往往使得"我"在实践责任时困难重重。二程对于这种实际的困难,有详尽的体察和对策。

> 今之监司,多不与州县一体。监司专欲伺察,州县专欲掩蔽。不若推诚心与之共治,有所不逮,可教者教之,可督者督之,至于不听,择其甚者去一二,使足以之警众可也。⑤
>
> 以阴柔之才,虽倚赖刚贤,能持循于平时,不可处艰难变故之际,故云不可涉大川也。……故艰险之际,非刚明之主,不可恃也。……发此义者,所以深戒于为君也。⑥

---

① (宋)程颢、程颐著,王孝鱼点校:《河南程氏遗书》卷第二上,见《二程集》,第35页。
② 前揭。
③ 张世英:《人类中心论与民胞物与说》,《江海学刊》2001年第4期。
④ [德]汉斯·约纳斯著,方秋明译:《责任原理》,第90页。
⑤ (宋)程颢、程颐著,王孝鱼点校:《河南程氏遗书》卷第二上,见《二程集》,第18页。
⑥ (宋)程颢、程颐著,王孝鱼点校:《周易程氏传》卷第二,见《二程集》,第837页。

六四阴柔而无下助,非能济天下之险者。以其在高位,故言为臣处险之道。大臣当险难之时,唯至诚见信于君,其交固而不可间,又能开明君心,则可保无咎也。夫欲上之笃信,唯当尽其质实而已。……其质实如此,又须纳约自牖。……人臣以忠信之道结于君心,必自其所明处乃能入也。人心有所蔽,有所通。所蔽者暗处也,所通者明处也。当就其明处而告之,求信则易也,故云纳约自牖。……必于所不蔽之事,推而及之,则能悟其心矣。……非惟告于君者如此,为教者亦然。夫教必就人之所长,所长者心之所明也,从其心之所明而入,然后推及其余,孟子所谓成德达材是也。①

　　上面第一条与第二条,说的是官僚之间,以及君臣之间,君子尽责的难处。这里涉及具体的"一体"结构。第一条讲到监司与州县一体,第二条谈及政治环境艰险之际,刚明之君主才能维系帝国的政治体系,这是"一体"的首脑。至于如何尽到为官、为君的职分责任,第一条中,建议综合运用"教、督、去"三种手段。第二条中,则强调君主"刚明"的为政风格。并且,第一条运用"教,督,去",最终"警众",第二条"刚明"的反面是阴柔。这都是因为政治生态之险恶,君子、君主需要以极大的勇气、魄力手段来应对小人。

　　第三条中,说明士大夫为帝师与为人师是道通为一的,都是"从其心之所明而入,然后推及其余"。这是因为人心有所蔽处,教人只能从人心明处入。至于恶,本是从人心所蔽处而生。可以设想的是,君主的资质是君子还是小人,这是无法选择的,大约最大限度只能"教"。而对于官僚,则可以运用"教—督—去"的手段,首则教之,否则督之,再不然就去之以警众。

　　君子教化的方法是从人心明处入手,即"夫教比就人之所长,所长者心之所明也,从其心之所明而入,然后推及其余,孟子所谓成德达材是也"。所谓明处是通处。"人心有所蔽,有所通。所蔽者暗处也,所通者明处也。"

---

① (宋)程颢、程颐著,王孝鱼点校:《周易程氏传》卷第二,见《二程集》,第846—848页。

在万物一体的宇宙论中,人心通与蔽,是一体生机的通畅与遮蔽。对于圣人而言,希望生机通畅,所谓"圣人循天理而欲万物同之":

> "鼓万物而不与圣人同忧",天理鼓动万物如此。圣人循天理而欲万物同之,所以有忧患。①

圣人循天理而欲万物同之,一体之仁,也是圣人"乐"的境界,但何以有"忧患"?万物本来一体生机不断,但小人却自己遮蔽了生机。小人无法同此生机,这是圣人的忧思。而若是君王有所蔽,则更为君子所忧。君子对君王的担忧,是所谓"心不忘君,怨慕之深":

> 心不忘君,怨慕之深者也。君臣犹父子,安得不怨?②

君子忧君王,是为怨慕。犹如孟子描述的舜对父亲的怨慕。怨慕本是血缘亲情,是天理自然中的人性,程氏将君子对君王之忧,也类同于怨慕,亦呈现出君臣一体的生机自然。

> "乐则行之,忧则为之",乐与忧皆道也,非己之私也。③

无论是一体之仁之乐,抑或其忧,都是因着万物一体的生机自然,所以说,"乐与忧皆道也,非己之私也"。

君子之忧,是基于万物一体的忧患的情感。徐复观、牟宗三、汤一介等先生,都指出了发端于《易》的"易之兴也,其当殷之末世,周之盛德耶?""作易者其有忧患乎?"的儒家的"忧患意识"。而从周代之"敬"以来,"忧患意识"囊括了中国传统人文精神中的"礼""敬""仁"。徐复观所界定的"忧患意识",还指向"责任感":

---

① (宋)程颢、程颐著,王孝鱼点校:《河南程氏遗书》卷第五,见《二程集》,第78页。
② (宋)程颢、程颐著,王孝鱼点校:《河南程氏遗书》卷第二上,见《二程集》,第41页。
③ (宋)程颢、程颐著,王孝鱼点校:《河南程氏遗书》卷第十四,见《二程集》,第141页。

忧患意识乃是人类精神开始直接对事物发生责任感的表现,也是精神上升始有了人的自觉的表现。①

从理学主敬的提法由程门提倡而论,"忧"与"敬"有着内在关联。

> 今志于义理而心不安乐者,何也?……亦须且恁去如此者,只是德孤。"德不孤,必有邻",到德盛后,自无窒碍,左右逢其原也。②

> 孟子曰:"仁也者人也,合而言之道也。"《中庸》所谓"率性之谓道"是也。仁者,人此者也。"敬以直内,义以方外",仁也。……"必有事焉而勿正"则直也。夫能"敬以直内,义以方外",则与物同矣。故曰"敬义立而德不孤"。是以仁者无对,放之东海而准,放之西海而准,放之南海而准,放之北海而准。医家言四体不仁,最能体仁之名也。③

前述"圣人循天理而欲万物同之,而有忧思",此处言惟"敬以直内,义以方外","则与物同"。"敬"是所谓"人事之本","诚者天之道,敬者人事之本。敬则诚。"敬义夹持,则为"仁"。但在此人事困知勉行过程中,即便圣人也有担忧,所谓"乐行忧违皆是道",担心天理之不行,我未能与万物同。此"忧"与"乐"可以同时并立,因为此"忧"不是己私,不是担忧自己安乐。"志于义理而心不安乐是德孤",对于圣人而言,"敬义立而德不孤",敬义工夫挺立,没有不乐,但却有"忧"。明道也指出,心不安乐,或者说某种暂时的忧,是因为自身用功未能切己:"仁者在己,何忧之有?凡不在己,逐物在外,皆忧也。"④工夫不向内却驰外,是舍本逐末,故有物欲之忧。这种忧是暂时的,而圣人为万物而忧,或君子怨慕君王,为天下而忧,却是天理人性之常。

---

① 徐复观著,李维武编:《中国人性论史·先秦篇》,见《徐复观文集》第三卷,武汉:湖北人民出版社2002年版(下同),第32页。
② (宋)程颢、程颐著,王孝鱼点校:《河南程氏遗书》卷第二上,见《二程集》,第42页。
③ (宋)程颢、程颐著,王孝鱼点校:《河南程氏遗书》卷第十一,见《二程集》,第120页。
④ (宋)程颢、程颐著,王孝鱼点校:《河南程氏外书》卷第一,见《二程集》,第352页。

在"万物一体"的境界中,"忧"是现实的基调。现实人性的复杂、善恶之不齐,政治环境的艰险,使得君子、圣人实现理想的步履格外沉重。他们心甘情愿地背负这种沉重,"与命与仁",孟子所言"天将降大任于斯人也,必先苦其心志,劳其筋骨,行拂乱其所为,然后动心忍性"。这也是汤一介先生指出的,"儒家基于社会责任感和历史使命感的忧患意识"①。宋代士大夫的责任感,就这样体现为范仲淹所代表的"先天下之忧而忧,后天下之乐而乐"的忧患意识。这种忧患意识,秉承孟子"生于忧患,死于安乐"的责任承担,主要以《易》为其哲学和实践的经典依托。就二程而言,主要在《易》的基础上,侧重讲如何解决困境,如牟宗三先生概括的,"身处忧患困境中如何奋发以突破难关"。② 牟宗三还指出,这种由《易》之"作易者,其有忧患乎?"《孟子》"生于忧患,死于安乐"中的"忧患"意识,蜕化成为尚未经历逆境前的一种先验性,预备性的思维,如"居安思危""人无远虑,必有近忧""先天下之忧而忧,后天下之乐而乐"等,此类思维模式较身陷险境时再图化险为夷、转危为安更具宏观性与前瞻性,也扩大与深化了原本的"忧患"思维的内涵。③ 一种"先验性""预备性"的思维,正可以用"以天下为己任"的宋代士大夫责任承担意识来表达。

在二程夫子,这种忧患的责任承担意识与"敬义"工夫关联在一起,是"欲"与万物同之的敬义工夫践行之际,有所忧思。"忧违"与"乐行"是一体之两面,"乐"主要指不为物欲挂怀的心境澄明、人性本然好善而乐行之,如孔颜乐处。而"忧违"则是"戒慎"的慎独学问。若说"乐行"是顺本性而行,是"诚",说"忧违"是戒惧的行为,是"敬",也无不可。是所谓"诚者天之道,敬者人事之本。敬则诚。"又谓"中者天下之大本,直上直下之正理,惟敬而无失最尽。""敬须和乐,只是中心没事。"以敬、戒慎工夫为人事之本,此意为诠释《中庸》而发挥。

---

① 汤一介:《瞩望新轴心时代:在新世纪的哲学思考》,北京:中央编译出版社2014年版。
② 牟宗三:《中国哲学的特质》,上海:上海古籍出版社2007年版,第16页。
③ 前揭。

君子之于中庸也,无适而不中,则其心与中庸无异体矣。小人之于中庸,无所忌惮,则与戒慎恐惧者异矣,是其所以反中庸也。①

孔子言仁,只说"出门如见大宾,使民如承大祭"。看其气象,便须心广体胖,动容周旋中礼,自然惟慎独便是守之之法。圣人修己以敬,以安百姓,笃恭而天下平。惟上下一于恭敬,则天地自位,万物自育,……此体信达顺之道,聪明睿智皆由是出。②

一物不该,非中也;一事不为,非中也;一息不存,非中也。何哉?为其偏而已矣。故曰:"道也者,不可须臾离也,可离非道也。"修此道者,"戒慎乎其所不睹,恐惧乎其所不闻"而已。由是而不息焉,则"上天之载,无声无臭",可以驯致也。③

解"中"为"非中"的反面,即"偏"。又曰"道"为"非道"的反面,即不可须臾离也为道,可离为非道。如是,乐行忧违皆是道,则乐行是顺道而行的一面,忧违则是担忧非道而不行。是修此道者,"戒慎乎其所不睹,恐惧乎其所不闻",乃由是而不息,可以驯致中庸。故曰"君子之于中庸,无适而不中","圣人修己以敬,惟上下一于恭敬",恭敬工夫亦为戒慎功夫,表现为情志,则是忧违之忧思。如此可见,忧患意识这种责任感,是二程敬的工夫的表现。

就宋儒以"孔颜之乐"为工夫旨趣的话头而言,忧与乐,同时并行不悖。庞朴先生以为忧乐是圆融的,作为圣贤人格,孔子自况为"发愤忘食,乐以忘忧,不知老之将至",其中"发愤忘食"即是忧,"乐以忘忧"即是乐。《中庸》则理解此为尽性:"惟天下之至诚为能尽其性"。孟子的四圣、庄子的四相,佛学的四门诀,皆是在忧乐圆融的人文精神中。④ 形成忧乐圆融的人文精神统一体,则是西汉以来,儒释道三家四相融汇发展的结果。⑤ 宋儒的思

---

① (宋)程颢、程颐著,王孝鱼点校:《河南程氏遗书》卷第四,见《二程集》,第75页。
② (宋)程颢、程颐著,王孝鱼点校:《河南程氏遗书》卷第六,见《二程集》,第80—81页。
③ (宋)程颢、程颐著,王孝鱼点校:《河南程氏遗书》卷第四,见《二程集》,第75页。
④ 庞朴:《庞朴文集》卷三,济南:山东大学出版社2005年版(下同),第238—240页。
⑤ 庞朴:《庞朴文集》卷三,第236页。

想正是出入释老、与释老竞争对话的成果,既有所谓"忧",展现为如临如履、奋发图强、致君尧舜、取义成仁等积极用世的态度;又有所谓"乐",啜菽饮水、白首松云、虚与委蛇、遂性率真等之类的逍遥自得的情怀。①

三、"忧—敬"所证立的"万物一体"

作为"忧患",是以天下为己任的"积极用世"的责任感,如"君子怨慕君王"是人性天理,这种责任感,是道德本体——工夫的发用流行,乃在敬慎的工夫实践中。若就牟宗三的讨论而言,认为忧患意识是一种"先验性"的、"预备性"的思维,是"一种正面的道德意识",是德之不修,学之不讲,是一种责任感。由之引出的是敬、敬德、明德与天命等等观念②,忧患的初步表现便是"临事而惧"的认真负责的态度,从负责认真引发出来的是戒慎恐惧的"敬"的观念。在中国思想中,天命、天道乃通过忧患意识所生的"敬"而步步下贯,贯注到人身上,便作为人的主体。因此,在"敬"之中,我们的主体并未投注到上帝那里去,我们所作的不是自我否定,而是自我肯定(self affirmation)。仿佛在敬的过程中,天命、天道愈往下贯,愈显得自我肯定之有价值。所谓主体性、自我肯定,即儒家的"为己之学",在"敬"的工夫中,或是理学其他种的工夫中,始终贯彻为己之学的原则,"为学由己,而由乎人哉?"孔子的"为己之学","古之学者为己,今之学者为人",在杜维明认为,"'本真性'(authenticity)一词……更适合于表达儒家学者为己的原意。"③唐文明指出,"在儒家看来,人作为天命在身者,必须在终极伦理的语境中才可能成就一个本真自我。""但儒家并不将天命自我看做一个现成的自我,而是不断处于'生成'的过程中,人自身所承担的天命是不断展开、不断显现的。所以,对应于天命的无限开放,儒家的自我是一个以'日新'为'盛德'的强者形象。在自我要不断向上追求的自强人生理想中,儒家无疑

---

① 前揭,第237页。
② 牟宗三:《中国哲学的特质》第三讲,见《牟宗三先生全集》第二十八册,第16页。
③ 杜维明著,曹幼华、单丁译:《儒家思想新论——创造性转换的自我》,南京:江苏人民出版社1991年版,第49页。

最强调以天下为己任的道德理想。"①

研究者均以为,"忧患"这种责任感挺立了道德主体性,"以天下为己任"的儒家抱负正强调这种"为己之学""以为己任"的责任担当意识。值得注意的是,牟宗三的"忧患——敬——天道下贯到主体"的次第。忧患是"敬"的工夫之前的精神状态,也是戒慎恐惧的"敬"的观念产生的认识来源。人们是从"临事而惧"的"认真负责"的履行责任的实践经验中,抽象出与"认真负责"相应的"敬"的道德观念。尤其重要的是,客观的"天命""天道",从而通过"敬"贯注到主体。主体得以挺立,便起源于天道—天命的客观性赋予了主体。

上述诠解,关键点在于"认真负责"作为"敬"的来源。因为"认真负责"包含两个要素:其一,"我"与"你"的关系结构,"我"对"你"负责。其二,"我"是"认真"地在负责,即在我负责的时候,我时刻是小心谨慎,时刻不可忘记我所负责的对象,即"你"的需要。对于要素一,说明"认真负责"必须以客观的责任对象为目的。对于要素二,说明"认真负责"的主体时刻自觉地履行责任,具有某种自律性。也说明了主体能够持续不懈地贯注于"负责"这件事,当主体坚持不懈地提醒自己,并坚持不间断地负责的时候,责任的主体始终被主体自觉地意识到,而"认真与否"的自我审查不间断地指向主体。这正是主体对自身作出要求、并以此为标准来进行自我反思的过程,认识和调整自我的主体性得以体现。而主体性的体现,同时又以要素一为行为目的,即主体认识和调整自我是为了对客观的世界负责,这种目的的客观性,因此贯注到主体性当中,成为主体性的目的。也就是程颢说的"廓然大公"的无私的主体。

四、"万物皆备于我"之"我"即万物

提出"廓然大公""万物一体"这样无私的主体性的程颢,却并不是完全赞同人们惯常引用的儒家道德主体性的代表孟子。在他的心目中,孔子、颜回才是工夫无缺者。

---

① 唐文明:《本真性与原始儒家"为己之学"》,《哲学研究》2002年第5期。

> 仲尼无迹，颜子微有迹，孟子其迹著。①
>
> 孔子言语，句句是自然；孟子言语，句句是实事。②
>
> 孟子有功于道，为万世之师，其才雄，只见雄才，便是不及孔子处。人须当学颜子，便入圣人气象。③
>
> 孟子谓"必有事焉，而勿正，心勿忘，勿助长。"正是著意，忘则无物。④
>
> 良知良能，皆无所由，乃出于天，不系于人。⑤

因孟子工夫主要提倡"集义"，而在明道看来，事、义皆为用，而孟子之学还未入圣，只能称为贤，孔孟之间，圣贤有别。如言"仲尼无迹，孟子迹著"，"孔子言语，句句是自然，孟子言语，句句是实事"，"孟子只见才雄"，"孟子谓必有事焉而勿正正是著意"，皆为此意。从此体用、圣贤之别出发，明道认为，孟子所提"良知良能"也不能放在人上来立论，只能说"出于天"。则可知，"万物一体"中的道德主体性即是天地之性，亦明道所谓"气只是气，化育只是化育，充塞与赞，不用再说，否则别为一件事。"他又扩展了孟子"万物皆备于我"的命题：

> "万物皆备于我"，不独人尔，物皆然。都自这里出去，只是物不能推，人则能推之。……百理具在，平铺放着。⑥

此处程颢做了一个范围的扩展，即把"万物皆备于我"的"人"，扩展到"万物"，则此命题不仅适用于道德主体的"我"，亦适用于在我—物关系中的"物"。这样一来，我与物之间的主体、客体的界限被取消掉了，"物皆

---

① （宋）程颢、程颐著，王孝鱼点校：《河南程氏遗书》卷第五，见《二程集》，第76页。
② 前揭。
③ 前揭。
④ （宋）程颢、程颐著，王孝鱼点校：《河南程氏遗书》卷第十一，见《二程集》，第132页。
⑤ （宋）程颢、程颐著，王孝鱼点校：《河南程氏遗书》卷第二上，见《二程集》，第20页。
⑥ （宋）程颢、程颐著，王孝鱼点校：《河南程氏遗书》卷第二上，见《二程集》，第34页。

然",物亦是"万物皆备于我"的主体性的可能主语。当然,这只是在明道思想中的一个"思想实验"。因为在现实中,"只是人能推,物不能推"。虽然物没有发展出人类的主体性的能力,但是,"物"与"人"在"万物皆备于我"的立场中拥有同样的地位。"物"与"人"存在上的平等地位,正是"万物一体"的本体论所主张的。

程颢的"思想实验"看似文字游戏,实则关系重大。因为在"忧患意识"、儒家以天下为己任的责任感的思想谱系中,往往追溯到孟子。就责任感的道德主体性,孟子提供了思想资源。但若仅仅只是"万物皆备于我",则物我关系中尚未能充分体现物的平等存在。若"物"不能平等存在于"我"的面前,则"我"对"物"的责任也可以消融为"我"对自己的责任。孟子"仁义内在"的理路彰显了道德的内在根据,然对于道德的本体论根基,即"性与天道"处,孟子未提供相应的资源。所以程颢对孟子有所批评,并用《中庸》的天道观来补足客观依据的环节。"物"的存在,作为与主体"我"平等的存在,从而"我"才能够对其负责,"物—我"的平等关系结构正根源于天道的客观性。

> 中之理至矣。独阴不生,独阳不生,偏则为禽兽,为夷狄,中则为人。中则不偏,常则不易,惟中不足以尽之,故曰中庸。①

以《中庸》之"中"为阴阳交感而不偏,这是在《易》的基础上对《中庸》天道观的发明。《易》之阴阳为常理,而《中庸》之"中",则为儒家之道义所在。"物——我"两元之间的平等,从而能够交感互动,俱来自阴阳互动的《易》的宇宙观。而"中"作为天理,是阴阳互动的天道运动的客观状态,也可以为人类的道德奠基。因为在程颢看来,所谓"恶",不过是天地阴阳交感的"过与不及"的状态,是"偏"而非中,善恶的来源是一致的,都是天道运动。"天下善恶皆天理,恶者本非恶,只是过与不及。"由此可知,人类善的道德乃是天道运动达到"中"的状态,善就不仅仅是主

---

① (宋)程颢、程颐著,王孝鱼点校:《河南程氏遗书》卷第十一,见《二程集》,第122页。

观价值,善本质上更是天道自然。

五、一体之生机:"我"为何负责

从阴阳交感、"万物莫不有对"的天道之常来看,"我"不可能孤立于"物"而存在,"我"必然处于各种与"物"成对的关系中,从而形成"物—我"的一体。最容易被感知到与"我"同体、命运相连的,是父母兄弟,并可以推及到天下万物。然而,为什么"我"与万物有如此深切的关系、"我"对万物负责,乃至于这是天道与天命之所在,是"修齐治平"的次第要求,是儒者代代相传的使命?

首先可以从万物的性质入手,讨论万物一体的存在状态,以此为前提,渐次论证"我"为什么对万物负责。

> 万物无一物失所,便是天理时中。①
>
> "生生之谓易",是天之所以为道也。天只是以生为道,继此生理者,即是善也。善便有一个元底意思。"元者善之长",万物皆有春意,便是"继之者善也"。"成之者性也",成却待他万物自成其性须得。②
>
> 告子云"生之谓性"则可。凡天地所生之物,须是谓之性。皆谓之性则可,于中却须分别牛之性、马之性。是他便只道一般,如释氏说蠢动含灵,皆有佛性,如此则不可。"天命之谓性,率性之谓道"者,天降是于下,万物流行,各正性命者,是所谓性也。循其性而不失,是所谓道也。此亦通人物而言。循性者,马则为马之性,又不做牛底性;牛则为牛之性,又不为马底性。此所谓率性也。人在天地之间,与万物同流,天几时分别出是人是物?"修道之谓教",此则专在人事,以失其本性,故修而求复之,则入于学。若元不失,则何修之有?是由仁义行也。则是性已失,故修之。"成性存存,道义之门",亦是万物各有成性存存,

---

① (宋)程颢、程颐著,王孝鱼点校:《河南程氏遗书》卷第五,见《二程集》,第77页。
② (宋)程颢、程颐著,王孝鱼点校:《河南程氏遗书》卷第二上,见《二程集》,第29页。

亦是生生不已之意。天只是以生为道。①

"天只是以生为道","继此生理者,善也",以"生理"为"天理",甚至说"告子云'生之谓性'则可"。这里论人性善的本体论根据时,没有直接采用孟子的"仁义内在"说,而反而借用了告子"生之谓性"②,并且用这个论调去诠释《中庸》"继之者善也"。这种古经新诠,主要是由明道的哲学论证的需要决定的。若要证明善乃是客观的天道,则在阴阳宇宙观的架构下,可以说善是天道运行的某种状态。但这种状态必须是整体性、永恒的,才能保证善的形而上的本体地位。另外,与佛、道对峙,儒家的"善"须是"有",须是天地万物、人类社会、礼法制度都能由此出的,故此"善"须得囊括"生"之意。明道的论证,首以《易》之"生生之谓易",以此《易》的本质来定义天理、定义善,既令善有了客观天理的本体根据,更令善奠基于"生生"之意,以此开显出天地万物、礼乐制度。

"天降是于下,万物流行,各正性命者,是所谓性也。循其性而不失,是所谓道也。"此处,"性"有两重含义:其一为"生性"。万物的本性就是"生之谓性",是上天赋予的性质。连人的德性也是"天赋""天资","德性谓天赋天资,才之美者也"③,是天理的自然。其二为"别性"。"万物流行,各正

---

① (宋)程颢、程颐著,王孝鱼点校:《河南程氏遗书》卷第二上,见《二程集》,第29—30页。

② 丁为祥认为,孟告以来,对象化与主体性是儒家认识人性的两种视角。在宋明理学中,心学沿袭主体性路线,而气学则走向了"生之谓性",通过宇宙演化论进路,将性落实为生理。丁为祥:《孟子如何道性善?——孟子与告子的人性之辩及其不同取向》,《哲学研究》2012年第12期。《告子的"生之谓性"及其意义》,《文史哲》2007年第6期。若以此分判,则程颢宇宙论进路中,以生之谓性之生理来诠解天理,则是所谓对象化视角。但笔者认为,若从主客二分的含义来界定"对象化",则并未能较准确涵盖如程颢宇宙论的进路,即既是客观性的宇宙,又在体用一元的结构中涵容了主体性。陈少明认为,儒家以人观物,庄子由物论人,可以启发对宋明理学思想中某些宇宙论进路涵容客观性与主体性的理解。陈少明:《人、物之间——理解〈庄子〉哲学的一个关键》,立陶宛:维尔纽斯大学东方研究中心,"中国思想史中的身体与人"国际学术会议论文,2011年6月。*Conference on Body and Person in China*, Centre of Oriental Studies, Vilnius University, Lithuania, June 6-8, 2011. 又见《中国文化》2011年第2期。

③ (宋)程颢、程颐著,王孝鱼点校:《河南程氏遗书》卷第一,见《二程集》,第20页。

性命","皆谓之性则可,于中却须分别牛之性、马之性。""是他便只道一般,如释氏说蠢动含灵,皆有佛性,如此则不可。"既然是阴阳交感化生了千差万别的万物,则彼此之间,其性有别。人、物不同,人性与物性有分别,这也是天理自然。天道运行一任自然,从未有所高下分判于其间,人性虽异于物性,但从天地生生的整体来看,人性、物性都是一个天理,都是生性。所以说"人在天地间,与万物同流,天几时分别出是人是物?"既然善即是"生生",即是天道自然,的确"何修之有?"对于自然客观之理,只需顺应,所谓"修",则是叠屋架床之举。

综合上述,以"善"为"生生","元者善之长,万物皆有春意,便是继之者善也。""天只是以生为道",天道运行是产生万物的自然过程。在这一过程中,总概其"生生不已之意",或曰"元",或曰"春意",就是"善"。善是万物皆生机不息的状态。在这一状态中,"我"与"物"共处于"生生不息"的整体中,这是"万物一体"的存在状态。

以上盖证成了"万物一体"即是"善"的存在状态,万物生生不已的自然状态,是天理自然,其客观性不言而喻。但接下来还有一些问题:为何这一生机总体可以是"我"为脑与心、而万物为四肢百体的身体?选择"身体"的譬喻,首先是源于明道对"万物一体"境界的体知经验。对于生命个体存活的时间段而言,则"我"可以感知到身体各部分及其痛痒发生构造。但若从更长的时间段而言,身体总有死亡的时刻,四肢痛痒相关的经验,既可以是生的证明,也可以表示走向死亡的痛苦。对于佛家而言,如何面对死亡是一等大事,而生则是暂时的虚幻片段。程颢反对这种视生为幻的宇宙观,而认为"物生死成坏,自有此理,何者为幻?"①在程颢的视界中,宇宙总体是生生不息的。

"万物一体"在体知上的物我一体的生机,是生机的"当下"。这意味着,尽管生死相伴随,但只要"我"当下体知到"生",这便是现实的"生"。"医书言手足麻痹为不仁",程颢引用中医关于生机不畅的症状来摹状"生",是因为只有在某种"当下"状态中的"生",才是生机不息的体现。同

---

① (宋)程颢、程颐著,王孝鱼点校:《河南程氏遗书》卷第一,见《二程集》,第4页。

样是活着的身体,只有正处于生机不已状态中的身体,才可以是知痛痒的。而若身体处于衰弱的、生机不畅的状态中,就会出现不知痛痒、麻木不仁的现象。因此,程颢的"身体"譬喻,其合理性在于,"善"之生生不息的状态,因而适合于用身体知痛痒的生机状态来摹状。尽管身体无法概括万物生命的总体,但身体的健康状态确实可以摹状生机的当下状态。

身体知痛痒的当下状态,说明两点:其一,痛痒的地方,还是"我"的身体的一部分。其二,当"我"体知到痛痒的时刻,证明当下"我"的身体处于生机不已的状态里。当然,也即是"我"处于生机不已的状态里。若以上述为基点来推导,则可知:

第一,若"我"能感知到万物的痛痒,则万物正是"我"的身体的部分。如:我能体会到"我"兄弟的痛苦,则"我"的兄弟恰如"我"的手足。我能感受到我邻居的痛苦,则邻居也是我的手足。

第二,当"我"体会到万物痛痒的时刻,证明"我"与万物共处在生机不已的整体当中。此时体会到的生机,就是"善"(万物皆有春意即是继之者善也)。

需要特别注意的是,此处感知到万物的痛痒,其原型是"我"感受到自己身体的"痛痒",因此,这不是感同身受,不是"我"对另一个独立个体的同情,而是在"痛痒"的当下,"我"与"你"是同体的,因为"痛痒"与"我和痛痒部位是同体"互为充要条件。所以,综合而论,当我感知到万物的痛苦如同我的身体痛痒时,我当下体知到了:其一,万物与我是一体的。其二,我认识到了这种生机不已的当下状态,即是"善"。或者说,对于"善"的认识,就是感受到他人的痛苦确实正是物我一体的痛苦。

如前所述,"万物一体"的存在结构中,"我"与"物"是平等存在的,所以我才能够对万物负责。在上述对"万物一体"作为"善"的状态的论述中,论证"我"与"物"具有同样的生理,并且同时具有别性,"我与万物同流",彼此是平等的存在。另一方面,当"我"与"万物"具有"生生之谓性"时,已预设我与万物的来源即是天地生机,物我的存在前提,是物我处于生生不息的整体之中。而"我"选择对万物关怀,以天下为己任,对万物负责,乃是选择了生。当"我"选择"生",决定对万物负责的时候,"我"才能体知到"万物一体",即感受到他人的痛苦时,也引起了我自己的痛苦。从天地万物生生不息的整体已然先天地存在而言,"我"天然地具备"视民如伤"、感受万物痛苦的能力。但是,这一能力,往往被后天自私自利所遮蔽。除了天赋善良的圣贤可以自然地有此体认,而就普通人的认识禀赋而言,只有当主动选择"生"的价值、选择对万物负责的时候,才能逐渐去掉后天的自私,体认到天地万物同流,物我一体的境界。因此,这种对万物负责、以天下为己任的责任感,正是"万物一体"的体用中本体——工夫之"先验性"的、"预备性"的准备。

前面讲过,明道言圣人有"忧患",既然圣人已具备天赋善良,为什么还会有"忧患"?既然明道讲过,只要性中具足,没有所谓"修",那为什么还会有戒慎之敬?"忧患"和"敬"正是责任感,这说明,责任感不仅仅是"先验性的""预备性"的准备,责任感始终体现于工夫流行之中。也表明,所谓"万物一体"、因他人的痛苦而痛苦,必然蕴含"我"对他人的责任感。这样,"物我一体"的物我关系中,不仅物我是平等的,所以我能对物负责;并且,我必须对物负责。

甲、我因他人的痛苦而痛苦。乙、我必须对万物负责。甲与乙,这两个命题同时存在。命题甲,固然可以推导出命题乙,但条件可能是,我对万物负责,是因为想移除自己的痛苦。如果是这样,就走向了利己主义而非利他道德的。如果人们的理解仅止于此,那么"万物一体"就无法在哲学上得到证明,责任感的本体根基也不会稳固。

理解的关键在于"我"。在"万物一体"中的"我",固然身体形态上还是生理的我,这种生性上的"我",也是"我"之能对别的个体负责的基础。但是,此"我"在精神上已非小我,而是"大我"。当"我"体认到物我一体时,"我"感受到的万物不是由我收摄而成为"我"的身体,而是"我"突破了"私我"的界限,走向了天地大身体。此刻,我之身体就是"天地大身体",我移除的"自己"的痛苦,不是"我"(小我)的痛苦,而是"天地自己"的痛苦。因此,由命题甲导向命题乙,条件是"大我想移除天地自己的痛苦",正是天理生机不已的自然之使然,这是公正无私的,正是为了达到善之状态,既是道德的,又是合乎天理之客观的。

另一方面，我虽然在超越意义上体认到万物一体，并由此可能导向对万物的责任感，但我最终形成这种责任感，仍是基于"生性"的生理的身体（"小我"）。这是因为，万物的痛痒，都是因为"生性"身体而来的，个体生命在存在上的局限（生老病死）和需要（饮食男女富贵等），如果没有"小我"，也就无所谓痛痒的现实发生了。事实上，"小我"的种种生存需要正是责任的内容。这决定了：1. 我对万物存在责任，2. 我能够理解"万物的需要"，3. 我如何对万物负责。

因此，在"万物一体"中，有两种"体"，一是天地大身体，二是我身。由于"天地大身体"，我体知到物我之间的一气周流，血脉贯通，这是"我必须对万物负责"的基础。由于"我身"，我与万物都是独立平等的个体，并且作为独立的生命体，有着生存的种种需要，责任的现实内容，也是我能够理解"万物需要"并"如何对万物负责"的基础。

在"天地大身体"所体知到的对万物负责的必要性中，仍然以"我身"的感觉为基础。"我对万物负责"的条件是，"我想移除自己（天地大身体）的痛苦"，这种"想移除我身痛苦"的意愿，以"我身"对痛苦的感受为基础。按照汉儒的理解，"天地大身体"与"我身"之间，具有同构的特点。而在程颢对天地之身体的摹状中，"身体"即是由"我身"的种种感受来规定的。前述已经说明，天地大身体被感知，乃在于"我"体认到"他人"的痛痒如我身的痛痒，从而体认到我与你之间生机的一贯，恰在同个身体中。但问题在于，其一，为什么体认到他人的痛痒后，认为他人和我在同个身体中，而这个身体的主导者，仍是"我"？其二，即便物我同体被体知是因为天地大身体的生机一贯，但这种一贯如何能确保是生机永久的一贯？

对于问题一，"体认到他人的痛痒"与"认为他人和我在同个身体中"，是同时并存的。而"认为他人和我在同个身体中"，已蕴含于"体认到他人的痛痒"。类比于"我"感知到"我身"的痛痒，只有"我"的心脑与四肢同在一个身体中，"我"才能体认到四肢的痛痒。因此，当我体认到四肢痛痒时，我知道了这是我的四肢，"四肢与心脑在同个身体中"，蕴含于"我感知到了四肢的痛痒"。这也适用于"他人与我同体—体认到他人的痛痒"的关系中。另外，当我体知到身体的痛痒时，"我"是体知的主体，同样地，在天地大身体中,当"我"体知到万物的痛痒时,"我"即是主体。

对于问题二,由问题一可知,只有"我身"的感知基础,才能保证"天地大身体"与"我"同构的理解基础。而当我感知到痛痒时,这种痛痒是关乎四肢百骸的生机永久的一贯吗?就生机不息而言,不是指个体的永存,而是整体的生命循环的周而复始、机能不息。就生命体的机能而言,有许多机能可以表示我感知到四肢与我一体,例如,我与四肢的一致性,即我可以命令我的四肢去运动、伸展。此时我的确与我的四肢是一体的。而这种役使的命令者与动作者之间的一致性,更能说明"一体"生机的健康状态。但是,痛痒发生时,意味着身体处于疾病状态中,这本身已是某种意义上的生机不畅,为什么选择这种情况?

当痛痒发生时,按照程颢的说明,有两种可能:其一,能感知到四肢的痛痒,这当然说明"我"与四肢之间的生机未尝断绝,我还能感觉到我的身体。其二,病到生机一度阻断,而感觉不到痛痒所在的身体部位了——不识痛痒并不是不知道"痛痒"的感觉,而是痛痒之处全部丧失了知觉。因此,"识痛痒"则知有身体,"不识痛痒"则不知有身体(某部位),"识痛痒"是"知有身"的充要条件。并且,"识痛痒"之"识",与"知有身"之"知",是同质的。对身体同一性的感知,皆是身体感官的感觉,它们将在第一时间发生,是"当下无欺""良知良能"的自然。比较而言,尽管役使四肢的主体与四肢之间有同一性,但是"主体不能役使四肢"并不如"不识痛痒"的涵盖广泛,"主体不能役使四肢"往往也是"不识痛痒"的一个结果,因此,"不识痛痒"是涵盖更广的基本现象。

痛痒的发生,能表征"我"为了保持生机,而对身体作出了反应。"保持生机"因而成为了我行为的目的。在天地大身体中,当我"保持万物的生机"时,我事实上是对万物的痛痒作出了生动的回应,并通过保持其生机而对万物负责。"痛痒"是一种召唤①,是"我"进入对万物负责的责任关系中的前提。如果没有痛痒,则"我"对万物并不需要负责。而当痛痒发生时,这种责任当下就朗现。

---

① [德]汉斯·约纳斯著,方秋明译:《责任原理》,第81页。

由上述分析可见,"识痛痒"对于体知"万物一体"而言,在身体经验上并不是唯一的典型,但却是较具广泛性的典型。而用"识痛痒"来体知"万物一体"时,呈现的是"保持生机"的责任,"一体"并未在物我融合中结束,物我融合、天地万物同流仅仅是开始。"一体"更意味着我听到了痛痒的召唤,痛痒的"一体"需要我对之负责。生机条畅的宇宙中,我在痛痒的责任中觉悟一体。无论凡圣,痛痒始终是"我身"在生命历程中生机被阻隔的当下自明的感知,"循天理欲万物同而有忧思","情顺万物而无情",生命遭际中,痛痒是常态,忧思常在。

第 二 章
朱熹格致说与"位"的哲学

在经界事件中,朱熹提倡的、能够惠泽百姓的经界政策却一再被搁置。朱熹认为宰相留正不能与士大夫共济天下事,这是作为宰相的失职。他还曾与宰相陈俊卿辩论过,宰相应当认识到,其所担当的天下大任,并不局限于解决眼前的难题,而应当更为根本。对于什么才是"己任"之责任,朱熹认为,对于以天下为己任的士大夫群体,乃至与天下人共济天下事的宰相而言,首要的事情是严格分辨君子小人,以确保执政者的道德素养。所以他强调以学圣贤为己任,在《中庸章句序》中,明确地将己任归属于儒家的道统。以修身成圣为己任,这也是朱熹与张栻的共同约定。即张栻《艮斋铭》的"艮止"与朱熹《中庸章句》的"知止",皆止于至善,一如《大学》知止知至的工夫宗旨。

《大学》知至之说,本是格物致知的儒家伦理—政治范畴,而格致说正是朱熹继承其师李侗、所发展的政治哲学。在李侗的指导下,朱熹在《壬午封事》中指出,格物致知是《尚书》精一的道统心传。他又与湖湘学派共同参证有得,在己丑之悟之后,确立了主敬立本、穷理尽知的格物宗旨,明确了道统叙述中的精一作为本体,格致是精一的工夫。

以天下为己任,在朱熹看来,就是植根于以修身为己任的道统,己任是道德与政治的一体。他在诠释性命时,指出应当学习圣人"穷理尽性以至于命"、从而来赞化育。即选择去按照天理(命之在内者)来行事。在《孟子集注》《大学章句序》中,朱熹还发挥了孟子的天位天职说,说明政治职分是天理条贯。他使用理一分殊的原理,论述了个体由于气禀差异,而适合不同层次的职分。正是在这一背景下,才有前面提到的经界之辩。朱熹指出,格物致知就是要讲究当为的职分。不能遵循天理履行职分的君臣,俱是虚位。他还提出了"思不出位",即对应于艮止之象,随各自气禀承担适合的职分。

而孔子虽然不得其位,但却可以转化,即在自己现实位置上格物致知、即实事以明德,这也是职分之所当为。从这个意义上说,以天下为己任,更重视在其身位上遵循天理。

天位天职的顶端是皇极,为了明确君主的责任,朱熹晚年致力于撰写《皇极辨》。他扬弃了关于皇极的传统经说,而使用意义更为明确的"标准"一词,来涵盖以中训极的方位义、中正之正的含义以及中道之本体含义。以标准诠释皇极,突出了作为本体的皇极的实体意义,从而可以囊括尊位、方位、身位。其中尊位与方位都是先天的地位,而身位则是后天实现的。君主修身齐政,成就身位而建立了天下人的行为标准。君主的身位表现为视听言动等德行,人民通过"观"其身位德行而受到感化,从而君主率天下人民归于正道。朱熹还提出了"天秩天叙":天叙即天子—诸侯—大夫—士—庶人,是纵向的、由高到低的身位;天秩即每一身位(每一叙)所统摄的事物,如天子统摄的天地,诸侯统摄的山川等。这说明"位"与气运动的条理相应。

标准又叫做限格,也是当时口语,有"我欲如此"之意。经朱熹吸收,成为诠释皇极的哲学词语,也保留了其中主观意图的意思。朱熹早在《壬午封事》中,就已提出,以《大学》正心来解释《尚书》精一,可见朱熹强调的治道之本,他在诸多书信与奏疏中,都力倡以正心为本、以天下事为己任莫过于正心。这正是格致说的本体工夫之意,也正是士人在其身位上,以天下为己任的实质内容。

本章的上述内容,其中还牵涉到格致与诚正的关系问题,其为近来研究者所关注。在理一分殊的方法论下,朱熹格致说指出了根源于《大学》《中庸》的实践路径。但自鹅湖之会以来,尊德性与道问学的关系问题,一直是理学工夫论的争论核心。发展至明代,心学与理学在论辩中互相借鉴,心学可以有道问学的折中,理学也可以强调尊德性。

明季乃至近世以来,二者的折中不仅仅是学问工夫的补偏救弊,也显示出近代思想嬗变的特点。儒学呈现出近世实学的思路,应对日益凸显的个体[①]。

---

① 郭齐勇、吴根友:《近世哲学的发展与中国哲学的创造转化》,北京:中国社会科学出版社2014年版。

现代学者立足文本,发现朱熹诚正与格致具有并行关系①,以及从本体论而言,朱熹的理本体亦有道体流行的特性②。的确,刘述先指出朱熹哲学是形上构成的二元论、功能实践的一元论③,而功能实践的一元论,与钱穆指出的宇宙论的理气一体、一元论是相应的④。而格致与诚正作为一体之工夫实践,需要在其历史世界中,来呈现其理路。

本章试图呈现,士大夫责任承担的工夫义理,以及在此基础上的政治哲学的主题。进入朱熹的奏疏,可以看到,他是如何将士以天下为己任统摄于道统,又提倡格致工夫,来安顿君主与士人的天位天职。从理气观的角度,天位天职与天秩天叙具有气的相应。在政治责任的顶端,是所谓皇极。朱熹晚年的皇极辨,对儒家传统的皇极说,进行了哲学的重建,不再使用语义含混的"中",而是使用"标准"来囊括"中"及其"位"的含义,从而重释皇极。除了在政治上责任的意义更为明确,"标准"从日常语言成为哲学语词,也是朱子继提出格致说之后,以《大学》正心来诠释《尚书》皇极的努力。

立足对《大学》的诠释,朱熹的哲学、政治思想与他的格致说都有紧密的关联。除了格物致知,正心诚意也是《大学》的修身纲领,也融合在朱熹的政治哲学中。格致与诚正,在朱熹工夫论中可以是一体并进的关系。结合朱熹所处的政治文化背景,可以知道,在具体的政治—道德情境中,个人所处的位置,也即格物的内容,由其身位出发而有相应的特殊具体的伦理与政治责任,从而具备相应的修身事项、也即正心诚意的具体落实处。由此而知,借由政治文化背景,透过朱熹修身与治道之融汇一贯,可见其格致说同时是本体工夫与政治哲学。这体现出一种"位"的哲学视角,即本体与工夫之一贯、天理与身位的融合。当基于这种视角时,可以看到,士以天下为己任的抱负,其责任的意蕴贯穿着本体—工夫,理一分殊的方法论,也在一种

---

① 吴震:《格物诚意不是两事:关于朱熹工夫论思想的若干问题》,《杭州师范大学学报(社会科学版)》2014年第6期。
② 陈来:《仁学本体论》,第201—225页。姜真硕:《朱熹的道体流行说》,见陈来主编:《早期道学话语的形成与演变》,合肥:安徽教育出版社2007年版,第324—336页。
③ 刘述先:《朱子哲学思想的发展与完成》,台北:学生书局1994年版,第269—274页。
④ 钱穆:《朱子新学案》(一),见《钱宾四先生全集》,台北:联经出版事业股份有限公司1998年版(下同),第268页,第271—272页。

责任承担的格调中清晰起来。

第一节 朱熹"格物致知"的政治哲学

一、"经界"事件中朱子对宰相失职的批评

南宋积弱，主要是由于不合理的政治体制导致的地方贫困。① 摊派在民间的赋税名目众多，甚至有农户弃地逃税。绍兴十二年至十九年，在两浙转运副使李椿年建议下，政府施行经界政策，对均平赋税有一定贡献。但是经界触犯富户豪绅的利益，所以在地方贯彻得并不全面。② 绍熙元年二月，朝廷接纳唐姓官员建议，命福建监司条具福建行经界利害上报。四月，朱熹临漳，力图在泉、漳、汀三州推行经界，③但受到了各方阻挠。泉州守颜师鲁"操两可之说"④，福建地方发声支持的士大夫仅辛弃疾。绍熙二年，漳州进士吴禹圭上书，言经界扰人，政府遂下令仅在漳州试行，泉、汀二州暂停，而继任的漳州守郑驿并未推行经界⑤。诏命一下，朱熹义愤难平，吏部尚书赵

---

① 钱穆：《中国历代政治得失》，《宋代地方政府》，见《钱宾四先生全集》第三十一册，第96—98页。
② 《宋会要·食货九》，绍兴二十五年十二月二十四日王珪言："官收一岁之租，而人输两倍之赋，中下之家，卒岁之计，仅足以给，而输官之物，半已糜费，所以催科常不及分，民间欠负无时可了，虽无水旱之变，而逃租弃产，漂寓他乡者，往往而是也。"《续修四库全书》编纂委员会：《续修四库全书·史部·政书类》，第七八二册，上海：上海古籍出版社2002年版，第103页。宋高宗云"经界事李椿年主之，若推行就绪，不为不善。今诸路往往中辍"。（元）脱脱等撰：《宋史·食货上》卷一百二十六，第十三册，北京：中华书局1977年版，第4173页。另，见梁庚尧：《南宋的农地利用政策》，台北：台湾大学文学院文史丛刊，1977年2月，第46—47页。
③ （宋）朱熹撰，朱杰人、严佐之、刘永翔主编：《经界申诸司状》，《晦庵先生朱文公文集》卷二十一，见《朱子全书》第二十一册，上海：上海古籍出版社合肥：安徽教育出版社2002年版（下同），第955—957页。
④ 《朱子语类》卷一百零六，《朱子三·外任》："本州申以为可行，泉州颜尚书操两可之说。"（宋）朱熹撰，朱杰人、严佐之、刘永翔主编：《朱子全书》第十七册，第3477页。孟淑慧据李之亮《宋福建路郡守年表》，证颜尚书即颜师鲁。孟淑慧：《朱熹及其门人的教化理念与实践》，台北：台湾大学出版中心2003年版（下同），第294页。
⑤ 李之亮：《宋福建路郡守年表》，第170—171页。又见《朱熹及其门人的教化理念与实践》，第297页。

汝愚的意见是隐忍，朱熹则回信述此事始末：

> 经界一事，将来本欲说破，以昨夕见教之勤，且复隐忍。……盖此一事，贫民以为利，而兼并豪夺之徒以为不便，其理甚明。故当时臣僚建请，而朝廷行下诸司，诸司行下诸郡，泉、汀之言虽有异同，而诸司察其无理，幸以熹言为是……今以此事观之，乃知丞相所以见遇者，乃在漳州进士吴禹圭及诸教诱资给者之下，今虽无耻，其敢冒此而进哉？熹伉拙奇蹇，一出而遭唐仲友，再出而遭林黄中，今又遭此吴禹圭矣，岂非天哉！①

此处"丞相所以见遇者"之丞相，是指当朝左丞相留正。而所谓本欲说破，即朱熹认为留正作为执政，阳主经界而阴沮抑之。② 他在信中列举疑点如："今虽有此一人之诉，朝廷亦合审其虚实，押下诸司，再令审覆，则其教诱资给诬罔之罪，必将可得。如其不然，诸司中必有观望风旨，自为前却者，此谤犹有所分，不专在于朝廷也。今所施行，乃匆匆如此，是朝廷不以臣僚之言为可信，又不以熹之言为可信，又不以诸司之言为可从，而偏听此人之说与其教诱资给者之说也。"③留正为泉州人，此番结果，泉州豪强大户可免经界之苦。④ 理学士大夫本以为可以行经界惠及福建，故这样的结果是他们不能接受的。绍熙三年，监察御史郭德麟弹劾留正，留正自请辞去相位，但最终，留正被保留相位，郭德麟反以察事失体被贬出朝廷。⑤ 郭德麟曾将

---

① （宋）朱熹撰，朱杰人、严佐之、刘永翔主编：《与赵帅书》，《晦庵先生朱文公文集》卷二十八，见《朱子全书》第二十一册，第 1253—1254 页。
② 同年朱熹与留正信中有言"至于经界一事，乃独屡上而不报，至其甚不得已而阳许之"，见（宋）朱熹撰，朱杰人、严佐之、刘永翔主编：《与留丞相书》，《晦庵先生朱文公文集》卷二十九，《朱子全书》第二十一册，第 1267 页。束景南在《朱熹年谱长编》中，判断朱熹《与赵帅书》中，"将来本欲说破"的事情就是"指揭露留正阳主经界而阴沮抑之真面目"，见束景南：《朱熹年谱长编》，上海：华东师范大学出版社 2001 年版（下同），第 1047 页。
③ （宋）朱熹撰，朱杰人、严佐之、刘永翔主编：《与赵帅书》，《晦庵先生朱文公文集》卷二十八，见《朱子全书》第二十一册，第 1253—1254 页。
④ 杨宇勋：《宋代的布衣上书》，《成大历史学报》第 27 号，2003 年 6 月，第 16 页。
⑤ 《宋史·光宗记》："（绍熙三年）乙酉，留正乞去位，不许。……庚子，监察御史郭德麟以察事失体，出为湖北提举常平茶盐。"（元）脱脱等撰：《宋史》卷三十六，第三册，第 702—703 页。

弹劾留正的封事副本寄给朱熹,朱熹回信赞赏"副封垂示,尤荷不鄙。使任事者于事之几微每每如此,则尚何朝纲不振之足忧哉?"①当郭德麟被贬时,朱熹又去信鼓励"忽闻抗疏触邪,遂去言职,此于贤业为有光,顾在治朝为可恨耳。偶在病中,闻之增气,与士友言,亦未尝不俯而叹、仰而贺也"②。弹劾留正一事,朱熹始终参与讨论,也给出过谨慎中肯的建议。其中肯者,盖以为留正尚属"向正之意亦多……不可令以罪去"③;其谨慎者,当留正自请辞职、形势似乎有利于理学士大夫时,他告诫道"勿深论细事"④,而欲留正识时自退。⑤而最终留正仍保住了相位,郭德麟被贬,朱熹向赵汝愚诉说了他深刻的失望:"东府复留,势岂能久?意其亦必自知如此,而姑为偷安引日之计,以媚群小,冀无后灾,此其为害又将有不可胜言者。……但其人自无远识,亲狎庸佞,全身保妻子之虑深,而忧国爱民之念浅,恐未必能听此大度之言耳。"⑥

留正在任期间,多擢用理学士大夫,经界事情,留正虽没有支持,但仍然希望朱熹留在他主持的政府。绍熙二年正月,朱熹以嫡子朱塾亡故,乞辞去地方官职而就祠官散职。四月,诰至漳州,除秘阁修撰,主管南京鸿庆宫。朱熹上书请辞职名。⑦ 七月,复上书再请辞职名,不允,八月乃拜受。⑧ 即

---

① (宋)朱熹撰,朱杰人、严佐之、刘永翔主编:《答郭察院邦瑞》书一,《晦庵先生朱文公续集》卷五,见《朱子全书》第二十五册,第4744页。
② (宋)朱熹撰,朱杰人、严佐之、刘永翔主编:《答郭察院邦瑞》书二,《晦庵先生朱文公续集》卷五,见《朱子全书》第二十五册,第4745页。
③ (宋)朱熹撰,朱杰人、严佐之、刘永翔主编:《答刘智夫》书十四,《晦庵先生朱文公别集》卷二,见《朱子全书》第二十五册,第4863—4864页。
④ (宋)朱熹撰,朱杰人、严佐之、刘永翔主编:《答刘智夫》书十六,《晦庵先生朱文公别集》卷二,见《朱子全书》第二十五册,第4864页。
⑤ 束景南:《朱熹年谱长编》,第1061页。
⑥ (宋)朱熹撰,朱杰人、严佐之、刘永翔主编:《答赵尚书》,《晦庵先生朱文公文集》卷二十九,见《朱子全书》第二十一册,第1259—1260页。
⑦ (宋)朱熹撰,朱杰人、严佐之、刘永翔主编:《乞宫观劄子》,《辞免密阁修撰状》一,《晦庵先生朱文公文集》卷二十三,见《朱子全书》第二十一册,第1029、1030页。
⑧ (宋)朱熹撰,朱杰人、严佐之、刘永翔主编:《辞免密阁修撰状》二,《与执宰劄子》,《晦庵先生朱文公文集》卷二十三,《朱子全书》第二十一册,第1031—1032页。

朱熹谢表云："准告授前件职事,臣再具辞免,奉圣旨:'论撰之职,以宠名儒'。"①留正政府"以宠名儒"的意图殷殷,旋于两月后,于九月又除朱熹荆湖南路转运副使。十月,漳州进士吴禹圭上书经界扰人,朱熹屡致书留正痛斥之,②十月六日,朱熹辞荆湖南路转运副使,不允。③虽福建经界事不行,但在留正的意图中,仍然希望发挥朱熹在地方财政方面的才干,此意俱在所下《除湖南转运副使诰》:

> 朕修赋役之法,黜聚敛之吏,去薄从忠,务以养民,而宽厚之弊,或至于媮。夫外台按事,以不失有罪为称职,若下有幸免之吏,则必有不幸之民。民困于吏,则归咎吾法,朕甚忧之。湖南之民困,以海甸使者之任,不轻付予。以尔儒林之选,号称秀杰,有能吏之才而不薄,有长者之风而不媮。其服新职,以苍一道,往从其责,以宽吾忧可。④

此诰下在九月,而诏罢福建经界在十月,说明留正政府已经做好了停福建经界但仍然使用朱熹作为赋税能吏的打算。诰命一出,朱熹士友以为不可。十一月,遂安令孙应时专程修书劝勉:"比者护漕之除,亦既不听辞免,不审尊义出处定何如?得子约书,却言上意甚惓惓,恐先生必当一出来,未敢知其然否也。地政(指经界)之行,谅有成绪,寻已寝罢,今之用人,欲使行志,不亦难乎!公论未亡,故以虚名相容,直为观美耳。先生齿发如此,岂堪驰驱奔走于无能有为之地邪?"⑤孙氏直问出处,以高年不适合远赴湖南之客观理由,提醒朱熹坚持辞去此任。次月,朱熹再次上书请辞,并在给黄榦的信中,表明态度:"湖南初且以私计不便,未可往。今缘经界住罢,遂不可往矣。已草自劾之章,且夕遣入。若且得祠禄,亦已幸矣。生计逼迫非

---

① (宋)朱熹撰,朱杰人、严佐之、刘永翔主编:《除秘阁修撰谢表》,《晦庵先生朱文公文集》卷八十五,见《朱子全书》第二十四册,第4011页。
② 束景南:《朱熹年谱长编》,第1045页。
③ 《除湖南转运副使诰》,见束景南:《朱熹年谱长编》,第1044页。
④ 束景南:《朱熹年谱长编》,第1044页。
⑤ (宋)孙应时:《烛湖集》卷五,《上晦庵朱先生书》五,见《影印文渊阁四库全书·集部》,台北:台湾"商务印书馆"1983年版,第100—101页。

常,但义命如此,只得坚忍耳。"①对于朱熹及其士友公论而言,推行经界是为政大端,不可轻废。是非之然,不能两可。若顺留正意,则损坏了是非原则,故于湖南漕职绝不可受。此是非在留正亦自知,如孙氏言"公论未忘,故以虚名相容,直为观美耳"。

对于经界之挫,朱熹屡次致书痛斥留正。绍熙二年十月一日诏下酌停经界,②十月四日,朱熹写信劝诫留正:经界之争是君子小人之争,经界之罢将使彼党日盛,而天下之势将不可为。所谓调停居中,"持平"之论,实则抑君子助小人。③十月十二日,更就八月间,留正去近习一二之事发表议论,追究其去小人并不彻底,仅去区区,未能清除权臣根基。④同月,又责备留正阴助地方豪强坏了经界:"至于经界一事,乃独屡上而不报,至其甚不得已而阳许之,则又多为疑贰之言,以来谗贼之口,曾不一年而卒罢之。则熹于是始疑相公所以知熹者,不若其于乡里小儿之深;所以爱夫漳之士民者,不如其于琐琐姻娅之厚;而匹夫之志,因以慨然自知其决不可以复入相公之门矣。"⑤

朱熹所谓匹夫之志,是他作为理学士大夫所笃信的以天下为己任。在十月之前,四月和七月间,在人事变动中,反道学势力的朋党论抬头,不利于理学士大夫,故朱熹两度致书留正驳斥朋党之说。议论出发点皆为"共济天下事"。如四月斥朋党之论:

> 熹又蒙垂谕,深以士大夫之朋党为患,此古今之通病,诚上之人所当疾也。然熹尝窃谓朋党之祸,止于缙绅,而古之恶朋党而欲去之者,

---

① （宋）朱熹撰,朱杰人、严佐之、刘永翔主编:《答黄直卿》书九十,《晦庵先生朱文公续集》卷一,见《朱子全书》第二十五册,第4670页。
② 《宋史·光宗记》:"（绍熙）二年冬十月丙子朔,诏罢经界。"（元）脱脱等撰:《宋史》卷三十六,第三册,第701页。
③ （宋）朱熹撰,朱杰人、严佐之、刘永翔主编:《十月四日与留丞相书》,《晦庵先生朱文公文集》卷二十八,见《朱子全书》第二十一册,第1249—1250页。
④ （宋）朱熹撰,朱杰人、严佐之、刘永翔主编:《十月十二日与留丞相书》,《晦庵先生朱文公文集》卷二十八,见《朱子全书》第二十一册,第1251页。
⑤ （宋）朱熹撰,朱杰人、严佐之、刘永翔主编:《与留丞相书》,《晦庵先生朱文公文集》卷二十九,见《朱子全书》第二十一册,第1267页。

往往至于亡人之国。……延纳贤能，黜退奸险，和天下之人以济天下之事者，宰相之职也。……愿丞相先以分别贤否忠邪为己任，其果且贤且忠耶，则显然进之，惟恐其党之不众而无与共图天下之事也……①

七月再斥朋党之论，有云"如又不然，则知言知人之训，妄意丞相更当留意，博求直谅之贤，置之东阁，与图天下之事"②经界一事，令朱熹认识到，留正"自无远识"，并不能"和天下人共济天下事"，这是作为宰相的失职。距绍熙二年（1190年）的二十二年之前，即乾道四年（1168年），朱熹也曾批评新任右仆射陈俊卿在宰相之位却不作为：

然今也听于下风亦既余月，政令之出，黜陟之施，未有卓然大异于前日，则是明公未尝以中外之望于公者自任，而苟焉以就其位矣。……盖熹尝辱明公赐之书矣，其言有曰："前辈为大臣，不过持循法度，主张公道，知无不言，复君以德，公行赏罚，进贤退不肖而已。今日事有至难，风俗败坏，官吏苟且，疆敌在前，边备未立，如之何其可为也？"熹愚不肖，深有所疑。盖凡明公之所易者，皆古人之所难；而明公所难者，乃古人之所易也。③

在朱熹看来，持循法度、主张公道、知无不言、复君以德、公行赏罚、进贤退不肖，这才是宰相执政之本；而所谓风俗败坏、官吏苟且、疆敌在前、边备未立，这些外部因素皆属末事。若本末倒置，则势不能有所作为。陈俊卿所谓难易，只是其不作为的私心借口，是"未尝以中外之望于公者自任"。所谓中外之望，是理学士大夫"以天下为己任"的共识，也是衡量大臣是否德位相称的标准。但若从陈俊卿的角度，风俗败坏、官吏苟且、疆敌在前、边备

---

① （宋）朱熹撰，朱杰人、严佐之、刘永翔主编：《四月二十四日与留丞相书》，《晦庵先生朱文公文集》卷二十八，见《朱子全书》第二十一册，第1243—1244页。
② （宋）朱熹撰，朱杰人、严佐之、刘永翔主编：《七月十日与留丞相书》，《晦庵先生朱文公文集》卷二十八，见《朱子全书》第二十一册，第1246页。
③ （宋）朱熹撰，朱杰人、严佐之、刘永翔主编：《贺陈丞相书》，《晦庵先生朱文公文集》卷二十四，见《朱子全书》第二十一册，第1092—1093页。

未立,这些才是眼前要解决的急务,将其作为宰相施政的目标,并没有失职,甚至可以推论,这也是以本朝之天下为己任。

二、"以天下为己任"与道统

即便在理学士大夫群体内部,关于"以天下为己任",其目标究竟为何,意见并不统一。至于陈俊卿所说的"风俗败坏,官吏苟且,疆敌在前,边备未立",也的确击中了南宋政治的通病①。但仅就朱熹的批评来看,对于什么是士大夫的责任,应当有本末的分判。如果从职责来说,所谓本,即宰相的主要职责是进贤退不肖,组建君子政府,如果连这一点都无法贯彻,如留正,又如陈俊卿,皆不能整肃朝纲,那就是丧本失职。如果从儒家的理念来看,君子小人之辨更是为政大本。在朱熹看来,陈俊卿不能尽退小人的确是限于时势,②尚可以直言劝勉。而留正则是媚于群小,故朱熹向他表明从此不入其门,划清界限。

未能严格君子小人之辨,反而将理学士大夫目为朋党之祸,又为权贵近臣的行径寻找"持平"之论的借口③,这种朝廷人事安排的潜在规则,导致权贵近臣的离开是暂时的,他们最终恢复了在中央的势力。朱熹实则预见到这一趋势。应当说,在南宋的政治体制下,没有哪位宰相可以彻底贯彻进贤退不肖,朱熹所能努力的,是尽量辩解,为理学士大夫群体正名,更需要为君子小人之辨能够成为政府的施政根本提供理由。而唯有挺立君子小人之辨的施政根本,朋党论才会消弭。而事实上,人事上根本的变化,终将带来体制变革,这也是题中应有之义,惟其如此,士大夫以天下为己任,才可以说被真正落实。

---

① 可参考钱穆:《中国历代政治得失》,《宋代地方政府》,见《钱宾四先生全集》第三十一册,第96—98页。
② (宋)朱熹撰,朱杰人、严佐之、刘永翔主编:《与魏元履书》四,《晦庵先生朱文公文集》卷二十四,见《朱子全书》第二十一册,第1091页。
③ 魏希德指出,宋徽宗以"建中"为国是,希望以"大公至正"来消弭党争。南宋初建,宋高宗以和议为国是,也强调取消党争的大公原则。到朱熹生活的时代,宋孝宗厌恶朋党,任用王淮为相,沿袭高宗朝,用皇极大中作为国是。王淮借国是名义打击异论,且以道学为朋党之论。[比利时]魏希德著,胡永光译:《义旨之争:南宋科举规范之折冲》,杭州:浙江大学出版社205年版,第145、130页。

阻力来自权贵近臣对君主的依附、成为贯彻君主意志的工具。根源如此，故需要君主与理学士大夫分享权力，所谓共治天下，在更具体的人事制度上，则有君子小人之辨。君子小人之辨，其基底的含义是人性论中品格的高下，若仅从君子小人的表现现象来分判，则小人之流亦可以搜罗到有利于自己的道德名誉，沽名钓誉的假道学并不鲜见。儒家经典如四书，本身并没有为君子小人之辨给出明确系统的哲学定义，大量的对行为现象的描述（相对缺乏理论的统摄），反而使得道家可以攻击儒家实际上破坏了道德。但是，如果没有外在行为的描述，也是无法表现出君子小人之辨的。君子小人之辨，因此需要在学理上能够给出解释，而这样的问题，同时更是宰相的责任。事实上，朱熹认为，分别君子小人，是宰相的责任，他对留正是这样期许的：

> 熹恐丞相或未深以天下之贤否忠邪为己任，是以上之所以告于君者，未能使之判然不疑于君子小人之分；下之所以行于进退予夺者，未能有以服天下之心、慰天下之望，而阴邪谗贼，常若反有侵凌干犯之势。①

这里需要注意的是，朱熹经常使用的"以……为己任"的观念，并不是仅仅以某事为自己责任的意思。因为如果仅是一种自我责任的定位，则陈俊卿就可以免于朱熹的指责。己任虽然属于责任的范畴，但己任更具有儒家特殊的修身意味。在朱熹所列举的己任中，往往以"仁"、以圣贤为目标。

> 凡人须以圣贤为己任。②
> 颜子默识其理，又自知其力有以胜之，故直以为己任而不疑也。③

---

① （宋）朱熹撰，朱杰人、严佐之、刘永翔主编：《四月二十四日与留丞相书》，《晦庵先生朱文公文集》卷二十八，见《朱子全书》第二十一册，第1243—1244页。
② （宋）朱熹撰，朱杰人、严佐之、刘永翔主编：《朱子语类》卷八，见《朱子全书》第十四册，第280页。
③ （宋）朱熹撰，朱杰人、严佐之、刘永翔主编：《论语集注·颜渊第十二》，见《朱子全书》第六册，第167页。

> 伊尹曰：'何事非君？何使非民？'治亦进，乱亦进，曰：'天之生斯民也，使先知觉后知，使先觉觉后觉。予，天民之先觉者也，予将以此道觉此民也。'思天下之民匹夫匹妇有不与被尧舜之泽者，若己推而内之沟中，其自任以天下之重也。①

> 伊尹，圣之任者也。……孔氏曰："任者，以天下为己责也。"②

> 尝闻先生诵周子之言曰："学颜子之学，志伊尹之志。"夫伊尹以天下为己任者也，治亦进，乱亦进。③

> 曾子曰："士不可以不弘毅，任重而道远。洪，宽广也。毅，强忍也。非洪不能胜其重，非毅无以致其远。仁以为己任，不亦重乎？死而后已，不亦远乎？"仁者，人心之全德，而必欲以身体而力行之，可谓重矣。一息尚存，此志不容少懈，可谓远矣。程子曰："洪而不毅，则无规矩而难立；毅而不洪，则隘陋而无以居之。"又曰"洪大刚毅，然后能胜重任而远到"。④

在《中庸章句序》中，朱熹将此"己任"，归属于圣贤之"道统"："《中庸》何为而作也？子思子忧道学之失其传而作也。盖自上古圣神继天立极，而道统之传有自来矣。其见于经，则'允执厥中'者，尧之所以授舜也；'人心惟危，道心惟微，惟精惟一，允执厥中'者，舜之所以授禹也。"⑤

而《中庸章句》所草成之乾道八年，朱熹与张栻就仁的课题进行了往复讨论，并将《中庸章句》的草稿寄给张栻，征求建议。⑥ 而在四年前，即乾道

---

① （宋）朱熹撰，朱杰人、严佐之、刘永翔主编：《孟子集注》卷第十，《万章章句下》，见《朱子全书》第六册，第382页。
② 前揭，第383页。
③ （宋）朱熹撰，朱杰人、严佐之、刘永翔主编：《答廖子晦》，《晦庵先生朱文公文集》卷四十五，见《朱子全书》第二十二册，2106页。
④ （宋）朱熹撰，朱杰人、严佐之、刘永翔主编：《论语集注》，见《朱子全书》第六册，第133页。
⑤ （宋）朱熹撰，朱杰人、严佐之、刘永翔主编：《中庸章句序》，见《朱子全书》第六册，第29页。
⑥ 束景南：《朱熹年谱长编》，第475—479页。

四年,张栻作《艮斋铭》,与朱熹约定相与考定古圣贤工夫宗旨,将共守之。①张栻的《艮斋铭》提出,"任重道远,时不我留。"

> 物之感人,其端无穷。人为物诱,欲动乎中。不能反躬,殆灭天理。圣昭厥猷,在知所止。天心粹然,道义俱全。易曰至善,万化之源。人所固存,曷自违之。求之有道,夫何远而。四端之著,我则察之。岂惟虑思,躬以达之。工深力到,大体可明。匪由外铄,如春发生。知其至矣,必由其知。造次克念,战兢自持。事物虽众,各循其则。其则匪它,吾性之德。动静以时,光明笃实。艮止之妙,于斯为得。任重道远,时不我留。嗟我同志,勉哉勿休。系我小子,惧弗克力。咨尔同志,以起以掖。②

在工夫论上,朱、张有所不同,张栻主张"察识端倪",即此铭中曰"四端之著,我则察之",而仅一年以后,朱熹更定了新的工夫主张(己丑之悟的中和新说)。但是二者仍然在修身的目标上达成了一致。所谓工夫宗旨,即以《大学》的知止(或《易》的艮止)为目标。"止于至善",是"天理"(不能反躬,殆灭天理),"物则"(事物虽众,各循其则),也是"性之德"(其则匪它,吾性之德)。"任重道远,时不我留。嗟我同志,勉哉勿休。系我小子,惧弗克力。咨尔同志,以起以掖。"此任是我之任,是我同志之任,或者说,是理学士大夫信仰共同体的共同的修身使命。

三、"己任"抱负下的"格物致知"政治哲学

由前述可知,当朱熹劝说留正、陈俊卿以君子小人之辨为执宰责任的时候,他们是在理学士大夫的共识中对话,双方意会"君子小人之辨为己任"之"修身为己任"的实质。而来源于《大学》的知至之说,属于格物致知、修齐治平的儒家伦理—政治的范畴,是宋儒推行的儒学现世性主张,

---

① 束景南:《朱熹年谱长编》,第394页。
② (宋)张栻:《张南轩先生文集》,北京:商务印书馆1936年版,第111—112页。

并使得其他宗教哲学不得不臣服的有力观念。① 事实上,在朱熹跟随李侗求学的青年时代,他们主要将"格物致知"作为一种政治哲学。除此之外,朱熹常用格物致知来分辨儒学与异端。② 绍兴三十二年壬午,因宋孝宗即位,诏求直言,在李侗、朱熹师徒几番切磋之下③,朱熹上了著名的《壬午封事》。

> 陛下圣德纯茂,同符古圣,生而知之,臣所不得而窥也。然窃闻之道路,陛下毓德之初,亲御简策,衡石之程,不过讽诵文辞、吟咏情性而已。比年以来,圣心独诣,欲求大道之要,又颇留意于老子、释氏之书。疏远传闻,未知信否? 然私独以为若果如此,则非所以奉承天锡神圣之资而跻之尧舜之盛者也。盖记诵华藻,非所以探渊源而出治道;虚无寂灭,非所以贯本末而立大中。是以古者圣帝明王之学,必将格物致知以极夫事物之变,使事物之过乎前者,义理所存,纤微毕照,瞭然乎心目之间,不容毫发之隐,则自然意诚心正,而所以应天下之务者,若数一二、辨黑白矣。④

圣明帝王之学,是以格物致知来探求义理,从而探渊源出治道,贯本末立大中。朱熹乃是针对孝宗喜好老释之学而提出此主张。并且,除了格物致知本身作为贯通修身与治道之本末的方法,追根溯源,朱熹在封事中进一步指出,格物致知是《尚书》所谓"惟精惟一"的道统心传。

---

① 陈来:《朱子哲学研究》,上海:华东师范大学出版社2000年版(下同),第283页。
② 陈来:《朱子哲学研究》,第275页。
③ (宋)朱熹撰,朱杰人、严佐之、刘永翔主编:《延平答问 延平李先生师弟子答问》,见《朱子全书》第十三册,第334页。壬午1162年,七月二十一日书,延平读朱熹壬午封事数遍。(封事八月上奏。)有详细贴纸建议,并指出是大程子言,治道在于修己,责任,求贤,并建议可以早点把封事发出去。又,陈来指出,虽李侗未留下详究格物致知的论述,朱熹封事有李侗的指导。格物致知问题不仅是李侗与朱熹之间讨论的重要论题,而且朱熹认为有关格物致知的思想是李侗留给他的重要精神遗产。陈来:《朱子哲学研究》,第268—269页。
④ (宋)朱熹撰,朱杰人、严佐之、刘永翔主编:《壬午应诏封事》,《晦庵先生朱文公文集》卷十一,见《朱子全书》第二十册,第571—572页。

盖"致知格物"者,尧舜所谓精、一也。"正心诚意"者,尧舜所谓执中也。自古圣人口授心传而见于行事者,惟此而已。至于孔子,集厥大成,然进而不得其位以施之天下,故退而笔之以为《六经》,以示后世之为天下国家者。于其间语其本末始终先后之序尤详且明者,则今见于《戴氏》之记,所谓《大学》篇者是也。故承议郎程颢与其弟崇政殿说书颐,近世大儒,实得孔孟以来不传之学,皆以为此篇乃孔氏遗书,学者所当先务,诚至论也。①

精一执中之学,是尧舜以来的圣人心传,至孔子而集其大成,编成《六经》,垂范于后世治理天下国家者。《六经》之中,戴氏《礼记》之《大学》篇,其本末始终、工夫次第,尤为详且明者,即致知格物为精一,正心诚意为执中。朱熹对《大学》格物致知的推崇,继承了二程的路线,以此为儒学道统、治道圭臬。

朱熹承李侗之学,开始重视"理一分殊",从师徒间论学书信看,"理一分殊"是李侗承程颐而来。而进一步,以《大学》格物致知的"知"的路线来解释"理一分殊",则是朱熹的发明。

熹窃谓天地生物,本乎一源,人与禽兽、草木之生,莫不具有此理。其一体之中,即无丝毫欠剩,其一气之运,亦无顷刻停息,所谓仁也。但气有清浊,故禀有偏正。惟人得其正,故能知其本、具此理而存之,而见其为仁;物得其偏,故虽具此理而不自知,而无以见其为仁。然则仁之为仁,人与物不得不同;知人之为人而存之,人与物不得不异。故伊川夫子既言"理一分殊",而龟山又有"知其理一,知其分殊"之说。而先生以为全在知字上用著力,恐亦是此意也。(先生勾断批云:"以上大概得之,它日更用熟讲体认。")②

---

① 前揭,第572—573页。
② (宋)朱熹撰,朱杰人、严佐之、刘永翔主编:《延平答问·延平李先生师弟子答问》,见《朱子全书》第十三册,第335页。

按照这通书信,李侗曾指出,体认"理一分殊""全在知字上用力"。至于为什么在知上用力,朱熹借用了杨时对理一分殊的诠释"知其理一,知其分殊",这样,理一分殊的工夫要点就在于"知"。这通书信不仅仅讲理一分殊的问题,而是从论仁进入理一分殊。朱熹早年也曾信取一体之仁,遇到李侗之后,服膺于延平所谓理一分殊。① 就万物一体之仁而言,人与物并无差异,但与物相比,只有人能够"见其为仁"。之所以能够见到仁,正因为人能够"知其本,具此理而存之"。物虽具此理而不自知,没有可以用来见到仁的禀赋。问题就这样从一体之仁的存在而转移到了对一体之仁的认识。虽然朱熹的哲学有如此明显的知识论的转向,但对于仁本体本身,他还是坚持认为,不能迳以对本体的认识来指称本体。② 随着朱熹哲学体系的成熟,继乾道五年的"己丑之悟",即确立"主敬以立其本、穷理以尽其知"的格物宗旨之后,乾道八年,朱熹与张栻展开仁学辩论。他指出"为仁固是须当明善,然仁字主意不如此,所以孔子每以仁、智对言之也。近年说得仁字与智字都无分别,故于令尹子文、陈文子事说得差殊,气象浅迫,全与圣人语意不相似"。③

正是对仁的先验本体与经验认识的区分,或者说,形而上与形而下的分别意识,形成了张栻与朱熹的不同追问层次。乾道二年丙戌,朱熹有了丙戌之悟、即从张栻等湖湘学派处领会到"先察识后涵养"的工夫方法时,他向张栻征求新著《孟子集解》的意见。张栻答语中有云"自孟子而下,大学不明,只为无知之耳"。④ 三年之后,乾道五年己丑,朱熹改变了观点,有己丑之悟,丙戌之悟时认为心体流行是已发,而此时则认为心体流行兼具未发已发。至此,朱熹形成了新的工夫修养方法、一生学问大旨,相较于《艮斋

---

① 陈来:《朱子哲学研究》,第 271 页。
② 即便在同意湖湘学者的中和旧说阶段,朱熹还是自觉以体用来区别已发未发,这说明他作为哲学家的问题意识。见陈来:《朱子哲学研究》,第 165—166 页。
③ (宋)朱熹撰,朱杰人、严佐之、刘永翔主编:《答张敬夫》,《晦庵先生朱文公文集》卷三十一,见《朱子全书》第二十一册,第 1338 页。
④ (宋)朱熹撰,朱杰人、严佐之、刘永翔主编:《朱子遗集》卷二,见《朱子全书》第二十六册,第 622 页。

铭》,更深一层地在心的未发阶段而有主敬涵养的工夫。① 从而对于《大学》,能够不仅仅追问"知",更能追问经验知识背后的本体依据。在《朱子语类》中,可以发现一段语录,此时朱熹不仅能够用道统之"精一"来诠释"格物致知",更能发明精一作为本体,而格物作为认识方法的层次差异。

> 程子曰:"人心,人欲,故危殆;道心,天理,故精微。惟精以致之,惟一以守之,如此方能执中。"此言尽之矣。惟精者,精审之而勿杂也;惟一者,有首有尾,专一也。此自尧、舜以来所传,未有他议论,先有此言。圣人心法,无以易此。经中此意极多,所谓"择善而固执之",择善,即惟精也;固执,即惟一也。又如"博学之,审问之,谨思之,明辨之",皆惟精也;"笃行"又是惟一也。又如《中庸》,"明善",是惟精也;"诚之",便是惟一也。《大学》致知、格物,非惟精不可能,诚意,则惟一矣。学只是学此道理。孟子以后失其传,亦只是失此。②

朱熹发挥了程颐的"道心天理,故精微。惟精以致之,惟一以守之",所谓精微正是道心天理,是心体之未发。故而"大学致知、格物,非惟精不可能",惟精正是"精审之而勿杂",是道心流行作用。在这样的作用下,才能完全确保格物能够致知,不离不杂地达到对天理的认识。朱熹的心性哲学的确立,论证了道统叙述中作用为"精一"的本体,以及格物致知作为相应的工夫。故而从孔子那里接续过来的"仁",乃至理学共同体"仁以为己任",在本体、作用和表现等维度都得以证立。这既捍卫了儒学在释道面前的正统地位,也使得相信《大学》由修身而治国平天下的君臣,可以明白"以天下为己任"的本质。在朱熹哲学的安顿中,摆在君臣面前的现实问题,如国防虚弱、国力不振等,只是现象;要想解决问题、消灭掉这些现象,就必须诉诸理性认识,从天理的角度来理解"天下",从本体出发来作用于现象。

---

① 陈来:《朱子哲学研究》,第176页。
② (宋)朱熹撰,朱杰人、严佐之、刘永翔主编:《朱子语类》卷七十八,见《朱子全书》第十六册,第2668—2669页。

第二节 "格物致知"工夫论中的天位天职观

一、"以天下为己任"之为"天位天职"

"以天下为己任"的命题,一方面如有学者所说,是理学士大夫设想的与君主共治天下的新秩序;另一方面,这一命题仍然扎根于儒门以修身为己任的道德哲学。在朱熹的哲学思辨中,以天下为己任的政治之维与道德之维,均通过对方来规定自身。

> 庄仲问"莫之致而至者命也"。曰:"命有两般:'得之不得曰有命'自是一样,'天命之谓性'又自是一样。虽是两样,却只是一个命。"文蔚问:"'得之不得曰有命'是所赋之分,'天命之谓性'是所赋之理。"曰:"固是。天便如君,命便如命令,性便如职事条贯。君命这个人去做这个职事,其俸禄有厚薄,岁月有远近,无非是命。天之命人,有命之以厚薄修短,有命之以清浊偏正,无非是命。且如'舜、禹、益相去久远'是命之在外者,'其子之贤不肖'是命之在内者。圣人'穷理尽性以至于命',便能赞化育。尧之子不肖,他便不传与子,传与舜。本是个不好底意思,却被他一转,转得好。"文蔚。①

所谓"天便如君,命便如命令,性便如职事条贯",用政治际遇的君命来比喻天命,职事来比喻性,都是强调了性与天命的客观性。反之,若将此比喻颠倒过来,如言"君便如天,命令便如命,职事条贯便如性",则不是强调客观性,而只是突出君命不可违的单向服从,这并不是朱熹哲学的范畴。用政治际遇来比喻性与天命,无非是要凸显两点:其一,性与天命的禀得,具有

---

① (宋)朱熹撰,朱杰人、严佐之、刘永翔主编:《朱子语类》卷五十八,见《朱子全书》第十六册,第1855页。

盲目性;其二,虽然盲目,却同时是"不得不如此"的客观性。① 理学家对天命与性的理解,是在儒家伦理—政治哲学的视野下,是植根于实际的政治生活中。作为士,政治生活就是天命的内容,政治际遇也是天命的展开。士以天下为己任,其政治内涵无所逃于天地之间。

但命是分为"在外"和"在内"的。如程颐言圣人有义无命:"君子有义有命。'求则得之,舍则失之,是求有益于得也,求在我者也',此言义也。'求之有道,得之有命,是求无益于得也,求在外者也',此言命也。至于圣人,则惟有义而无命。'行一不义,杀一不辜,而得天下,不为也',此言义不言命也。"②程颐用"义"来指代孟子所言的命之在我,用"命"来指代孟子所言的命之在外,亦是此处朱熹所言"在内"和"在外"。并且,朱熹进一步将命之在内者、在外者划分为"以理言者"与"以气言者"。"然命有两般:有以气言者,厚薄清浊之禀不同也,如所谓'道之将行、将废,命也'、'得之不得曰有命'是也;有以理言者,天道流行,付而在人,则为仁义礼智之性,如所谓'五十而知天命'、'天命之谓性'是也。二者皆天所付与,故皆曰命。"③

按照朱熹的这种划分,士的政治际遇,是命之在外者,以气言;圣人"穷理尽性以至于命",是命之在内者,以理言。孟子早已讲过,命之在我者是"求有益于得也",求与得,俱在我的取舍选择。命之在内者或曰以理言者,是人们自觉地选择了按照天理来行事,这便是穷理尽性以至于命、赞化育。政治际遇有好坏,但是无论好坏,君子都可以主动选择、遵循天理,所以朱熹说:"本是个不好底意思,却被他一转,转得好"。故士以天下为己任,己任之重,全在乎士之取舍转化。若无政治际遇,则士不需要去选择以天下为己任,可如道家之流,顺性命任性情而已。正是在与盲目偶然的政治际遇狭路相逢之下,才凸显出士的选择转化、任道之勇。若无穷理尽性,则无以天下为己任之事,政治际遇仅为盲目性的外在命运,则政治生活并无人类之文明

---

① 崔大华:《儒学引论》,"丙篇:儒学的理论形态",北京:人民出版社2001年版。还可参看唐君毅:《中国哲学原论·导论篇》。
② (宋)程颢、程颐著,王孝鱼点校:《河南程氏外书》卷第三,见《二程集》,第367页。
③ (宋)朱熹撰,朱杰人、严佐之、刘永翔主编:《朱子语类》卷六十一,见《朱子全书》第十六册,第1982页。

教化可言,徒为血气相搏之蒙昧。故在命题"以天下为己任"中,政治维度与道德维度互相规定着对方,正如天地理气之对立依存。

圣人惟义无命,程颐张扬的是君子的选择,朱熹的进一步发展在于,不仅仅是选择,还有转化,这就是"赞化育"。正因为此,理实现了流行不间断,可以成就于气的现实性中。从"理一分殊"的体系而言,理的实现就是分殊,而"以天下为己任",就必将落实为具体的社会位置和政治职责。在《孟子集注》中,朱熹发挥了"天位""天职"的说法。

> 非惟小国之君为然也,虽大国之君亦有之。晋平公之于亥唐也,入云则入,坐云则坐,食云则食。虽疏食菜羹,未尝不饱,盖不敢不饱也。然终于此而已矣。弗与共天位也,弗与治天职也,弗与食天禄也,士之尊贤者也,非王公之尊贤也。……范氏曰:"位曰天位,职曰天职,禄曰天禄。言天所以待贤人,使治天民,非人君所得专者也。"①

孟子天位天职之说,习惯上被用来说明人君礼贤士大夫②。此处朱熹引汉疏"非人君所得专者也",则是说明政治职位是天理条贯,却不是人君可以凭私意安排。在《大学章句序》中,朱熹说明了职位来自于天、故其自然须服从于天理。

> 《大学》之书,古之大学所以教人之法也。盖自天降生民,则既莫不与之以仁、义、礼、智之性矣。然其气质之禀,或不能齐,是以不能皆有以知其性之所有而全之也。一有聪明睿智,能尽其性者出于其间,则天必命之,以为亿兆之君师,使之治而教之,以复其性,此伏羲、神农、黄帝、尧、舜所以继天立极,而司徒之职、典乐之官所由设也。……夫以学

---

① (宋)朱熹撰,朱杰人、严佐之、刘永翔主编:《孟子集注》卷第十,见《朱子全书》第六册,第386—387页。
② 陈立胜:《谁之思?何种位?——儒学"思不出位"之中的"心性"与"政治"向度》,见金泽、赵广明主编:《宗教与哲学》第5辑,北京:中国社科文献出版社2016年版(下同)。

校之设,其广如此,教之之术,其次第节目之详又如此,而其所以为教,则又皆本之人君躬行心得之馀,不待求之民生日用彝伦之外,是以当世之人无不学。其学焉者,无不有以知其性分之所固有,职分之所当为,而各俛焉以尽其力,此古昔盛时所以治隆于上,俗美于下,而非后世之所能及也。①

上古圣王时代,得天命者为亿兆人民之君师,治之教之,一是皆以修身为本,各复其性。学校所教,是人君得天命躬行教化的工夫所在,俱在民生日用中见。众人所学,是尽力于工夫修养,以知其性分之所固有、职分之所当为。所谓固有之性分,是天赋予每个个体的仁义礼智之性。所谓当为之职分,则是天理在气中的实现条理,个体间气禀有全有偏,所以各自适合于层次不等的职分。职分是天理的条贯,朱子语类中称之为天职之自然。

> 耳目口鼻之在人,尚各有攸司,况人在天地间,自农商工贾等而上之,不知其几阶? 其所当尽者,小大虽异,界限截然。本分当为者,一事有阙,便废天职。"居处恭,执事敬,与人忠。"推是心以尽其职者,无以易诸公之论。但必知夫所处之职,乃天职之自然,而非出于人为,则各司其职以办其事者,不出于勉强不得已之意矣。②

上述天职之自然,着眼点在于"本分当为者,一事有阙,便废天职"。个体已经处在某个职位上,无论是否"不得已",都应当知道自己正在天职的某个环节、客观的秩序中,因此尽职不属于人为的勉强不得已,而是天理实现的自然链条一环。

二、"格物致知"即讲究职分之所当为

绍熙二年,即在朱熹形成格物致知思想的淳熙元年的十七年之后,他在

---

① (宋)朱熹撰,朱杰人、严佐之、刘永翔主编:《大学章句序》,《晦庵先生朱文公文集》卷七十六,见《朱子全书》第二十四册,第3671—3672页。
② (宋)朱熹撰,朱杰人、严佐之、刘永翔主编:《朱子语类》十三,见《朱子全书》第十四册,第402页。

此基础上提出,格物致知就是要在尽忠职事的工夫上讲究:

> 格物致知,乃是就此等实事功夫上讲究,非谓舍置即今职分之所当为而泛然以穷事物之理,待其穷尽,而后意自诚、心自正、身自修也。①

正是在这一年,朱熹因为福建推行经界事不成,屡次拒绝留正政府的任命。士人的出处大节,亦是其尽忠职事的重要体现。这里体现了朱熹天职观中的义胜于利的原则。早在二十年前,乾道七年,在《答方伯谟》中,他指出:"'不义而富且贵',所谓富贵,非指天位天职而言,但言势位奉养之盛耳。此等物,若以养而得,则圣人随其所遇,若固有之,无鄙厌之心焉。但以不义而得,则不以易吾饭疏饮水之乐耳。"②

另一方面,朱熹沿袭孟子的民本思想,对出处大节的考虑,落实在"民悦"上。他在《读余隐之温公疑孟辩》中,诠释孟子为什么不出仕齐国、助齐伐燕,既不是因为担心客观形势而无法履职,也不是因为害怕取祸,而是以(对于伐燕之举)燕民是否高兴为准则。"温公疑孟子坐视齐伐燕而不谏,隐之以为孟子恐不免贻祸故不谏,温公之疑固未当,而隐之又大失之。观孟子言,取之而燕民悦则取之,取之而燕民不悦则勿取,然燕之可取不可取,决于民之悦否而已。使齐能诛君吊民,拯之于水火之中,则乌乎而不可取哉!"③

根本而论,朱熹认为出仕与否,需要有自知之明,即衡量自己是否"真知"理。早在《论语集注》中,他这样诠释孔子使漆雕开仕而后者不仕的事件:

> 子使漆雕开仕。对曰:"吾斯之未能信。"子说。说,音悦。漆雕

---

① (宋)朱熹撰,朱杰人、严佐之、刘永翔主编:《答郑子上》,《晦庵先生朱文公文集》卷五十六,见《朱子全书》第二十三册,第2680页。
② (宋)朱熹撰,朱杰人、严佐之、刘永翔主编:《答方伯谟》,《晦庵先生朱文公文集》卷四十四,见《朱子全书》第二十二册,第2010页。
③ (宋)朱熹撰,朱杰人、严佐之、刘永翔主编:《读余隐之尊孟辩》,《晦庵先生朱文公文集》卷七十三,见《朱子全书》第二十四册,第3514—3515页。

开,孔子弟子,字子若。斯,指此理而言。信,谓真知其如此,而无毫发之疑也。开自言未能如此,未可以治人,故夫子说其笃志。程子曰:"漆雕开已见大意,故夫子说之。"又曰:"古人见道分明,故其言如此。"谢氏曰:"开之学无可考。然圣人使之仕,必其材可以仕矣。至于心术之微,则一毫不自得,不害其为未信。此圣人所不能知,而开自知之。其材可以仕,而其器不安于小成,他日所就,其可量乎?夫子所以说之也。"①

这里漆雕开所言"吾斯之未能信"中,信的对象"斯",被朱熹诠释为"理"。"信"被诠释为"真知无疑"。在朱熹的格致之学中,真知即意味着能行。与《论语集注》同年形成的《大学或问》,引程颐解说真知如下:"程子曰:'然天下之理不先知之,以未有能勉而行之者也。……惟其烛理之明,乃能不待勉强而自乐循理耳……知之而至,则循理为乐,不循理为不乐,何苦而不循理以害吾乐耶?……夫虎能伤人,人孰不知,然闻之有惧有不惧者,知之有真有不真也。学者之知道,必如此人之知虎,然后为至耳。若曰知不善之不可为而犹或为之,则亦未尝真知而已矣。'"②真知即知之至,则循理为乐,乐循理而行之,是高度的道德自觉。③ 在漆雕开不仕的事件中,除了反映他知行合一、高度的道德自觉,朱熹还引谢良佐之言来说明材与器。漆雕开的"材"足以出仕,但"其器不安于小成",是大器之器。若论其材、器,皆可划入朱熹所说气禀,但"器"较之"材",更高一层,有时用来指真知理的能力,如器的大小之辨。在《论语集注》中,关于孔子论管仲器小,朱熹发挥了小大之器的观点。

  愚谓孔子讥管仲之器小,其旨深矣。或人不知而疑其俭,故斥其奢

---

① (宋)朱熹撰,朱杰人、严佐之、刘永翔主编:《论语集注》,见《朱子全书》第六册,第101页。
② (宋)朱熹撰,朱杰人、严佐之、刘永翔主编:《大学或问》,见《朱子全书》第六册,第524页。
③ 陈来:《朱子哲学研究》,第322页。

以明其非俭。或又疑其知礼,故又斥其僭以明其不知礼。盖虽不复明言小器之所以然,而其所以小者,于此亦可见矣。故程子曰:"奢而犯礼,其器之小可知。盖器大,则自知礼而无此失矣。"此言当深味也。苏氏曰:"自修身正家以及于国,则其本深,其及者远,是谓大器。扬雄所谓'大器犹规矩准绳,先自治而后治人'者是也。管仲三归、反坫,威公内嬖六人,而霸天下,其本固已浅矣。管仲死,威公薨,天下不复宗齐。"杨氏曰:"夫子大管仲之功而小其器。盖非王佐之才,虽能合诸侯、正天下,其器不足称也。道学不明,而王霸之略混为一途。故闻管仲之器小,则疑其为俭,以不俭告之,则又疑其知礼。盖世方以诡遇为功,而不知为之范,则不悟其小,宜矣。"①

引杨时曰"夫子大管仲之功而小其器。盖非王佐之才,虽能合诸侯、正天下,其器不足称也。道学不明,而王霸之略混为一途"。才者,亦是上文所谓漆雕开足以出仕之材。即便管仲具有合诸侯、正天下的材质,但孔子认为其器小。如果道学不明,材可以成就霸道,但器则可以成就道学、王道。程颐所谓器大者"自知礼而无此失",苏轼所谓"自修身正家以及于国,则其本深,其及者远""先自治而后治人",都认为器大者是修己安人、真知循理的君子。

正是从此根本而论,朱熹又在《论语集注》中,由孔子叹"觚不觚",点出不能循理而行的君臣,是在失道之"虚位"。

子曰:"觚不觚,觚哉!觚哉!"觚,音孤。觚,棱也,或曰酒器,或曰木简,皆器之有棱者也。不觚者,盖当时失其制而不为棱也。觚哉觚哉,言不得为觚也。程子曰:"觚而失其形制,则非觚也。举一器,而天下之物莫不皆然。故君而失其君之道,则为不君;臣而失其臣之职,则

---

① (宋)朱熹撰,朱杰人、严佐之、刘永翔主编:《论语集注》卷第二,见《朱子全书》第六册,第90—91页。

为虚位。"范氏曰:"人而不仁则非人,国而不治则不国矣。"①

觚为礼器,礼器的作用是象征性的②,正如引程颐曰"觚而失其形制,则非觚也。举一器,而天下之物莫不皆然"。所谓礼器之形制即为礼,上文亦曾引程颐论管仲"奢而犯礼,其器之小可知。盖器大,则自知礼而无此失矣"。礼器为物,象征礼;大器为人,象征真知礼。礼本于天理,故不觚之觚,不能象征礼,则丧失了作为礼器的本质;不君之君,不臣之臣,不能真知礼,乃是失道之君臣。失道君臣,在朱熹的天职观看来,不能行天理,就是失职虚位。

此处论虚位,还加上了"人而不仁"作为总结。在《论语集注》中,朱熹还提出"仁以为己任":

> 曾子曰:"士不可以不弘毅,任重而道远。洪,宽广也。毅,强忍也。非洪不能胜其重,非毅无以致其远。仁以为己任,不亦重乎?死而后已,不亦远乎?"仁者,人心之全德,而必欲以身体而力行之,可谓重矣。一息尚存,此志不容少懈,可谓远矣。程子曰:"洪而不毅,则无规矩而难立;毅而不洪,则隘陋而无以居之。"又曰"洪大刚毅,然后能胜重任而远到"。③

的确,朱熹是将"仁"作为君子的天职。宋人所谓"以天下为己任",在孔门即曾子所谓仁以为己任。朱熹的诠释,赋予其天理、君子天职的实质。

三、思不出位

在朱熹的天职观中,以天理为宗旨,是其理学之学问归属。另一方面,

---

① (宋)朱熹撰,朱杰人、严佐之、刘永翔主编:《论语集注》卷第三,见《朱子全书》第六册,第116页。
② 陈少明:《说器》,《哲学研究》2005年第7期。
③ (宋)朱熹撰,朱杰人、严佐之、刘永翔主编:《论语集注》卷第四,见《朱子全书》第六册,第133页。

还应注意到,职事作为经验世界中事,蕴含理气,所以朱熹天职观又必论及气的现实性。朱熹这一阶段的理气观的重心放在理本体论上,并未分理气先后①,但显然气仍是实践的必要条件。此处解释"仁以为己任不亦重乎"为"仁者,人心之全德,而必欲以身体而力行之,可谓重矣",以仁德为己任,必须要身体力行地践行,即落实在气的现实性中。进一步地,在绍熙二年,他指点方伯谟"格物致知,乃是就此等实事功夫上讲究,非谓舍置即今职分之所当为而泛然以穷事物之理",仁以为己任即是在实事工夫上讲究格物致知。明确地把实事工夫作为天职观的内涵,与绍熙年间朱熹理气观的成熟密不可分。② 从构成论的角度来看③,朱熹强调"若无此气,此理如何顿放":"才有天命,便有气质,不能相离。若阙一,便生物不得。既有天命,须是有此气,方能承当得此理。若无此气,则此理如何顿放。"④阙一则生物不得的天命观念,在天职观中即表述为"本分当为者,一事有阙,便废天职"。

理同而气异,在天职观中,因此有小大之职,或分门别类,所以朱熹指出"思不出位"。"不在其位,不谋其政,亦夫子所常言也,弟子各以其所闻记之。君子思不出其位,此《艮》之象也。物各止其所,而天下之理得矣。故君子思不出其位,而君臣上下大小皆得其职也。"⑤思不出位对应于艮之象,即物各止其所,故天下之理得矣。这其实也是理一分殊之象。若是放在道统论上来看,则有圣王(尧舜禹)与圣人(孔子)的差别。

> 夫尧、舜、禹,天下之大圣也。以天下相传,天下之大事也。以天下之大圣,行天下之大事,而其授受之际,丁宁告戒,不过如此,则天下之理,岂有以加于此哉?自是以来,圣圣相承,若成汤、文、武之为君,皋陶、伊、傅、周、召之为臣,既皆以此而接夫道统之传,若吾夫子,则虽不

---

① 陈来:《朱子哲学研究》,第 81 页。
② 陈来:《朱子哲学研究》,第 89 页。
③ 陈来:《朱子哲学研究》,第 91—92 页。
④ (宋)朱熹撰,朱杰人、严佐之、刘永翔主编:《朱子语类》卷四,见《朱子全书》第十四册,第 192—193 页。
⑤ (宋)朱熹撰,朱杰人、严佐之、刘永翔主编:《论语精义》卷第七下,见《朱子全书》第七册,第 498 页。

得其位,而所以继往圣、开来学,其功反有贤于尧、舜者。①

尧舜禹得其位,故能以天下相传、行天下大事。而孔子虽然不得其位,但所行亦是天理,其既往圣、开来学,功反贤于尧舜。孔子不得其位,在朱熹理气观而论,原因是"未得气正"——"侯氏曰:'圣人所不知,如孔子问礼、问官之类;所不能,如孔子不得位、尧舜病博施之类。'愚谓人所憾于天地,如覆载生成之偏,及寒暑灾祥之不得其正者。"②《朱子语类》中更有详解:

(履之)因问:"得清明之气为圣贤,昏浊之气为愚不肖;气之厚者为富贵,薄者为贫贱;此固然也。然圣人得天地清明中和之气,宜无所亏欠,而夫子反贫贱,何也?岂时运使然邪?抑其所禀亦有不足邪?"曰:"便是禀得来有不足。他那清明,也只管做得圣贤,却管不得那富贵。禀得那高底则贵,禀得厚底则富,禀得长底则寿,贫贱夭者反是。夫子虽得清明者以为圣人,然禀得那低底、薄底,所以贫贱。颜子又不如孔子,又禀得那短底,所以又夭。"③

"不得其位",这种客观的政治际遇往往难以改变。但是君子可以转化,所以孔子虽然没有得到天下之位、得以行天下大事,但却为后世的士人作出了表率,即在自己现有的位置上,即实事以明德,即朱熹所谓的"(明明德、致知格物)为其职分之所当为也"④。通过理一分殊的体系,将分殊(所在的位置上的格物)与理一目标(致知明德)做因果关联,则无论得位与否,君子都可以将其行为会归于天理。在这个意义上,以天下为己任是可能的,

---

① (宋)朱熹撰,朱杰人、严佐之、刘永翔主编:《中庸章句序》,见《朱子全书》第六册,第29—30页。
② (宋)朱熹撰,朱杰人、严佐之、刘永翔主编:《中庸章句》,见《朱子全书》第六册,第38页。
③ (宋)朱熹撰,朱杰人、严佐之、刘永翔主编:《朱子语类》卷四,见《朱子全书》第十四册,第210—211页。
④ (宋)朱熹撰,朱杰人、严佐之、刘永翔主编:《朱子语类》卷十五,见《朱子全书》第十四册,第498页。

因为天下不仅仅是身位所拥有的普天之大权,而更是身位所在的天理。

第三节 皇极辨:"标准"所凸显的"位"与"正心"

一、以"标准"诠释"皇极"之"极"

朱熹正面地践行作为士大夫的言责,直接论述帝国最高的责任——君王的责任,莫过于"皇极辨"。有学者指出,在宋代政治思想史上,"皇极"是一个敏感词,与"国是"的接近,甚至曾在南宋孝宗时期成为"国是"的替代词,都使得朱熹的参与呈现不同寻常的政治意义。然而,从朱熹思想发展的演进来看,与陆九渊的皇极之辨,首先起因于太极之辨的学术论争,对时政的论辩是学术之争的余波。① 从太极是皇极的基础这一角度,陈来先生对上述论断做了证明。② 并且,朱熹概括陆九渊太极思想为"以中训极",必然走向皇极之辨。③ 关于"以中训极"是陆九渊"极"概念的症结,朱熹的表述是:

> 熹亦谓老兄(指陆九渊)正为未识太极之本无极而有其体,故必以"中"训"极",而又以阴阳为形而上者之道。④

从陆九渊一面而言,点出孔传的以中训极,正是为了在字义训解上釜底抽薪,将"无极"作"无中"解,此义显然不通。甚至更指出,太极、无极,本不见于孔孟经书,阴阳即是形而上,不需要无极而太极来作为本体。而朱熹一

---

① 陈来:《"一破千古之惑"——朱子对〈洪范〉皇极说的解释》,《北京大学学报(哲学社会科学版)》,2013年第2期。
② 陈来:《"一破千古之惑"——朱子对〈洪范〉皇极说的解释》,《北京大学学报(哲学社会科学版)》2013年第2期。
③ 陈来:《"一破千古之惑"——朱子对〈洪范〉皇极说的解释》,《北京大学学报(哲学社会科学版)》2013年第2期。
④ (宋)朱熹撰,朱杰人、严佐之、刘永翔主编:《答陆子静》,《晦庵先生朱文公文集》卷三十六,见《朱子全书》第二十一册,第1571页。

方面反驳陆九渊在本体论上的错误,另一方面,在字义训解上正本清源,论证孔传所谓惟皇作极之误,若以中训极,则成为惟大作中,字义不通。

朱熹所见症结,正是孔传的特点。尚书正义中,凡极字,基本上都是表示中正之道,乃是方位之义。

1. 今我民用荡析离居,罔有定极。水泉沉溺,故荡析离居,无安定之极,徙以为之极。……正义曰:民居积世,穿掘处多,则水泉盈溢,令人沈深而陷溺。其处不可安居,播荡分析,离其居宅,无安定之极。"极"训中也。《诗》云:"立我烝民,莫匪尔极。"言民赖后稷之功,莫不得其中。今为民失中,故徙以为之中也。①

2. 次五日建用皇极,皇,大。极,中也。凡立事当用大中之道。……正义曰:"皇,大",《释诂》文。"极"之为中,常训也。凡所立事,王者所行皆是,无得过与不及,常用大中之道也。《诗》云"莫匪尔极",《周礼》"以为民极",《论语》"允执其中",皆谓用大中也。②

3. 公曰:"前人敷乃心,乃悉命汝,作汝民极。前人文武布其乃心为法度,乃悉以命汝矣,为汝民立中正矣。"③

上述之第 1 条,"极"指人民安居之所,是为"定极"、安定之极。此极究竟义,则引《诗》"立我烝民,莫匪尔极",将之训为"中"。则定极就是安定之中,与世居之民穿掘居地,导致泉水泛滥,所居之地分崩离析的情况相反,是可以安居的地中。上述之第 2 条,在训皇极之极时,则迳引"中"为"极"之常训,贯穿《诗》云"莫匪尔极",《周礼》"以为民极",《论语》"允执其中"等三个经典范例。上述之第 3 条,通过"法度"之义,将民极之极诠释为中正(法度中正)。

---

① (汉)孔安国传,(唐)孔颖达疏,廖明春、陈明整理,吕绍刚审定:《十三经注疏·尚书正义》卷第九,《盘庚下第十一》,北京:北京大学出版社 1999 年版,第 243—244 页。
② (汉)孔安国传,(唐)孔颖达疏,廖明春、陈明整理,吕绍刚审定:《十三经注疏·尚书正义》卷第十二,《洪范第六》,第 299—300 页。
③ (汉)孔安国传,(唐)孔颖达疏,廖明春、陈明整理,吕绍刚审定:《十三经注疏·尚书正义》卷第十六,《君奭第十八》,第 448 页。

朱熹之前,以中训极是为"常训",所谓常训,毋宁说"中"在概念外延上的涵容之广,可以涵盖地方之中、无过不及之中道、法度之中正。而中道与中正之法,均依赖于不偏不倚之地中的方位之义。故中之常训可指涉地方之中、道之中、法度之中的诸种方位中正的情形。如果仅从字义诠释的效力来判断,中为常训,是没有问题的。这也是陆九渊反驳朱熹太极论的基础。

朱熹必须给予所诠释的经典范例以重新解释,对汉儒以中训极的论据做出清理,才能将"极"从"中"的涵容之广中区分开来。首先针对第1条,地方之中的范例,汉儒引了《诗》"立我烝民,莫匪尔极",朱熹则重释为"'立我烝民','立'与'粒'通,即《书》所谓'烝民乃粒,莫匪尔极',则'尔'指后稷而言。盖曰使我众人皆得粒食,莫非尔后稷之所立者是望也。'尔'字不指天地,'极'字亦非指所受之中。"①将极之方位义还原为所立者,而没有对"中"再进一步诠释。第2条中,《论语集注》就"允执其中"的解释是无过不及,与汉儒同。但于中道之中,"中者天下之大本",朱熹释为喜怒哀乐之未发:"'中者天下之大本',乃以喜怒哀乐之未发,此理浑然,无所偏倚而言。"②若仅以不偏不倚释中道之中,尚欠缺中作为本体的哲学意义。而朱熹将中道释为"未发"、更明确为理之浑然无所偏倚,更能满足中道的本体含义。对于第3条,朱熹将皇极之极、民极之极,均释为"标准":"若'皇极'之'极'、'民极'之'极',乃为标准之意。犹曰立于此而示于彼,使其有所向望而取正焉耳,非以其中而命之也。"③这里朱熹的重点在对于民极的诠释。他指出,法度之所以可以做到正,不是"以其中而命之",即不是因为中所以才正,而是因为"立于此而示于彼,使其有所向望而取正",有了正确的标准才有正确的引导。综合以上诠释,朱熹完成清理如下:

1. 将"极"的方位含义作出还原,剥离与"中"的必然关联。
2. 进一步明确中道之中的本体含义。建立与理的必然关联。
3. 进一步明确民极之极的法度效力来源,区别中与正,通过更为明确

---

① (宋)朱熹撰,朱杰人、严佐之、刘永翔主编:《答陆子静》,《晦庵先生朱文公文集》卷三十六,见《朱子全书》第二十一册,第1572页。
② 前揭。
③ 前揭。

的"正"来指涉法度效力来源,从而建立与"标准"的必然关联。

从上述清理可以看出,较之汉儒主要从字义的吻合来诠释经典,朱熹的诠释开始向哲学思考发展。这种抽丝剥茧式的概念清理工作,如果运用于政治实践,是较容易判断建中用极之类思想的谬误。朱熹的创见在于从根本上区别了:中作为摹状状态的虚词、与极作为指称本体的实词。从而在政治实践中,可以使政策的依据客观化,避免了含混投机的可能。

二、以"标准"囊括"中"之"位"的含义

朱熹上述清理,曾是应陆九渊的挑战。后者虽然也承认极、中皆是理,但却认为,中才是至理。"极亦此理也,中亦此理也。五居九畴之中,而曰'皇极',岂非以其中而命之乎?'民受天地之中以生',而《诗》言'立我烝民,莫匪尔极',岂非以其中命之乎?《中庸》曰:'中也者,天下之大本也。和也者,天下之达道也。致中和,天地位焉,万物育焉。'此理至矣,外此,岂更复有太极哉?"①陆氏这一策略,实质上是以中作为太极(至理)。其中混淆形而上下之处,朱熹已经指出。朱陆都承认理作为本体的存在,但至少从这段辩论来看,二者对于什么是理,意见不一。朱熹所认为的理之作为形而上之道的本体含义,并不为陆九渊所同意。陆九渊更愿意用道德实践工夫的经验现象来说明本体,即阴阳本身即道。所谓道可道,非常道,道本身的超越性质,决定了对道的规定是描述性的大中,而不是实体性的太极。而在朱熹,理作为本体的实存必然要被规定为实体性的概念——太极,而"中"的方位含义,将被实体化而被进一步明确为"标准"。

从"标准"这一概念来看,既满足了作为本体的"根据"之义,又超越了陆九渊两极之中的方位局限。两极之中,是较为朴实的关于"中"的现象联想,由此而引申到中正之道,这仅仅是文字运用习惯的演进,而并未能深入关于本体的哲学思考。由于事实上标准所处的位置,不必然是机械的两极之中,而之所以呈现出在中的样貌,是因为从任何一个角度看过去都是尽

---

① (宋)陆九渊:《与朱元晦》,《象山先生全集》卷二,见《陆象山全集》,北京:中国书店1992年版(下同),第19页。

头,如屋极之中。朱熹通过实体化的概念,不仅将中还原为描述方位的词,还将极的方位"如在中"的现象做了本质说明,实现了由汉儒以来的现象联想到现象—本质哲学思考的思维转化。

依据太极之作为本体,将"中"的现象归结为"至极"的本质,之所以还需要保留经典范例所蕴含"中"的方位含义,不仅是出于文字训诂的需要,更是因为民极之极被释为法度之中时,已经预设了"中"这样的方位具有法的权威的准则、标准意味。也就是说,在"中"的语言使用中,已经逐渐转出法度、标准的意思。这事实上并不是作为方位之中的本然范畴,而应当是皇极、民极之极的实存范畴,只不过因为历史上习惯用中来诠释极,于是极的实存意义的标准意味,反而被联系到对中的诠释上。即朱熹批评的"至如'北极'之极、'屋极'之极,'皇极'之极,'民极'之极,诸儒虽有解为中者,盖以此物之极常在此物之中,非指'极'字而训之以中也"。① 但是机械的两极之中,是经不起哲学思考的推敲的。而朱熹的哲学思考,却可以使他运用本体思想来诠释"在中"现象时游刃有余。

朱熹的创造性正在于发展性地保留传统。使用"标准"一词来囊括"中"的方位含义,这是对"位"本身的尊重。汉儒以中训极,始终不忘一中字,乃是固守正位的儒家传统。但在汉儒的训解中,中之位尚属方位上的联想。而朱熹区分形而上下,赋予中以本体支持,从而给予了"位"存在的根据。被朱熹扬弃的是两极之中的机械的方位,树立的是理之极至的实存的身位。为什么屋极在中?是因为屋极是东南西北任何一方的尽头。为什么皇极在中?是因为君王的德性达到了极致,为天下人的标准。

> 今以余说推之,则人君以眇然之身履至尊之位,四方辐辏,面内而环观之,自东而望者,不过此而西也,自南而望者,不过此而北也,此天下之至中也。既居天下之至中,则必有天下之纯德,而后可以立至极之标准。故必顺五行、敬五事以修其身,厚八政、协五纪以齐其政,然后至

---

① (宋)朱熹撰,朱杰人、严佐之、刘永翔主编:《答陆子静》,《晦庵先生朱文公文集》卷三十六,见《朱子全书》第二十一册,第1567页。

极之标准卓然有以立乎天下之至中,使夫面内而环观者莫不于是而取则焉。语其仁,则极天下之仁,而天下之为仁者莫能加也。语其孝,则极天下之孝,而天下之为孝者莫能尚也。是则所谓'皇极'者也。①

从方位上而言,天下之极是为地中,为王都所在地,也是君王身履至尊的所在。极之至中,本是地理上的位置,而作为天下至尊所在、王权的至高无上,却必须由君王亲身立极才得以成立。因此,天下之至中,必须具备内外两个条件:其一是外在方面的地理位置上的至极,其二是内在方面的君王树立的纯德至极。外在的方位至极是天理法则的显现,而人类的道德法则也可以显现同样的理,这就是君王所立的至极标准。当君王成功地在天下至中之地实现了至极之标准时,天下人都会归附到君王所在地,并以君王的标准为行为准则。

在朱熹构建的上述图景中,有三种位:尊位,方位,身位。君王的头衔地位是尊位,至中是方位,标准是身位。尊位是世袭而来的,具有前定的合法性。方位则是尊位在地理上的体现。朱熹在这里埋下了伏笔:只有君主顺五行、敬五事以修其身,厚八政、协五纪以齐其政,然后至极之标准卓然有以立乎天下之至中,才可以使夫面内而环观者莫不于是而取则焉。前定的、抽象的合法性,只有经过君主的亲身践履,落实为纯德标准时,才能被天下人真正拥戴。作为标准的身位,是抽象的尊位(及其方位)成为了实质的地位。君主的地位因此划分为先天与后天两个阶段,与生俱来的尊位、日常居住的方位规定着君主应当成就其后天身位。君主后天修身齐政,都是先天尊位的理所必然,即"既居天下之至中,则必有天下之纯德而可以立至极之标准"。因此,修身齐政,乃至作为儒家道德哲学中的标准,都是君主地位本身蕴含的责任。欠缺了这段责任,君主的地位就无法名实相副。在《朱子语类》中,朱熹就君主的皇极责任有段详细说明。

---

① (宋)朱熹撰,朱杰人、严佐之、刘永翔主编:《皇极辨》,《晦庵先生朱文公文集》卷七十二,见《朱子全书》第二十四册,第3454页。

"皇极"二字，皇是指人君，极便是指其身为天下做个样子，使天下视之以为标准。……极，不可以大中训之，只是前面五行、五事、八政、五纪是已，却都载在人君之身，包括尽了。五行是发源处，五事是操持处，八政是修人事，五纪是顺天道。就中以五事为主。视明听聪，便是建极，如明如聪，只是合恁地。三德亦只是就此道理上为之权衡，或放高，或捺低，是人事尽了。稽疑，又以卜筮参之。若能建极，则推之于人，使天下皆享五福；验之于天，则为休徵。若是不能建极，则其在人事便为六极，在天亦为咎徵。其实都在人君身上，又不过"敬用五事"而已，此即"笃恭而天下平"之意。以是观之，人君之所任者，岂不重哉！如此，则九畴方贯通为一。若以大中言之，则九畴散而无统。大抵诸书初看其言，若不胜其异，无理会处；究其指归，皆只是此理。如《召诰》中，其初说许多言语，艰深难晓，却紧要处只是"惟王不可不敬德"而已。①

极作为标准，是君主以其身为天下人做样子。五行、五事、八政、五纪，分别是极所涵盖的行为来源、行为内容、行为范围、行为规范。极最终是在行为内容即貌言视听思上落实，即所谓建极。能够建极，则天下人享五福，验之于天有休徵。不能建极，则人事上有六极之祸，验之于天有咎徵。一言以蔽之，只是"惟王不可不敬德"而已。总之，贯通九畴、笃恭而天下平的责任全在君主一人之身，其貌言视听思的身体行为承担着天下重任。在君王的行为示范与人民享五福之间，经过了人民"观"而受到感化、以君王示范来规范自己行为的过程。

皇者，王也。极，如屋之极。言王者之身可以为下民之标准也。貌之恭，言之从，视明，听聪，则民观而化之，故能使天下之民"无有作好"而"遵王之道"，"无有作恶"而"遵王之路"，王者又从而敛五者之福而

---

① （宋）朱熹撰，朱杰人、严佐之、刘永翔主编：《朱子语类》卷七十九，见《朱子全书》第十七册，第2708—2709页。

锡之于庶民。敛者,非有取之于外,亦自吾身先得其正,然后可以率天下之民以归于正。此锡福之道也。①

如曰"敛时五福,锡厥庶民",不知如何敛,又复如何锡。此只是顺五行,不违五事,自己立标准以示天下,使天下之人得以观感而复其善尔。②

"观"而感化的效果,因人而异,故虽君主立极甚严,但接引人民是宽大的,即所谓三德,从而率天下之民归于正,这是锡福之道。人民观而感化主要受感性支配,对于以天下为己任的士大夫,朱熹则更多地强调反省自身的理性,给出的要求是"做到圣贤地位"。

问为学大端。曰:"且如士人应举,是要做官,故其功夫勇猛,念念不忘,竟能有成。若为学,须立个标准,我要如何为学。此志念念不忘,功夫自进。盖人以眇然之身与天地并立而为三,常思我以血气之身如何配得天地?且天地之所以与我者,色色周备,人自污坏了。"因举"万物皆备于我,反身而诚,乐莫大焉"一章:"今之为学,须是求复其初,求全天之所以与我者,始得。若要全天之所以与我者,便须以圣贤为标准,直做到圣贤地位,方是全得本来之物而不失。如此,则功夫自然勇猛。临事观书常有此意,自然接续。若无求复其初之志,无必为圣贤之心,只见因循荒废了。"③

与君王自身即是皇极标准的使命不同,士人不具备此身位,其使命是以圣贤为标准。若按周敦颐的太极论,太极在人则为人极,这种前定的地位使得人具有反思自我、德配天地的责任。亦即朱熹所言"盖人以眇然之身,与

---

① (宋)朱熹撰,朱杰人、严佐之、刘永翔主编:《朱子语类》卷七十九,见《朱子全书》第十七册,第2710页。
② 前揭,第2714页。
③ (宋)朱熹撰,朱杰人、严佐之、刘永翔主编:《朱子语类》卷一百一十八,见《朱子全书》第十八册,第3722页。

天地并立而为三,常思我以血气之身,如何配得天地?"君王建立标准的责任是因为皇极身位,士人以圣贤为标准的责任是因为人极身位。

三、"位"与天地的对应

贤德天子既居天下之至中,故必可立至极;士人应举做官,身配天地,工夫精进可做到圣贤地位。在身位与天地的关系之间,有一种自然的对应。朱熹把这归结为人与天之间气类的相配:

> 且"天子祭天地,诸侯祭山川,大夫祭五祀",皆是自家精神抵当得他过,方能感召得他来。如诸侯祭天地,大夫祭山川,便没意思了。①

> 如"天子祭天地,诸侯祭山川,大夫祭五祀",虽不是我祖宗,然天子者天下之主,诸侯者山川之主,大夫者五祀之主。我主得地,便是他气又总统在我身上,如此便有个相关处。②

> 因其生而第之以其所当处者,谓之叙;因其叙而与之以其所当得者,谓之秩。"天叙"便是自然底次序,君便教他居君之位,臣便教他居臣之位,父便教他居父之位,子便教他居子之位。天秩,便是那天叙里面物事,如天子祭天地,诸侯祭山川,大夫祭五祀,士庶人祭其先;天子八,诸侯六,大夫四。皆是有这个叙,便是他这个自然之秩。③

上述讲到了"感召"。前述皇极时,有曰观感,是君王对人民的感化。感召或者感化,都是气类之间的感通,这种相关的结构,是主对从的统摄,即"我主得他,便是他气又总统在我身上,如此便有个相关处"。从纵向来看,天子—诸侯—大夫—士—庶人,形成由高到低的身位,这种与生俱来的身位是自然的次序,是所谓天叙。又从横向来看,每一身位(每一叙)所统摄的

---

① (宋)朱熹撰,朱杰人、严佐之、刘永翔主编:《朱子语类》卷三,见《朱子全书》第十四册,第171页。
② 前揭。
③ (宋)朱熹撰,朱杰人、严佐之、刘永翔主编:《朱子语类》卷七十八,见《朱子全书》第十六册,第2675—2676页。

事物,如天子统摄的天地,诸侯统摄的山川等,是所谓天秩。

形成这种自然的秩序,来自于二气五行的运动。在淳熙四年的《江州重建濂溪先生书堂记》中,朱熹论述了这种秩序本身就是道,也是阴阳五行运动造成的分殊、各有其固然之理。

> 道之在天下者未尝亡,惟其托于人者或绝或续,故其行于世者有明有晦,是皆天命之所为,非人智力之所能及也。夫天高地下,而二气五行纷纶错糅,升降往来于其间,其造化发育,品物散殊,莫不各有固然之理,而最其大者,则仁、义、礼、智之性,君臣、父子、昆弟、夫妇、朋友之伦是已。是其周流充塞,无所亏间,夫岂以古今治乱为存亡者哉!然气之运也,则有醇漓判合之不齐;人之禀也,则有清浊昏明之或异。是以道之所以托于人而行于世者,惟天所畀,乃得与焉,决非巧智果敢之私所能亿度而强探也。《河图》出而《八卦》画,《洛书》呈而《九畴》叙,而孔子于斯文之兴丧,亦未尝不推之于天,圣人于此其不我欺也审矣。若濂溪先生者,其天之所畀,而得乎斯道之传者与,不然,何其绝之久而续之易,晦之甚而明之亟也?盖自周衰孟轲氏没,而此道之传不属,更秦及汉,历晋、隋、唐,以至于我有宋。圣祖受命,五星集奎,实开文明之运,然后气之漓者醇、判者合,清明之禀,得以全付乎人。而先生出焉,不由师傅,默契道体,建图属书,根极领要,当时见而知之有程氏者,遂扩大而推明之,使夫天理之微,人伦之著,事物之众,鬼神之幽,莫不洞然毕贯于一,而周公、孔子、孟氏之传,焕然复明于当世。有志之士,得以探讨服行而不失其正,如出于三代之前者。呜呼盛哉!非天所畀,其孰能与于此!①

道之传的道统,行于世有明有晦,这都是天命,是所谓气运,如果禀得清明之气,则有传人,道统得以接续。从天职天叙到道统,气所造化的天命不

---

① (宋)朱熹撰,朱杰人、严佐之、刘永翔主编:《江州重建濂溪先生书堂记》,《晦庵先生朱文公文集》卷七十八,见《朱子全书》第二十四册,第3739—3740页。

可测。朱熹特别指出,由于宋得天命,开文明之运,道统得到接续,所以复明三代、以天下为己任是当世有志之士的任务。

四、"标准"与正心为本:由日常语言到哲学诠释

由于气禀带来的万殊,每个人天赋条件不同,这都是朱熹在实践中谨慎考虑的因素。尽管身边围绕着有志之士,但朱熹仍告诫他们要从长计议,根据自己的条件稳步前进,不要一蹴而就,为学忌先立标准。这引起了弟子的疑虑,既然重任在肩,以圣贤为标准,却为何在实际工夫践履中不能先立标准?

> 问:"学者做工夫,须以圣人为标准,如何却说不得立标准?"曰:"学者固当以圣人为师,然亦何须得先立标准?才立标准,心里便计较思量几时得到圣人,处圣人田地又如何,便有个先获底心。颜渊曰:'舜何人也?予何人也?有为者亦若是。'也只是如此平说,教人须以圣贤自期。又何须先立标准?只认下著头做,少间自有所至。"①
>
> 用之问:"学者忌先立标准,如何?"曰:"如'必有事焉而勿正'之谓。而今虽道是要学圣人,亦且从下头做将去。若日日恁地比较,也不得。虽则是曰:'舜何人也?予何人也?'若只管将来比较,不去做工夫,又何益?"②

上述是对治某些学生急于求成的问题。相反,对于没有信心、或是不愿意承担学圣贤大志的人,朱熹则强调一定要以圣贤为标准,勇于进。

> 蔡季通因浙中主张《史记》,常说道邵康节所推世数,自古以降,去后是不解会甚好,只得就后世做规模。以某看来,则不然。孔子修六经,要为万世标准。若就那时商量,别作个道理,孔子也不解修六经得。

---

① (宋)朱熹撰,朱杰人、严佐之、刘永翔主编:《朱子语类》卷九十五,见《朱子全书》第十七册,第3229页。
② 前揭,第3228—3229页。

如司马迁亦是个英雄，文字中间自有好处。只是他说经世事业只是第二三著，如何守他议论？如某退居老死无用之物，如诸公都出仕官，这国家许多命脉固自有所属，不直截以圣人为标准，却要理会第二三著，这事煞利害，千万细思之。①

蔡元定是朱熹最重视的门人之一，尤其在易学、尚书学方面，朱熹常与之商议。阴阳气数对运命的影响，朱熹赞同和吸收了蔡元定的说法。如祭仪当中同气相感召，乃至道统流传的气运。如果按照元定的气运说，则某些时代、某些人，气禀轻薄，是不适合以圣人为标准的。朱熹却不赞同。他指出，孔子的时代，礼崩乐坏，气运不佳，但孔子却不计较得失，要为万世标准。士大夫既然做了经世事业，尤其是已经出仕为官者，就应当直截以圣贤为标准。

结合皇极论来看，"立标准"是君王的责任，或者是素王孔子的制作大业。按照朱熹的考虑，为学先立标准，则必然会牵涉到计算何时到圣人地步、在圣人地步上会怎样。前述说君王立标准，须同时包括适应于不同层次人民的接引步骤。可见，立标准的"立"，是标准到达过程中的步骤，其背后是标准之所以为标准的判断依据。这显然超出了初学者的认识水平，而应当是圣人才能够做的事情，若士人先立标准，则事实上是自立标准。圣人立标准，士庶人等以圣人为标准，但不可以自立标准，这其中的界限井然，所以朱熹必须强调此"立"字。

"为学忌先立标准"一语，由来有自，是程颢所说，朱熹《近思录》即记载如此："明道先生曰：'人之为学，忌先立标准。若循循不已，自有所至矣。'"②又朱熹在辑录《二程外书》时，点出此语出处："宗丞先生谓伯温曰：'人之为学，忌先立标准，若循循不已，自有所至矣。'……事见《邵氏闻见

---

① （宋）朱熹撰，朱杰人、严佐之、刘永翔主编：《朱子语类》卷一百八，见《朱子全书》第十七册，3522页。
② （宋）朱熹、吕祖谦编，（清）江永注：《近思录集注》，上海：上海书店1987年版，第45页。

录》。"①伯温即邵雍之子邵伯温,朱熹所记程颢对邵伯温此语,其始末具载于伯温所著《邵氏闻见前录》:

> 康节先公既捐馆,二程先生于伯温有不孤之意,所以教载甚厚。宗丞先生谓伯温曰:"人之为学忌标准,若循循不已,自有所至矣。"先人敝庐厅后无门,由傍舍委曲以出。某不便之,因凿壁为门,侍讲先生(程颐)见之曰:"前人规画必有理,不可改作。"某亟塞之。侍讲谓周全伯曰:"邵君虽小事亦相信,勇于为善者也。"某初入仕,侍讲曰:"凡作官,虽所部公吏有罪,立案而后决。或出于私怒,比具怒亦释,不至仓卒伤人。每决人,有未经杖责者宜慎之,恐其或有所立也。"伯温终身行之。②

邵伯温乃亲耳听闻并记录此语,但若与朱熹编辑的比较,则在"标准"之前,少了"先立"二字。朱熹加上"先立"二字,除语意更为清晰外,更强调了"立标准"和"以之为标准"的区别。另,"标准"的日常语言的含义,朱熹的弟子陈植在《木钟集》中做了补充:

> 明道云:"人之为学,忌先立标准。"何谓"标准"?"标准"犹言限格。学问既路头正了,只劄定脚跟,滔滔做去,不可预立限格,云我只欲如此便休。今世学者,先立个做时文、取科第标准,横在胸臆,杀害事。③

若按陈植的"限格"义来解,是当时口语,先立限格即"我只欲如此便休"。如此则邵伯温记录程颢语"人之为学忌标准",可不必有"先立"二字

---

① (宋)程颢、程颐著,王孝鱼点校:《河南程氏外书》卷第十二,见《二程集》,第423—424页。
② (宋)邵伯温撰,李剑雄、刘德权点校:《邵氏闻见录》,北京:中华书局1983年版,第225页。
③ (清)黄宗羲著,沈善洪、吴光编校:《木钟学案》,《宋元学案》卷六十五,见《黄宗羲全集》第五册,第525页。

于"标准"之前,按宋人当时口语解,即"人之为学忌限格(我所欲之'如此')"。然而从朱熹使用这则语录的情况来看,脱胎于日常语言的"标准"获得了理学概念的意思。将"标准"作为日常语言"限格"的"我之所欲如此"的意思,单独划出并用"立"字来表示;并把"标准"限定为有特殊所指的道德行为模范,即明确了原"限格"所指涉的"如此"的含义。

在日常语言中作为主观意图的标准、限格,为什么朱熹会重视它,并且运用到皇极的诠释上?从文献中可见的是,他是如此重视君王的主观意图,在其政治思想中,常以正心诚意为君主治道之本。早在绍兴三十二年的《壬午应诏封事》中,朱熹已经提出了治道立足于君主正心,并将《大学》正心工夫与《尚书》执中中的治道纲领进行互释:

> 至于所谓其本在于正心术以立纲纪者,则非臣职之所当及。然天下万事之根本源流有在于是,虽欲避而不言,有不可得者。①
> 盖"致知格物"者,尧舜所谓精、一也。"正心诚意"者,尧舜所谓执中也。②

从朱熹哲学观念之间的联系来看,成于后期的《皇极辨》,用标准来解释极,以取代中,也是早年用《大学》正心诚意的资源来解释"中"的发展。他有意识地将"中"与主观意图联系起来,探索怎样的主观意图才能达到"中",或者说,"中"究竟在儒家道德哲学中呈现出怎样的本体——工夫的确切含义。随着格物致知哲学的最终确立,他放弃了日常语言里意义暧昧的"中",而选择了"标准"一词,后者蕴含的主观意图意思,可以清楚地传达朱熹本体功夫一贯视野下连结道德与治道的努力。一言以蔽之,"标准"、立极背后的潜台词是正心,正是如此,在《皇极辨》写就的前后,朱熹屡次向皇帝进言,要求以正心为本。

---

① (宋)朱熹撰,朱杰人、严佐之、刘永翔主编:《庚子应诏封事》,《晦庵先生朱文公文集》卷十一,见《朱子全书》第二十册,第585页。
② (宋)朱熹撰,朱杰人、严佐之、刘永翔主编:《壬午应诏封事》,《晦庵先生朱文公文集》卷十一,见《朱子全书》第二十册,第572页。

天下之事千变万化,其端无穷而无一不本于人主之心者,此自然之理也。故人主之心正,则天下之事无一不出于正;人主之心不正,则天下之事无一得由于正。盖不惟其赏之所劝、刑之所威,各随所向,势有不能已者,而其观感之间,风动神速,又有甚焉。是以人主以眇然之身,居深宫之中,其心之邪正,若不可得而窥者,而其符验之著于外者,常若十目所视、十手所指而不可掩。此大舜所以有"惟精惟一"之戒,孔子所以有"克己复礼"之云,皆所以正吾此心而为天下万事之本也。此心既正,则视明听聪,周旋中礼,而身无不正。是以所行无过不及而能执其中,虽以天下之大,而无一人不归吾之仁者。……此大舜、孔子之言,而臣辄妄论其所以用力之方如此,伏乞圣照。①

其一,所谓讲学以正心者。臣闻天下之事,其本在于一人,而一人之身,其主在于一心。故人主之心一正,则天下之事无有不正;人主之心一邪,则天下之事无有不邪。……是以古先哲王欲明其德于天下者,莫不壹以正心为本。……然所谓学,则又有邪正之别焉。味圣贤之言以求义理之当,察古今之变以验得失之机,而必反之身以践其实者,学之正也。……学之正而心有不正者鲜矣,学之邪而心有不邪者亦鲜矣。故讲学虽所以为正心之要,而学之邪正,其系于所行之得失而不可不审者又如此。②

第1条奏疏上于淳熙十五年,第2条拟于淳熙十六年,因为当政者以道学为邪,所以最终没有上疏。两道奏疏均以天下事本于君主正心。尤其在第1条中,将正心作为达到视明听聪的工夫。对应于《皇极辨》中以视明听聪为立极之事,则立极实指君主正心。尤以"是以所行无过不及而能执其中,虽以天下之大,而无一人不归吾之仁者",可谓《皇极辨》中所谓立极的效验:"然后至极之标准卓然有以立乎天下之至中,使夫面内而环观者莫不

---

① (宋)朱熹撰,朱杰人、严佐之、刘永翔主编:《戊申封事》,《晦庵先生朱文公文集》卷十一,见《朱子全书》第二十册,第590—592页。
② (宋)朱熹撰,朱杰人、严佐之、刘永翔主编:《己酉拟上封事》,《晦庵先生朱文公文集》卷十二,见《朱子全书》第二十册,第618—619页。

于是而取则焉"。

在诸多封事与书信中,朱熹总是强调"为学与为治是一统事"——

为学与为治,本来只是一统事,它日之所用,不外乎今日所存。……然须先理会要教自家身心自得无欲,常常神清气定,涵养直到清明在躬,志气如神,则天下无不可为之事。①

见得它不容将为学为治分作两截看了,所以气象不宏,事业不能造到至极。②

圣贤于此,乘流则行,遇坎则止,但未用时,只知率性循理之为乐,正以此自是一统底事故也。③

强调"治天下以正心为本"——

君心不能以自正,必亲贤臣、远小人,讲明义理之归。④
治天下当以正心诚意为本。⑤
圣心诚无不正,则必能择宰相以选牧守矣。⑥
臣闻天下之事,其本在于一人,而一人之身,其主在于一心。故人主之心一正,则天下之事无有不正。⑦

熹常谓天下万事有大根本,而每事之中又各有要切处。所谓大根本者,固无出于人主之心术,而所谓要切处者,则必大本既立,然后可推

---

① (宋)朱熹撰,朱杰人、严佐之、刘永翔主编:《答严时亨》,《晦庵先生朱文公文集》卷六十一,见《朱子全书》第二十三册,第2966页。
② 前揭,第2967页。
③ 前揭,第2968页。
④ (宋)朱熹撰,朱杰人、严佐之、刘永翔主编:《庚子应诏封事》,《晦庵先生朱文公文集》卷十一,见《朱子全书》第二十册,第586页。
⑤ (宋)朱熹撰,朱杰人、严佐之、刘永翔主编:《贴黄》,《晦庵先生朱文公文集》卷十一,见《朱子全书》第二十册,第588页。
⑥ (宋)朱熹撰,朱杰人、严佐之、刘永翔主编:《戊申封事》,《晦庵先生朱文公文集》卷十一,见《朱子全书》第二十册,第607页。
⑦ (宋)朱熹撰,朱杰人、严佐之、刘永翔主编:《己酉拟上封事》,《晦庵先生朱文公文集》卷十一,见《朱子全书》第二十册,第618页。

而见也。……今乃知欲图大者当谨于微,欲正人主之心术,未有不以严恭寅畏为先务、声色货利为至戒,然后乃可为者。①

而对于宰辅的职责而言,士大夫以天下之事为己任,亦莫过于正心。

尚书诚以天下之事为己任,则当自格君心之非始;欲格君心,则当自身始。②

以《大学》之正心来诠释《尚书》之皇极,贯通修身与治道,是朱熹一生的宗旨。自《壬午封事》提出纲领,经历了格物致知哲学的成熟,在《皇极辨》发表的晚年,庆元二年,也正是对道学、对朱熹本人打击最严重的时期,他却屹立严寒、初衷不改。正心为本、格物为工,这正是其格致说的本体工夫之意,也正是士人在其身位上,以天下为己任的实质内容。

---

① (宋)朱熹撰,朱杰人、严佐之、刘永翔主编:《答张敬夫》,《晦庵先生朱文公文集》卷二十五,见《朱子全书》第二十一册,第 1112—1113 页。
② (宋)朱熹撰,朱杰人、严佐之、刘永翔主编:《与赵尚书书》,《晦庵先生朱文公文集》卷二十九,见《朱子全书》第二十一册,第 1263 页。

第 三 章
王阳明良知说与担责问题

阳明致良知观念中,定义良知即是非。良知作为是非判断的标准,是道德价值之源。研究者指出,良知作为一种先验原则,表现为知是知非,是道德理性。① 宋儒一般强调四端中的恻隐之心,阳明则认为四端在某种程度上可以归结为"是非之心",是非之心是良知的主要内容,这是对孟子哲学的进一步发展。② 阳明的良知说是一种规范的形而上学,而非描述的形而上学。③ 以良知为本体,其判断义、规范义,如何在实践中作用?在阳明的一生中,的确有一个大是非,不仅关系到阳明的声誉,更体现了士大夫群体以天下为己任所遭遇的现实困境。

刘宗周有云:"此语端的。良知常发而常敛,便是独体真消息。若一向在发用处求良知,便入情识窠臼去。然先生指点人处,都在发用上说,只要人知是知非上转个为善去恶路头,正是良工苦心。"④在实践中,知是知非是良知发用,为致良知工夫的可行路径。这也正是阳明的亲身实证。如龙场之悟,又如1519年到1520年,阳明平定宁王朱宸濠叛乱后,在江西期间遭受的诽谤与生命危险,也是使阳明哲学得以深化的艰险苦境,⑤正是此时有

---

① 陈来:《宋明理学》,第213页。
② 陈来:《有无之境——王阳明哲学的精神》,北京:人民出版社1991年版(下同),第167页。
③ 黄勇:《道德铜律与仁的可能性》,上海:上海交通大学出版社2018年版(下同),第219页。
④ (明)刘宗周著,吴光、何俊、黄宣民点校,钟彩钧、徐儒宗审校:《阳明传信录》卷三,见《刘宗周全集》第五册,杭州:浙江古籍出版社2007年版,第79页。
⑤ [瑞士]耿宁著,倪梁康译:《人生第一等事:王阳明及其后学论"良知"》上册,北京:商务印书馆2014年版,第149页。

了良知学的突破。① 平濠之役，竟被张忠、许泰等近臣诬陷，是非颠倒。良知即是非的深刻体悟出自这一阶段，正是阳明亲证工夫的体现。士大夫该不该不顾毁誉、勇于承担家国责任？这在于阳明显然是不容已的良知所发，国家危难之际，无论自己是否在位，都义不容辞地奔赴前线。不惧得失进退、生死一线，主动承担对国家的责任，应当是人生中最大的挑战，也是良知工夫的试金石。证成良知，实际上也是证成士人的家国责任，并以此为是非标准。

正如上文刘宗周所指出的，是非之心可以走向为善去恶的本体，这种是非之心本是好恶。这其中，既有道德理性，也有道德情感。② 责任承担同时也是朱子格物哲学的格调，前提是在理本体论的世界观下对自身位置的认肯，所谓格物为先。阳明学的宗旨并不在于朱子式的格物，而在于主体的证成。致良知以良知作为权威，士人证成其对天下的责任承担。

世界秩序所指向的理，并非外在于心，且由良知来认肯。它就不仅仅是知识，而更是实践的智慧。那么，责任的形成，不是我服膺外在的法则，而正是我自己的证成。以是非之心为核心内容的良知，提供了行为的合法性依据，这种合法性显然是自知自觉的，而不是由外部秩序来保证的。

当然，这里面还存在着：一种内在的自知自觉如何确保合法性依据的客观性。这将在本章讨论"良知之于节目时变"一节中涉及。但本章的主题限定于：良知作为是非标准，是如何在阳明的工夫心路中形成的，以及逆境中的证悟如何成为了哲学观念。士大夫担责的合法性依据，即在此过程中获得了"信得及"的信念意义。另一方面，本章聚焦于：阳明正是在担责困境中，证悟了良知作为是非标准。这将良知缔结于责任，而责任正是主体信念与客观秩序的一体。或许在未来的深化研究中，从责任的这一知识特征出发，可以使我们对研究者已经指出的，在比较哲学语境下，探讨理智主义

---

① ［瑞士］耿宁著，倪梁康译：《人生第一等事：王阳明及其后学论"良知"》上册，第147页。
② 陈来指出，自慊之心、心之安与不安，是判断良知是非的方法，道德情感体验是良知机制中不可缺少的要素。陈来：《有无之境——王阳明哲学的精神》，第176—177页。

与反理智主义问题时,可以更为立体地去理解:良知作为知识与实践的一体①。

第一节 平濠事件中的担责困境与"不动心"

一、阳明门人辨明其师心迹

王守仁的心学是在百死千难的现实境遇中磨砺而来的。晚年"致良知"之悟,发生于宸濠之役而后,书写了士大夫担责之心曲。由于宸濠突然谋反,朝野上下还来不及反应,阳明却能在赴任福建的中途折回江西平乱,给当时朝中别有用心的人以口实。一场关于平濠究竟是不是王阳明功劳的争论,就此拉开,而阳明也险些被朝廷降罪。责任、是非之辩一直延续到阳明逝世以后,而阳明从不为自己辩解,却只是致良知。"致良知"说法的形成过程,是阳明思考责任与是非、并最终诉诸于信得及良知的体悟,这其中的思路,其实是为儒家士大夫责任担当的哲学辩护。

谷应泰《明史纪事本末》中,记录了平濠之后阳明受到的猜忌和陷害:"大功甫立,疑谤旋生,角巾野服,口不言功,委蛇于群阉之间,调护于悍军之日,所忧在国衅而不在身危,所争在民心而不在己爵。卒之上勋格而不行,五等加而又夺。"②阳明身故后,爵位被夺,学术被禁,幼子受乡里欺凌,所幸有黄绾保全。直至王门后学徐阶拜相,才恢复了阳明的爵位和学术。徐阶总结阳明被诬陷于"心事":

> 忌者不与其功足矣,又举其心事诬之。③

---

① 黄勇:《道德铜律与仁的可能性》;郁振华:《论道德—形上学的能力之知——基于赖尔与王阳明的探讨》,《中国社会科学》2014 年第 12 期;郁振华:《再论道德的能力之知——评黄勇教授的良知诠释》,《学术月刊》2016 年第 12 期。

② (清)谷应泰撰:《明史纪事本末》卷四十七,第二册,北京:中华书局 1977 年版,第 706—707 页。

③ (明)谈迁著,张宗祥校点:《国榷》,卷五十一,第四册,北京:中华书局 1958 年版(下同),第 3186—3187 页。

所谓心事,即武宗侧近的宦官与宠臣,假武宗亲征之名,为袭取平濠之功,诬陷王阳明心怀不轨,曾经参与宸濠密谋,后反而擒濠邀功。从徐阶引述的谴责来看,朝廷似乎有证据怀疑:

> 忌者谓先生始赴濠之约,后持两端遁归,为伍公所强。会濠攻安庆不克,乘其沮丧幸成功。①

宸濠遽然反叛,阳明奔袭而来,为了拖延宸濠进攻南京的时间,他采取了围魏救赵的计策。因此在行军路线上,他并没有第一时间直击宸濠起兵之地,而是声东击西,以兵家诡道速胜。事起仓促,一切不得不打破常规,这就给了攻击者以口实。阳明弟子钱德洪为澄清事实,收集阳明平濠事迹,修撰为《平濠记》,其中写道:

> 及事平,报捷疏内一切反间之计,俱不言及。亦以设谋用诡,非君子得已之事,不欲明言示人。当时若使不行反间,宁王必即时拥兵前进,两京各路何恃为备?所以使之坐失事机,全是迟留宁王一著,所以迟留宁王,全是谋行反间一事。今日读奏册所报,皆可书之功,而不知书不能尽者,十倍于奏册。濠既就擒,江彬、许泰等怅恨失计,无所泄毒,欲置冀元亨与济禹、光等于死地。元亨被执,光等四窜,伺官军离省,方敢归家。当时粘告示、插旗牌,皆风雨黑夜,出入贼垒,万死中得一生,所差行间人役,被濠杀者俱是亲信家人。今议者并将在册功次削去,恐继此有变,人皆以光等为鉴戒矣(龙光说)。②

所谓反间计,是阳明为了速战速决,使用了大量的谍战手法。而能够打入敌人内部的战士,都是阳明平时精心培养的家人、亲信。平濠之役,取胜关键正是他们不计得失地付出生命甚至牺牲了士大夫最为重视的名誉(设

---

① 前揭,第3186页。
② (明)钱德洪:《平濠记》,见《丛书集成新编》第一二〇册,台北:新文丰出版股份有限公司2008年版,第164页。

谋用诡,非君子得已之事)。而战后为他们正名、请求朝廷的封赏,是阳明视为第一等的使命,却成了他未能如愿的心病。他们的生命就此消失,他们的名誉也迟迟得不到承认,包括阳明本人受到打击迫害,而实施这一切,朝廷都使用了合法的理由。

王门弟子在传记史书中为乃师辨明心迹,主要着力于为天下苍生担责的高度自觉。宸濠叛乱对地方民众的荼毒,叩动了王阳明的恻隐之心。他们使用儒家民本政治思想的角度,证明阳明平濠事件的合法性。民间此类价值观主导的文学作品,更是将阳明塑造成为不世出的英雄,如流传至今的《皇明大儒王阳明先生出身靖乱录》。《年谱》在记述阳明平濠之奇时,采用的也是类似小说家笔法,勾勒其谈笑间勘定大乱、对大捷消息视若平常而毫不动心。所有的疑点,都消融于王阳明的用兵奇术,这些用兵奇术却并非只是阴谋诡计,而更是心学经世致用的效验,是儒家士大夫展现其以天下为己任的卓越能力。

思不出位,逐渐由外在的位向内在的工夫之位转移,一方面固然是理学发展的内在理路使然,①另,这一内在转向的确可以为士人越位担责提供合法性理由。阳明晚年心学超越行迹乃至有无善无恶之悟,也可以视作对平濠事件中屡屡破除常规与名位的解答。即便在外人看来,阳明的行径混合了儒者、兵家、攫取功名者的角色,他却能自圆其说。王门高足、以"四无说"得到晚年阳明印可的王畿,在《天柱山房会语》中,回忆了老师这段妙答。

> 先生曰:"何言之易易也?昔有乡老讥先师曰:'阳明先生虽与世间讲道学,其实也只是功名之士。'先师闻之,谓诸友曰:'你道这老者是讥我、是称我?'诸友笑曰:'此直东家丘耳,何与于讥称?'师曰:'不然。昔人论士之所志大约有三:道德、功名、富贵。圣学不明,道德之风邈矣。志以功名者,富贵始不足以动其心。我今于世间讲学,固以道德设教,是与人同善不容已之心,我亦未能实有诸己,一念不谨,还有流入

---

① 陈立胜:《谁之思?何种位?——儒学"思不出位"之中的"心性"与"政治"向度》,见金泽、赵广明主编:《宗教与哲学》第5辑。

富贵时候。赖天之灵,一念自反,觉得早,反得力,未至堕落耳。世衰道丧,功利之毒浃于人之心髓,士鲜以豪杰自命。以世界论之,是千百年习染;以人身论之,是一生干当。古今人所见不同,大抵名浮而实下:古之所谓功名,今之道德;古之所谓富贵,今之功名;若今之所谓富贵,狗偷鼠窃,竞竞刀钻之利,比于乞墦穿窬,有仪秦所耻而不屑为者。其视一怒安居之气象何如也?"①

所谓功名、富贵、道德与不动心的关系,在正德八年,阳明写给黄宗明的信中亦揭明:"立志之说,已近烦渎,然为知己言,竟亦不能舍是也。志于道德者,功名不足以累其心;志于功名者,富贵不足以累其心。但近世所谓道德,功名而已;所谓功名,富贵而已。'仁人者,正其谊不谋其利,明其道不计其功'。一有谋计之心,则虽正谊明道,亦功利耳。诸友既索居,曰仁又将远别,会中须时相警发,庶不就迟靡。诚甫之足,自当一日千里,任重道远,吾非诚甫谁望邪!"②较之正德八年的同调言论,此番更加上了阳明自己的反省。其主要讲立志,基调沿袭宋人,仍是以天下为己任的"豪杰自命""任重道远"。阳明特别指出道德、功名、富贵,本是士人立志的三个层次,而立志于较上层次者,是不会对其下的层次动心,即"志于道德者,功名不足以累其心;志于功名者,富贵不足以累其心。"但在他这个时代,因为功利追逐毒害人心,这三者都不能名副其实,而走向了堕落。首先是没有传统意义上的道德,即"圣学不明,道德之风邈矣"。其次是当下所谓的道德,至多也就是古人眼中的功名。而当下所谓功名,也仅仅是古人所说的富贵;至于当下的富贵,已全然堕落到狗偷鼠窃、没有任何底线,为古人所不齿。

在王畿的叙述中,阳明的自省引人注目,他说自己作为堕落时代的一员,即便以道德讲学,但也只能立足于最后的、不容已的良心;而即便如此,

---

① (明)王畿撰,《天柱山房会语》,四库全书存目丛书编纂委员会编:《龙溪王先生全集》,见《四库全书存目丛书》集部第九十八册,济南:齐鲁书社1997年版(下同),第340—341页。
② (明)王守仁著,吴光、钱明、董平、姚延福编校:《与黄诚甫》,见《王阳明全集》第一册,杭州:浙江古籍出版社2011年版(下同),第174页。

连他自己,也有对治念头不克、而流入世俗富贵追逐的时候。作为王学领袖,士林清望,阳明对自己、更对浸淫其中的时代有清醒的认识,阳明的洞察力在于,他道德设教植根于当下道德水平低下的现实,良知说的设立,正是适应时代水平的举动①。

二、阳明的不动心与士大夫担责的合法性

真诚自省如阳明,善思颖悟如王畿,师弟间考察平濠事件中阳明心曲,揭露了深入骨髓的功利之念,对于以天下为己任的心学之士,这是不容忽视的历程。

> 先师在留都时,曾有人传谤书,见之不觉心动,移时始化,因谓:"终是名根消煞未尽,譬之浊水澄清,终有浊在。"余尝请问平藩事,先师云:"在当时只合如此做。觉来尚有微动于气所在,使今日处之,更自不同。"②

第一则说阳明平濠之后面对陷害诽谤,曾有瞬间的心动,故自揭"名根消煞未尽"。第二则言阳明自认平濠后工夫长进,而当时尚有微动于气,即不全出于良知者。按照钱德洪的记叙,阳明平濠时屡屡出奇制胜,但事后却从不谈及。杀人取胜,反间奇袭,虽于平定天下有大功,但却以消灭同类生命为任务,以人性人心弱点为把柄。这显然不能成为培植道德良心的教材。在王畿,只关心阳明平濠及其之后工夫进境的转折;而在钱德洪,则更向工夫落实处探寻,希望将老师平濠过程中一切做事的细节都公布出来。除了向阳明当面请教如何用兵,他还在阳明过世之后,搜罗汇编了阳明在世时不肯说的细节,包括反间一节。而阳明面对钱德洪关于"术"的询问,显示出了循循教导的耐心,他希望人们不要关心制胜之术,大事临头,胜负取决于不动心与否,而此时智术完全不足以支持不动心。

---

① 陈来:《有无之境——王阳明哲学的精神》,第 192 页。
② (明)王畿撰,四库全书存目丛书编纂委员会编:《滁阳会语》,《龙溪王先生全集》,见《四库全书存目丛书》集部第九十八册,第 276—277 页。

> 德洪昔在师门，或问："用兵有术否？"夫子曰："用兵何术，但学问纯笃，养得此心不动，乃术耳。凡人智能，相去不甚远，胜负之决，不待卜诸临阵，只在此心动与不动之间。昔与宁王逆战于湖上，南风转急，而命某某为火攻具。是时前军正挫却，某某对立矍视，三四申告，耳如弗闻，此辈皆有大名于时，平日智术，岂有不足，临事忙失若此，智术将安所施。"①

为了方便钱德洪依然从"术"的角度来理解"术"的失效，他特意举例，与宁王鏖战的紧要关头，正值火攻的天赐良机，一大将却临阵忙乱，险些贻误战机。看似没有用的学问，却在此时能助人不动心、把握良机。而看似最实用的智术，此时完全不能起效用，因为心态意识已经被得失恐惧的功利念头占据，无法集中意识来实施智术。一句"智术将安所施"，宛如皮之不存毛将焉附，指点出良知本心的根本地位。

但钱德洪仍然有疑问，有的人没有学问工夫，却拥有刚强不屈的气质，临危不乱，这样的气质是否也可以取法？阳明则认为，这仅仅是孟子指出的孟施舍的守气而已，并不是不动心，也不能灵活妙用。真正的来自于良知的不动心，可以在不动心的同时起到灵活妙用（此时智术才有所施）。

> 又问："今人有不知学问者，尽能履险不惧，是亦可与行师否？"先生曰："人性气刚者，亦能履险不惧，但其心必待强持而后能，即强持便是本体之蔽，便不能宰割庶事，孟施舍所谓守气也。若人真肯在良知上用功，时时精明，不蔽于欲，自能临事不动。不动真体，自能应变无穷，此曾子所谓守约也。"又尝闻刘邦采曰："昔有问人能养得此心不动，即可与行师否？"先生曰："也须学过。此是对刀杀人事，岂意想可得！必须身习其事，斯节制渐明，智慧渐周，方可信行天下。未有不履其事，而能造其理者。孔子自谓军旅之事未之学，亦非谦言。但圣人得位行志，自有消变未形之道，不须用此。后世论治，根源上全不讲及，每事只在

---

① （明）钱德洪：《平濠记》，见《丛书集成新编》第一二〇册，第164页。

半中截作起,故犯手脚。若在根源上讲求,岂有必事杀人而后可以安人之理!某自征赣以来,朝廷使我日以杀人为事,心岂割忍,但事势至此。譬既病之人,且须治其外邪,方可扶回元气,病后施药,犹胜立视其死。故耳可平生精神,俱用在此等没紧要事上。"①

不动真体而自然应变无穷,这与天泉证道中,阳明指点钱德洪向王畿学习体认本体是一致的。相较于天泉证道的抽象表述,此处就平濠经验来讲不动心,或者"无善无恶心之体"的妙用,更加容易被理解。或许这也是钱德洪撰写《平濠记》的隐而未彰的效果。并且,在这段记录中,提供了士人如何立足于不动心的工夫来建功立业的答案。一面是身习其事,智慧渐周,道德工夫必须在亲身做事中才能长进,这是前提。关键一面是做事情不忘道德根源。用兵打仗杀人都是局势所迫,不是常策,只能算作为国去邪的不得已之举。用兵其功虽大,于道德学问却是细枝末节,属于没要紧事。这又回到了不动真体而自然应变无穷,精力还是应当用在真体根本上。

正如阳明对王畿说过,用兵奇策,犹有制胜的盼望,此时做到不动心,较为容易。而在平濠之后,以奇功受奇辱,此时做到不动心,却难。王畿尤其重视不动心的难易阶段:"吾子看得功名题目太浅,所以如此自信。若观其深,必如百里奚之不入爵禄于心、王曾之不事温饱始足以当功名。达如伊傅,穷如孔孟,立本知化,经纶而无所倚,始足以当道德也。"②道德的真正成立,必须建立在不动心的基础上。超越了对富贵利禄的欲求才足以成就功名,而超越了"有所求"本身,达到"无所倚"的境界,才足以成就道德。清名美誉也属于功名中事,王阳明希望学生懂得,当他面对诽谤而意有不平时,就没有做到不动心。

在道德名誉上超越了得失毁誉,做到了不动心,这正是"无善无恶"的实证。善与恶的种种名相,都只是现象。而像平濠过程中使用的诡道计谋,非君子所为的现象,虽无法符合善的德目,却达成了善的目标。阳明的政敌

---

① (明)钱德洪:《平濠记》,见《丛书集成新编》第一二〇册,第165页。
② (明)王畿撰,四库全书存目丛书编纂委员会编:《天柱山房会语》,《龙溪王先生全集》,见《四库全书存目丛书》集部第九十八册,第341页。

利用了平濠期间种种"非善"的现象来进行攻击,如果阳明在这些名目上辩护回应,显然要处于劣势。而如果阳明为这些现象一一正名,就像钱德洪希望在《平濠记》中澄清视听或民间文学的善意宣传,则会冲淡本体的地位,使后学耽于智术末节。平濠之后,阳明在政治上隐遁的心态,不同于以往之遭遇困境的不得已选择,这既是工夫更上一层的体现,也是对士大夫如何破解责任难题的新探索。如果要冲破常规来承担为天下的责任,是非的标准如何证成其合法性?

第二节 良知与士大夫担责的是非标准

一、"良知只是是非":士大夫担责合法性辩护的另一种思路

平濠之后,又有张许之难,阳明于正德十六年八月才返回故里。阳明之父王华的庭训,也是委婉地向乡人表白阳明孤忠被陷,关于福祸相依的告诫,不是谦退故事,而正是因为此时朝廷依旧没有释去对阳明的猜忌。两年之后,嘉靖二年二月,邹守益、薛侃等弟子侍坐,弟子担心阳明,因为时下对阳明的诽谤越来越多,大家也纷纷找原因想办法,但阳明却提出了另一种思路。

> 邹守益、薛侃、黄宗明、马明衡、王艮等侍,因言谤议日炽。先生曰:"诸君且言其故。"有言先生势位隆盛,是以忌嫉谤;有言先生学日明,为宋儒争异同,则以学术谤;有言天下从游者众,与其进不保其往,又以身谤。先生曰:"三言者诚皆有之,特吾自知诸君论未及耳。"请问。曰:"吾自南京已前,尚有乡愿意思。在今只信良知真是真非处,更无掩藏回护,才做得狂者。使天下尽说我行不掩言,吾亦只依良知行。"①

---

① (明)钱德洪等撰,吴光、钱明、董平、姚延福编校:《阳明先生年谱三》,见《王阳明全集》卷三十四,第四册,第1296—1297页。

阳明的办法就是宁做狂者,不做乡愿,绝不掩藏回护。能够如此就在于相信自己的良知为是非标准。在不利于自己的舆论面前,只需要依靠良知来行为。这是阳明在正德十五年"致良知"之悟后的体会,他选择了坚信自己的良知,而不被世俗的是非标准所左右。在儒家传统所描述的乡愿与狂者之间,他选择做狂者。为了说明良知才是"是非"标准,阳明品评了乡愿与狂者。

请问乡愿狂者之辨。曰:"乡愿以忠信廉洁见取于君子,以同流合污无忤于小人,故非之无举,刺之无刺。然究其心,乃知忠信廉洁所以媚君子也,同流合污所以媚小人也,其心已破坏矣,故不可与入尧、舜之道。狂者志存古人,一切纷嚣俗染,举不足以累其心,真有凤凰翔于千仞之意,一克念即圣人矣。惟不克念,故阔略事情,而行常不掩。惟其不掩,故心尚未坏而庶可与裁。"曰:"乡愿何以断其媚世?"曰:"自其议狂狷而知之。狂狷不与俗谐,而谓生斯世也,为斯世也,善斯可矣,此乡愿志也。故其所为皆色取不疑,所以谓之'似'。三代以下,士之取盛名于时者,不过得乡愿之似而已。然究其忠信廉洁,或未免致疑于妻子也。虽欲纯乎乡愿,亦未易得,而况圣人之道乎?"曰:"狂狷为孔子所思,然至于传道,终不及琴张辈而传曾子,岂曾子亦狷者之流乎?"先生曰:"不然,琴张辈狂者之禀也,虽有所得,终止于狂。曾子中行之禀也,故能悟入圣人之道。"①

乡愿之所以需要种种语言名目来掩盖行为,都是为了"媚世",即努力将自己的行为装点成符合世俗的是非标准。这种以外在的是非标准来矫饰行为的行径,阳明称之为"色取",即以形色名相为是非标准。正是从这点出发,阳明指出,三代以下,士人在道德上取得名誉的,不过是乡愿之"色取",甚至还不能做到古之乡愿以忠信廉洁来取媚于君子。

除了批判乡愿"色取"来揭示世俗是非的外在性,阳明还进一步指出,

---

① 前揭。

世俗是非标准往往是功利追逐的手段。在《答聂文蔚书》中,他痛心于是非标准外在化的堕落。

> 后世良知之学不明,天下之人用其私智以相比轧,是以人各有心,而偏琐僻陋之见,狡伪阴邪之术,至于不可胜说;外假仁义之名,而内以行其自私自利之实,诡辞以阿俗,矫行以干誉,掩人之善而袭以为己长,讦人之私而窃以为己直,忿以相胜而犹谓之徇义,险以相倾而犹谓之疾恶,妒贤忌能而犹自以为公是非,恣情纵欲而犹自以为同好恶,相陵相贼,自其一家骨肉之亲,已不能无尔我胜负之意,彼此藩篱之形,而况于天下之大,民物之众,又何能一体而视之?则无怪于纷纷籍籍,而祸乱相寻于无穷矣![1]

在阳明的上述描述中,仁义、好恶,在功利之徒那里,不过是逞其私欲的粉饰。官僚利益集团中,官员们可以联合一起,攻击清正之士。他们可以把持舆论,制造罪名,这一切都可以冠以"公是非、同好恶"的合法性。这一现象至少说明了,传统的仁义等德目,其合法性被私欲利用。控制言路就等于获得了是非的话语权。从伦理学的角度,儒家道德面临被外在化而丧失实质内容的危险。因而阳明的工作是回到道德的内在根据,恢复道德动机与行为的一致性。从内在根据而言,是非的标准就不在于所谓公论,而在于内在的良知。

《传习录》下册,钱德洪记录了阳明晚年多次谈及"良知是是非"的语录:

> "良知只是个是非之心;是非只是个好恶,只好恶就尽了是非,只是非就尽了万事万变。"又曰:"是非两字,是个大规矩,巧处则存乎

---

[1] (明)王守仁撰,吴光、钱明、董平、姚延福编校:《传习录中·答聂文蔚》,见《王阳明全集》卷二,第一册,第87页。

其人。"①

先生曰:"'天命之谓性',命即是性。'率性之谓道',性即是道。'修道之谓教',道即是教。"问:"如何道即是教?"曰:"道即是良知。良知原是完完全全,是的还他是,非的还他非,是非只依着他,更无有不是处。这良知还是你的明师。"②

又曰:"目无体,以万物之色为体;耳无体,以万物之声为体;鼻无体,以万物之臭为体;口无体,以万物之味为体;心无体,以天地万物感应之是非为体。"③

先生曰:"孔子有鄙夫来问,未尝先有知识以应之,其心只空空而已;但叩他自知的是非两端,与之一剖决,鄙夫之心便已了然。鄙夫自知的是非,便是他本来天则,虽圣人聪明,如何可与增减得一毫?他只不能自信,夫子与之一剖决,便已竭尽无余了。若夫子与鄙夫言时,留得些子知识在,便是不能竭他的良知,道体即有二了。"④

必须讨论是非,以为制事之本,然后心体无蔽,临事无失。道之大端易于明白,此语诚然。第一则中,在行为意识层面而论,用是非来解释良知,用好恶来解释是非,揭明了日常行为中是非的内在性质。第二则中,在道德本体层面而论,良知作为本体,从而发出是非的判断。第三则中,从体用无间而言,心本体的体现就是是非。第四则中,从孔子"叩其两端"的故事,论述良知作为本体,不是知识,因此是非是没有知识的鄙夫也能够自知的"天则"。获得是非的唯一途径是叩问内心,而不是向外求知识。

---

① (明)王守仁撰,吴光、钱明、董平、姚延福编校:《传习录下》,见《王阳明全集》卷三,第一册,第121页。
② (明)王守仁撰,吴光、钱明、董平、姚延福编校:《传习录下》,见《王阳明全集》卷三,第一册,第116页。
③ (明)王守仁撰,吴光、钱明、董平、姚延福编校:《传习录下》,见《王阳明全集》卷三,第一册,第119页。
④ (明)王守仁撰,吴光、钱明、董平、姚延福编校:《传习录下》,见《王阳明全集》卷三,第一册,第123页。

二、良知之于节目时变：是非标准的新界定

功利之徒把持话语权就可以使用是非的合法性，反映了外在知识的权威。阳明的工作是诉诸本体，破除知识的外在权威，而将合法性还给心性本体。对于恢复是非的道德实质，这是必要的，但同时也产生一个问题，当现实所迫需要打破常规时，关于道德的知识是有限的，此时内在的是非如何证成行为的合法性？嘉靖四年，在与顾东桥往复辩论格物时，阳明讨论了良知作为是非、规矩与节目时变（变化以及打破常规）之间的关系。为了方便论述，可以按照阳明讨论的次序，分段来考察。

> 来书云："道之大端易于明白，所谓'良知良能，愚夫愚妇可与及者'。至于节目时变之详，毫厘千里之谬，必待学而后知。今语孝于温清定省，孰不知之？至于舜之不告而娶，武之不葬而兴师，养志养口，小杖大杖，割股庐墓等事，处常处变，过与不及之间，必须讨论是非，以为制事之本，然后心体无蔽，临事无失。""道之大端易于明白"，此语诚然。①

阳明首先引述了"至于舜之不告而娶，武之不葬而兴师，养志、养口，小杖、大杖、割股、庐墓等事，处常、处变，过与不及之间，必须讨论是非，以为制事之本，然后心体无蔽，临事无失"，反映了当时对于是非的一般看法。即在知识、经验的基础上讨论辨析，从而可以得到是非标准。这也是朱子学格物致知的理路。

> 顾后之学者，忽其易于明白者而弗由，而求其难于明白者以为学，此其所以"道在迩而求诸远，事在易而求诸难"也。孟子云："夫道若大路然，岂难知哉？人病不由耳！"良知良能，愚夫愚妇与圣人同。但惟

---

① （明）王守仁撰，吴光、钱明、董平、姚延福编校：《传习录中》，见《王阳明全集》卷二，第一册，第54页。

圣人能致其良知,而愚夫愚妇不能致,此圣愚之所由分也。"节目时变",圣人夫岂不知?但不专以此为学。而其所谓学者,正惟致其良知,以精察此心之天理,而与后世之学不同耳。吾子未暇良知之致,而汲汲焉顾是之忧,此正求其难于明白者以为学之弊也。①

阳明继而提出他的"易简之学",一种非智识取径、且普适性的方法,即以良知为普遍性根据的致良知。致良知才是根本之学,而节目时变是关于现象的知识,前者直接明白,后者复杂多变。阳明立足于孟子良知良能说,试图以道的普适性和非智识性来定义是非。

> 夫良知之于节目时变,犹规矩尺度之于方圆长短也。节目时变之不可预定,犹方圆长短之不可胜穷也。故规矩诚立,则不可欺以方圆,而天下之方圆不可胜用矣;尺度诚陈,则不可欺以长短,而天下之长短不可胜用矣;良知诚致,则不可欺以节目时变,而天下之节目时变不可胜应矣。毫厘千里之谬,不于吾心良知一念之微而察之,亦将何所用其学乎?是不以规矩而欲定天下之方圆,不以尺度而欲尽天下之长短。吾见其乖张谬戾,日劳而无成也已。②

在定义了良知的"道"的本体地位后,阳明比较了作为现象的节目时变。前者犹如规矩,后者犹如方圆长短。只有经由致良知工夫,才能把握节目时变的真相,从此可以应变无穷。他尤其强调"诚"致其良知,则"不可欺"以节目时变,都凸显了对良知的自信,如规矩诚立,则不可欺以方圆,尺度诚陈,则不可欺以长短。致良知也可以说是对良知的自信,就不会向外寻求是非标准,避免了受现象的迷惑。而这种自信与对良知本体的体知是同构的,良知能够判断每一念的真诚与否,这是在意识中,良知本体能够"不欺"的特征;自信其良知,也就是意识念虑在无时不相信自身良知的前提

---

① 前揭。
② 前揭,第54—55页。

下,一切以良知为判断标准,这也就是正确的是非标准。

> 吾子谓"语孝于温清定省,孰不知之",然而能致其知者鲜矣。若谓粗知温清定省之仪节,而遂谓之能致其知,则凡知君之当仁者皆可谓之能致其仁之知,知臣之当忠者皆可谓之能致其忠之知,则天下孰非致知者邪? 以是而言,可以知"致知"之必在于行,而不行之不可以为"致知"也明矣。知行合一之体,不益较然矣乎? 夫舜之不告而娶,岂舜之前已有不告而娶者为之准则,故舜得以考之何典,问诸何人而为此邪? 抑亦求诸其心一念之良知,权轻重之宜,不得已而为此邪? 武之不葬而兴师,岂武之前已有不葬而兴师者为之准则,故武得以考之何典,问诸何人而为此邪? 抑亦求诸其心一念之良知,权轻重之宜,不得已而为此邪? 使舜之心而非诚于为无后,武之心而非诚于为救民,则其不告而娶与不葬而兴师,乃不孝不忠之大者。而后之人不务致其良知,以精察义理于此心感应酬酢之间,顾欲悬空讨论此等变常之事,执之以为制事之本,以求临事之无失,其亦远矣! 其余数端,皆可类推,则古人致知之学,从可知矣。①

通过舜不告而娶、武不葬而兴师的例子,阳明说明了节目时变作为变化的现象,往往超出了过去的经验,是现有知识不能解答的。无论是经典,还是大部分人依据自己经验商讨而出现的舆论,都无法为新的现象提供是非根据。此时只有良知可以发挥判断的作用,尽管由于现实情况的限制,良知发出的行为触犯了道德知识规定的某些准则,但是良知会倾向于牺牲某些小的德目,使行为的结果最终维护了道德的实质。阳明使用了"权轻重之宜"来描述良知的判断活动,并且将致良知放在知行合一的范畴里,都凸显了有效的是非判断必须立足于"行",只有产生于实践的是非标准才能解决种种节目时变的问题。

---

① 前揭,第55页。

三、"致良知":是非标准的"信得及"

当论及"良知是是非"这个命题时,包括了是非标准的内在性、普适性、本体地位与实践效力,这一切都是为了论证基于良知本体的内在是非标准的权威与合法性。相形之下,基于外在知识、舆论的是非标准,本身无法成为终极依据,更缺乏引导实践成功的效力①。于是,与这个命题相应的工夫论命题"致良知",将再次强调良知——是非的合法性,即"信得良知真是真非""真圣门正眼法藏"。钱德洪特意指出师门"致良知"之"信得及""真圣门"的宗旨和地位。

> 自经宸濠、忠、泰之变,益信良知真足以忘患难,出生死,所谓考三王,建天地,质鬼神,俟后圣,无弗同者。乃遗书守益曰:"近来信得'致良知'三字,真圣门正法眼藏。往年尚疑未尽,今自多事以来,只此良知无不具足。譬之操舟得舵,平澜浅濑,无不如意,虽遇巅峰逆浪,舵柄在手,可免没溺之患矣。"②

首句所谓出生死,所谓考三王,建天地,质鬼神,俟后圣,无弗同者,乃出自阳明辛巳与杨仕鸣书③。"乃遗书守益曰"以下,首句出自乙酉与邹守益书④,后句出于丙戌与邹守益书⑤。这些书信都发生于阳明平濠之后,正遭遇诽谤的时期。如钱德洪所述,正是经过了宸濠、忠泰之变,阳明才真实确

---

① 黄勇指出,王阳明的良知是规范性知识。联系康德的实践理性,在规范性知识中,信念提供了实践的对象。只有当人们持有这种信念并根据这种信念从事行动时,这种信念的对象才会存在。黄勇:《道德铜律与仁的可能性》,第249—250页。这也可能提示去思考:良知作为是非标准,其本身作为信念的特性。
② (明)钱德洪等撰,吴光、钱明、董平、姚延福编校:《阳明先生年谱二》,见《王阳明全集》卷三十三,第四册,第1287页。
③ (明)王守仁撰,吴光、钱明、董平、姚延福编校:《与杨仕鸣》,见《王阳明全集》卷五,第一册,第198页。
④ (明)王守仁撰,吴光、钱明、董平、姚延福编校:《与邹谦之》书二,见《王阳明全集》卷五,第一册,第192页。
⑤ (明)王守仁撰,吴光、钱明、董平、姚延福编校:《寄邹谦之》书四,见《王阳明全集》卷六,第一册,第219页。

信自己的良知，从而悟到致良知。在《传习录》卷中之末，钱德洪再次记述了师门关于平濠以来是非与"信得及良知"的讨论。这段讨论，《年谱》亦记录，如本书前述。但二者的区别在于，在钱德洪的记述中，关于"信得及"这点被特别重复言及。其文如下。

> 薛尚谦、邹谦之、马子莘、王汝止侍坐，因叹先生自征宁藩已来，天下谤议益众，请各言其故。有言先生功业势位日隆，天下忌之者日众；有言先生之学日明，故为宋儒争是非者亦日博；有言先生自南都以后，同志信从者日众，而四方排阻者日益力。先生曰："诸君之言，信皆有之，但吾一段自知处，诸君俱未道及耳。"诸友请问。先生曰："我在南都已前，尚有些子乡愿的意思在。我今信得这良知真是真非，信手行去，更不着些覆藏。我今才做得个狂者的胸次，使天下之人都说我行不掩言也罢。"尚谦出，曰："信得此过，方是圣人的真血脉。"①

上文中薛侃出而曰"信得此过，方是圣人的真血脉"，为《年谱》所无。钱德洪所录"真圣门正眼法藏"的阳明自谓，及此处引述"真血脉"的同门认肯，都表明在王学共同体内，平濠事件带来的"致良知"工夫转变，以及对师门是非标准之合法性的信仰。这对于以天下为己任的王门师弟而言，是冲决网罗、不惜牺牲生命、名誉等一切身外物来维护良知的、高度的责任承担意识。

第三节 对阳明"致良知"之担责心曲的考察

一、致良知之心曲

良知即是非、致良知功夫的进境，是阳明经历了宸濠、忠泰之乱，从百死

---

① （明）王守仁撰，吴光、钱明、董平、姚延福编校：《传习录下》，见《王阳明全集》卷三，第一册，第127页。

千难中得来。从思想理路而言,将焦点聚集于"是非",证成良知作为判断标准,从而凸显致良知的知行合一的工夫实行义,对儒家经典资源的综合度更高①,在实践中良知的本体含义更为明确(判断、监督义)②。凸显"行",强调以良知为是非标准,甚至提到了圣门正眼法藏、真血脉的高度,也可以看做心学共同体为平濠事件正名的哲学辩护。按照《年谱》的记载,正德十六年,阳明始揭致良知之教,并以陆九渊心学为孔孟正传,录陆氏子孙。③虽然事实上阳明在正德十五年就已经提出了致良知④,但钱德洪有意为之,以正德十六年为开端,实重在以致良知为"教"。正德十五年在虔州讲学提出致良知之说,而正德十六年,由说而教,阳明为其致良知说判教⑤,并着力推动陆九渊入祀文庙、给其子孙享有相应待遇⑥。

  以良知为是非,士大夫证成其责任承担的合法性,在险恶的政治环境中却有永恒的立身之本。阳明亲身经历这一"心战",他的心路历程,正是普通人由痛苦彷徨到自信自立的过程。致良知说的哲学叙述,是结果的呈现;而这段鲜为人知的心曲,需要进入阳明的自我叙述才能发现。语录等哲学文献的文体,是阳明面对学生时的当机立教,是其心学成果的运用,或不足以发现其产生的心身体验过程。这就需要进入作者自书胸臆的文体。⑦ 与阳明遭受的诬陷暂时平缓、以新建伯身份归故乡时相比,之前局势迷离、危机四伏的正德十四、十五年间,是阳明创作诗歌的高峰。在这一阶段,他在江西留下了一百二十首诗。但诗歌体裁短小,且不少为朋友间唱和之作,并不能完全满足阳明这段时期自我纾解的需要。在这些诗歌之外,他还创作

---

① 陈来:《有无之境——王阳明哲学的精神》,第176页。
② 陈来:《有无之境——王阳明哲学的精神》,第170页。
③ (明)钱德洪等撰,吴光、钱明、董平、姚延福编校:《阳明先生年谱二》,见《王阳明全集》卷三十三,第四册,第1287—1288页。
④ 陈来:《有无之境——王阳明哲学的精神》,第163页。
⑤ (明)钱德洪等撰,吴光、钱明、董平、姚延福编校:《阳明先生年谱二》,见《王阳明全集》卷三十三,第四册,第1287页。
⑥ (明)钱德洪等撰,吴光、钱明、董平、姚延福编校:《阳明先生年谱二》,见《王阳明全集》卷三十三,第四册,第1288页。
⑦ 陈寅恪认为,与骈体相比,唐代小说之文体便于创造,与古文运动兴起有密切关系。此说可以启发由文体进入新思想的思路。见陈寅恪:《陈寅恪集·元白诗笺证稿》,北京:生活·读书·新知三联书店2001年版,第4页。

了散曲。与语录、诗歌唱酬不同,散曲的体裁更为自由,所以他不需要面对其他人,而只需要面对自己的心灵,直接呈现出当下的感受。

二、阳明散曲《归隐》与正德十五年心曲

阳明共创作了两部散曲,标题分别为《归隐》《恬退》①。据张如安,国内最早提及王阳明散曲的是喻博文的《简论王阳明的诗作》(《甘肃师范大学学报》1981年第4期),最早完整地对王阳明散曲进行辑录和校勘的是谢伯阳先生,其成果见于《全明散曲》。② 然谢伯阳先生未标明其著作年月,今据阳明诗、书信、语录等,可见《归隐》与正德十五年间阳明所作江西诗多有对应,故重点考察《归隐》。《归隐》共有十一曲,与江西诗相关的分别是第一、二、三、六、十曲。分录如下:

[套数]归隐

[南仙吕入双调步步娇]宦海茫茫京尘渺,碌碌何时了。风掀浪又高,覆澈翻舟,是非颠倒。算来平步上青霄,不如早泛江东棹。(第一曲)

[沉醉东风]乱纷纷鸦鸣鹊噪,恶狠狠豺狼当道。冗费竭民膏,怎忍见忍离散,举疾首蹙额相告,簪笏满朝,干戈载道。等闲间把山河动摇。(第二曲)

[忒忒令]平生地生出祸苗,逆天理那循公道。因此上把功名委弃如蒿草。本待要竭忠尽孝,只恐怕走兔死,走狗烹,做了韩信的下梢。(第三曲)

[双蝴蝶]待学。陶彭泽懒折腰。待学。载西施、范蠡逃。待学。张孟谈辞朝。待学。七里滩子陵垂钓。待学。陆龟蒙笔床茶灶。待学。东陵侯把利名抛。(第六曲)

---

① 两首散曲见(明)王守仁撰,吴光、钱明、董平、姚延福编校:《王阳明全集》卷四十七,第五册,第1918—1921页。
② (明)王守仁撰,吴光、钱明、董平、姚延福编校:《王阳明全集》卷四十七,第五册,第1921页。谢伯阳所辑录两散曲见氏著《全明散曲》第一册,济南:齐鲁书社1994年版,第1101—1104页。

［浆水令］赏春时花藤小轿，纳凉时红莲短棹。稻登场鸡豚蟹螯，雪霜寒纯棉布袍，四时佳境恣欢笑。也强如羽扇番营，玉佩趋朝。溪堪钓，山可樵。人间自有蓬莱岛。何须用，何须用楼船䌽轿。山林下，山林下尽可逍遥。（第十曲）①

第一曲中，"风掀浪又高，覆澈翻舟，是非颠倒"，最接近的表述，是《年谱》载正德十六年之事："自经宸濠、忠、泰之变，益信良知真足以忘患难，出生死，所谓考三王，建天地，质鬼神，俟后圣，无弗同者。乃遗书守益曰：'近来信得致良知三字，真圣门正法眼藏。往年尚疑未尽，今自多事以来，只此良知无不具足。譬之操舟得舵，平澜浅濑，无不如意，虽遇颠风逆浪，舵柄在手，可免没溺之患矣'。"②查《全集》中收录阳明致邹守益书信，正德十六年信中未见此语，而本年在给杨仕鸣的信中有"区区所论致知二字，乃是孔门正法眼藏"③。嘉靖四年乙酉给邹守益信中，才有"以是益信得此二字真吾圣门正法眼藏"④，至于钱录后句"譬之操舟得舵"下，并未见于乙酉信中，而实见于嘉靖五年丙戌与邹守益信中："所幸良知在我，操得其要，譬犹舟之得舵，虽惊风巨浪颠沛不无，尚犹得免于倾覆者也。"⑤可知此曲段首"风浪"语，于正德十六年书信中无，然《年谱》归为十六年，则此曲之"风浪"语或可为《年谱》系年之证，即发生在正德十六年附近。又第一曲中"是非"之语，当在正德十五年附近。正德十五年，阳明在虔，在《传习录》下卷中，陈九川录阳明始讲致良知，即以是非论良知，"尔那一点良知，正是尔自家底

---

① （明）王守仁撰，吴光、钱明、董平、姚延福编校：《王阳明全集》卷四十七，第五册，第1918—1920页。
② （明）钱德洪等撰，吴光、钱明、董平、姚延福编校：《年谱二》，见《王阳明全集》卷三十三，第四册，第1287页。
③ （明）王守仁撰，吴光、钱明、董平、姚延福编校：《与杨仕鸣》，见《王阳明全集》卷五，第一册，第198页。
④ （明）王守仁撰，吴光、钱明、董平、姚延福编校：《与邹谦之》二（乙酉），见《王阳明全集》卷五，第一册，第192页。
⑤ （明）王守仁撰，吴光、钱明、董平、姚延福编校：《寄邹谦之》书四，见《王阳明全集》卷六，第一册，第219页。

准则。尔意念着处,他是便知是,非便知非,更瞒他一些不得。"①

第一曲末句"不如早泛江东棹",查阳明江西诗,《舟过铜陵野云县东小山有铁船因往观之果见其仿佛因题石上》(以下简称《舟过铜陵》诗),有"由来风波平地恶,纵有铁船还未牢。秦鞭驱之未能动,羿力何所施其篙。我欲乘之访蓬岛,雷师鼓舵虹为缆"。② 与本曲意境较合。铜陵地处江西往南京的水路上,在安庆与芜湖之间。是诗即在正德十五年,将至芜湖路上、过铜陵时所作。按《年谱》,正德十五年正月,阳明受诏从江西赴南京觐见明武宗,一路乘舟,中途被命令滞留在芜湖。此番召见,是武宗受张忠、许泰的怂恿,向王阳明施加压力③。

又如,第三曲中,"平生地生出祸苗",阳明正德十五年江西诗《登小孤书壁》有"世情平地犹多艰"④语。正德十五年正月至二月间,觐见武宗回江西路上⑤,从芜湖到九江之间,即是小孤山。第六曲"载西施、范蠡逃",江西诗《丰城阻风》,有"海上陶朱意颇同"⑥,此为正德十五年六月,由南昌去赣州⑦,再次路过丰城县。第十曲中,"人间自有蓬莱岛",阳明《忘归岩题壁》诗中有"但得此身闲,尘寰亦蓬岛"⑧,此诗后附有阳明云"正德庚辰八月八日,访邹、陈诸子于玉岩题壁。阳明山人王守仁书"。⑨ 可见是正德十五年八月八日作。从上述诗文之对应可见,《归隐》所涉及的诗人吟咏风物,主要出现在正德十五年正月至八月期间。

---

① (明)王守仁撰,吴光、钱明、董平、姚延福编校:《王阳明全集》卷三,第一册,第102页。
② (明)王守仁撰,吴光、钱明、董平、姚延福编校:《王阳明全集》卷二十,第三册,第800页。
③ (明)王守仁撰,吴光、钱明、董平、姚延福编校:《王阳明全集》卷三十三,第四册,第1277页。
④ (明)王守仁撰,吴光、钱明、董平、姚延福编校:《王阳明全集》卷二十,第三册,第796页。
⑤ (明)钱德洪等撰,吴光、钱明、董平、姚延福编校:《年谱二》,见《王阳明全集》卷三十三,第四册,第1277—1278页。
⑥ (明)王守仁撰,吴光、钱明、董平、姚延福编校:《王阳明全集》卷二十,第三册,第804页。
⑦ (明)钱德洪等撰,吴光、钱明、董平、姚延福编校:《年谱二》,见《王阳明全集》卷三十三,第四册,第1280页。
⑧ (明)王守仁撰,吴光、钱明、董平、姚延福编校:《王阳明全集》卷四十三,第五册,第1773页。
⑨ (明)王守仁撰,吴光、钱明、董平、姚延福编校:《王阳明全集》卷四十三,第五册,第1773页。

三、"是非"问题根源

第二曲中,"乱纷纷鸦鸣鹊噪,恶狠狠豺狼当道。冗费竭民膏",阳明于正德十四年七月三十日上《擒获宸濠捷音疏》,云"窃照宁王蒸淫奸暴,腥秽彰闻,贼杀善类,剥害细民,数其罪恶,世所未有。不轨之谋,已踰一纪;积威所劫,远被四方。士夫虽在千里之外,皆蔽目摇手,莫敢论其是非"。①"怎忍见忍离散,举疾首蹙额相告",阳明于正德十四年六月十九日上《飞报宁王谋反疏》,云"臣奉前旨,欲遂径往福建。但天下之事莫急于君父之难,……如此,则胜负之算未有所归,此诚天下安危之大机。虑念及此,痛心寒骨,义不忍舍之而去"。② 与《舟过铜陵》诗仅采用咏物借喻手法不同,本曲更为显明直接地点出"宦海"的凶险,并点明了,"是非"问题正凸显于此恶劣的政治环境中。故第二曲当属追叙,以交代政治事件原委。而曲末"簪笏满朝,干戈载道""等闲把山河动摇"等语,实指两奏疏中言"天下安危之大机",以及"士夫虽在千里之外,皆蔽目摇手,莫敢论其是非"。"是非"问题不仅仅是阳明遭遇政治打击的感受,"是非"直接根源于宸濠之乱所暴露的政治弊端。士大夫为什么不敢论其是非,《年谱》中,王门弟子记录了宸濠被擒后的话,能够说明当时"是非"的问题有多么尖锐。

> 濠就擒,乘马入,望见远近街衢行伍整肃,笑曰:"此我家事,何劳费心如此!"③

朱宸濠"此我家事"语,对明朝君臣而言,并不陌生,当年明成祖朱棣以

---

① (明)王守仁撰,吴光、钱明、董平、姚延福编校:《擒获宸濠捷音疏》,见《王阳明全集》卷十二,第二册,第428页。
② (明)王守仁撰,吴光、钱明、董平、姚延福编校:《飞报宁王谋反疏》,见《王阳明全集》卷十二,第二册,第415页。
③ (明)钱德洪等撰,吴光、钱明、董平、姚延福编校:《年谱二》,见《王阳明全集》卷三十三,第四册,第1274页。

"清君侧"名义,登极为皇帝,面对方孝孺的质问,朱棣的回答也是"此朕家事"①。宸濠作为宗室图谋皇位,并非特例,正德五年,宗室安化王朱寘鐇亦以诛刘瑾清君侧的名义起事。与安化王利用刘瑾为首的宦官集团与文官集团的矛盾不同,宁王朱宸濠为了达到目的,长期贿赂武宗宠爱的宦官和近臣,培植自己在朝中的根基;同时控制其封地的江西官员、镇守太监。正德十四年五月间,距宸濠起兵不足两月,竟有江西巡抚孙燧、巡按林潮、镇守太监毕真等上奏宸濠孝行宜旌。② 按照谈迁的论述,这是江西地方官想要拖住宸濠谋反步伐的无奈的缓兵之计。③

> 谈迁曰:宸濠孝行,请下史馆,在正德二年十月辛巳。则虚誉夙隆,越今一纪矣。而抚按犹沾沾焉因其伪而饰之,冀彼盖匿或不遂为逆,即为逆亦可稍缓其发、徐为之图,亦抚按之曲计也。林潮在江西,抗法自严,濠数侵之,坚不为动。御史范辂被逮,累以礼与争。设孙忠烈或迁代,且与林潮通论罢矣。世或以成败律人如此。逆莽逆濠,俱以孝盗名,今昔一辙。使无末覆,数与曾闵竞节矣。④

表彰宸濠孝行,十二年前本已下史馆。此次旧事重提,而且是地方官集体上书,如此兴师动众,显然会引起武宗的关注。这封奏疏被吏部尚书毛澄为首的文官弹劾,也触怒了武宗。⑤ 从此时开始,武宗对宸濠谋反的积疑不断得到验证,也促使朝廷作出应对措施。夏燮的《明通鉴》则补充了奏疏事件前后的因缘。

---

① 《明史·列传第二十九》:"成祖降榻劳曰:'先生毋自苦,予欲法周公辅成王耳。'孝孺曰:'成王安在?'成祖曰:'彼自焚死。'孝孺曰:'何不立成王之子?'成祖曰:'国赖长君。'孝孺曰:'何不立成王之弟?'成祖曰:'此朕家事。'"(清)张廷玉等撰:《明史》卷一四一,第十三册,北京:中华书局1974年版,第4019页。
② (明)谈迁著,张宗祥校点:《国榷》卷五十一,第四册,第3174页。
③ (明)谈迁著,张宗祥校点:《国榷》卷五十一,第四册,第3175页。
④ 前揭。
⑤ (明)谈迁著,张宗祥校点:《国榷》卷五十一,第四册,第3174页。

> 濠将谋逆，巡抚孙燧与副使许逵修城练兵以备之。比将反，燧七上书，皆为所邀阻，不得达。宸濠赂中官钱宁，取中旨召其子司香太庙，又胁镇、巡官及诸生父老奏其孝且勤，上固疑之。会南昌人熊浃尽发其状，授御史萧淮上之，廷和请如宣宗谕赵王故事，乃是有遣。①

江西巡抚孙燧曾经七次上书，希望朝廷打压宸濠谋反的势头，但都被中途扣住。而曾经谄事宸濠的前任江西巡按曹俶，在本年三月受到弹劾，却因为与大学士杨一清交好，安然无恙。② 尽管有南昌人熊浃揭发，但大学士杨廷和却主张宣谕告诫宸濠，结果使臣尚在路上，宸濠就已经在江西起兵了。而东厂太监张锐、朱宁素有嫌隙，张锐听从南昌人谢仪的建议，因宸濠有不轨状故拒收其贿赂，并打算以协同谋反的罪名来揭发朱宁，所以萧淮的奏疏能够顺利上达。这份奏疏到了内阁，杨廷和建议宣谕宸濠，武宗同意了，廷臣在左顺门商议，也同意廷和的主张。③ 由于明廷内外廷相互牵制，兼以宸濠深结内臣，虽然江西地方官员和士绅通过各种途径希望朝廷制止宸濠，最终的结果却是使臣劝诫了事。如果不是王阳明及时平叛，已经控制了江西的宸濠，短时间内就要占领南京。直到阳明平叛结束，朝廷还来不及派出援军。宸濠与朝廷之间的博弈，都是因为王阳明的及时介入，而使胜负天平倾向了朝廷。

宸濠素来善于博取美名，谈迁的论断"逆莽逆濠，俱以孝盗名，今昔一辙。使无末覆，数与曾闵竞节矣"，揭露了明代政治生态中成王败寇与欺世盗名的逻辑。王阳明因此发出"是非颠倒"的慨叹。宸濠在正德二年、正德十四年两度指使地方士绅为其上奏求彰孝名，皆试图以道德美誉而左右政治形势。在《年谱》中，王门弟子明确地把朝廷对宸濠的态度变化归结于宦官钱宁、江彬、张忠之间的权力斗争。正德二年表彰宸濠，是在钱宁操作之下的结果。而正德十四年，兵部尚书王琼打击宸濠势力引起其惶恐，故宸濠

---

① （清）夏燮撰，王日根、李一平、李珽、李秉乾等校点：《明通鉴》目录卷十五，北京：中华书局1959年版，第496页。
② （明）谈迁著，张宗祥校点：《国榷》卷五十一，第四册，第3168页。
③ （明）谈迁著，张宗祥校点：《国榷》卷五十一，第四册，第3175页。

要挟地方官再上奏疏表彰。在宦官集团内部,江彬、张忠欲以结交宸濠谋反的罪名来扳倒钱宁,所以也借萧淮奏疏来发难。萧淮奏疏即本于熊浃,而熊浃素与宁王有仇,此时为杨廷和内应。杨廷和本欲借萧淮奏疏,以宣谕宁王的名义,撤销宸濠的卫队、剪灭羽翼。正德五年安化王叛乱,杨廷和平叛成功,还诛灭了刘瑾。此次宸濠谋反,而幕后还有宦官集团江彬、钱宁之争,形势比正德五年复杂,杨廷和不得不谨慎行事,也在情理之中。宣谕宁王的旨意,杨廷和本不想公开,但被兵部尚书王琼发现。后者参与其中,推动旨意公开,并补充建议说,接受给事中孙懋、易讚的奏议,以长江练兵为名,宣谕的同时进行军事部署。但宁王侦知宣谕旨意将下达后,认为朝廷以此名义来擒他,于是遂反。① 王琼主兵部,用兵须有名目,是行政惯例,而王阳明第一时间救难时,也正是王琼为阳明出师正名。

> 是时巡抚南畿都御史李克嗣飞章告变,琼请会议左顺门。众观望,犹不敢斥言濠反。琼独曰:"竖子素行不义,今仓促举乱,殆不足虑。都御史王守仁据上游蹴之,成擒必矣。"乃从直房顷刻覆十三疏,首请下诏削濠属籍,正贼名。②

设若朝廷在宸濠起兵的性质上没有统一认识,则王阳明师出无名。而阳明也深谙其中利害,出师之际,只能以顺道省亲的名义奏请牵制贼军。"先生起兵,未奉成命。上便道省葬疏,意示遭变暂留,姑为牵制攻讨,俟命师之至,即从初心。"③即便他如此谨慎,朝中还有王琼等人的支持,但仍因得罪了张彬等中官,被以密交宸濠的罪名诬陷。王阳明的职务不在江西,他手握兵权,却从赴福州任上中途折回江西,这就给造谣者以编织附会的材料。后者指出阳明两端观望,本来是应宸濠密邀出兵反叛的,后来却掉转头

---

① (明)钱德洪等撰,吴光、钱明、董平、姚延福编校:《年谱二》,见《王阳明全集》卷三十三,第四册,第1267页。
② (明)钱德洪等撰,吴光、钱明、董平、姚延福编校:《年谱二》,见《王阳明全集》卷三十三,第四册,第1270页。
③ (明)钱德洪等撰,吴光、钱明、董平、姚延福编校:《年谱二》,见《王阳明全集》卷三十三,第四册,第1270—1271页。

剿灭宸濠,企图抢夺平叛首功。这种莫须有的罪名却有实际的发挥空间,导致王阳明从此深陷困局。王门弟子不遗余力地在《年谱》中书写平濠始末,揭发中官阴谋,列举阳明孤忠被陷的证据,都是为乃师辩护。

四、《纪梦》:"良知即是非"的内在权威

平濠事件,从儒家伦理的角度,是天子讨贰臣,忠臣义士群起攻之。但在正德年间,这等名分却很微妙。从杨廷和宣谕的怀柔策略,乃至宸濠起兵消息传至朝廷、众臣尚观望不敢言反,所顾虑者,皇室与宸濠之间固然有亲亲相隐的伦常之义,而钱宁等权宦本与宸濠暗中交通多年,则宸濠事情属官场忌讳。钱宁政敌江彬、张忠等,本与江西战事无关,但为了夺取平濠首功,频频给阳明施加压力,诬陷其为宸濠同党、亦有反心,迫使阳明不得不重新上捷报疏,功劳簿里加上了江彬等人的名字。本来是非分明之事,结果却留下疑团,成为阳明政治生涯和道德声誉上的污点。阳明蒙受此不白之冤,其中曲折却不能为外人道。门人在《年谱》中直书原委,而阳明本人对权宦的谴责,则假借鬼魂托梦的诗《纪梦》来讽喻。正德十五年七月已经擒住宸濠,而武宗在江彬、张忠及安边伯许泰的怂恿下,要御驾亲征。正德十五年八月,王阳明上疏谏止亲征,武宗不听,忠、泰等要阳明重新将宸濠放归鄱阳湖上,等武宗率众来捉,然后论功行赏。王阳明只得求助宦官张永斡旋,九月,献俘钱塘,将宸濠交由张永带走。①《纪梦》即作于正德十五年八月二十八日。八月间,阳明经历了武宗种种不可思议之荒唐,近臣迷惑君主,为邀功可以将重大军事行动当做政治作秀。宸濠伪装孝行,武宗与亲信装作平定天下的圣君贤臣,道德美誉、功名富贵,都无非是可以不择手段而获得。道德是非标准的澄清,不仅仅是儒家道德学问的事情,更是士大夫在黑暗政治环境中立身处世的原则诉求。阳明以《纪梦》托其志,既是义愤苦闷的宣泄,也是荒唐政治事件中亲历者对"是非"真相的实时揭露。

---

① (明)钱德洪等撰,吴光、钱明、董平、姚延福编校:《年谱二》,见《王阳明全集》卷三十三,第四册,第1276页。

纪梦　并序

　　正德庚辰八月廿八夕,卧小阁,忽梦晋忠臣郭景纯氏以诗示予,且极言王导之奸,谓世之人徒知王敦之逆,而不知王导实阴主之。其言甚长,不能尽录。觉而书其所示诗于壁,复为诗以纪其略。嗟乎!今距景纯若干年矣,非有实恶深冤郁结而未暴,宁有数千载之下尚怀愤不平若是者耶!①

　　……当年王敦觊神器,导实阴主相缘夤。不然三问三不答,胡忍使敦杀伯仁?寄书欲拔太真舌,不相为谋敢尔去!敦病已笃事已去,临哭嫁祸复卖敦。事成同享帝王贵,事败乃为顾命臣。几微隐约亦可见,世史掩覆多失真。袖出长篇再三读,觉来字字能书绅。开窗试抽《晋史》阅,中间事迹颇有因。因思景纯有道者,世移事往千余春;若非精诚果有激,岂得到今尤愤嗔!……是非颠倒古多有,吁嗟景纯终见伸!御风骑气游八垠。彼敦之徒草木粪土臭腐同沉沦!②

　　……王导真奸雄,千载人未议。偶感君子谈中及,重与写真记。固知仓促不成文,自今当与频谑戏。倘其为我一表扬,万世万世万万世。右晋忠臣郭景纯自述诗,盖予梦中所得者,因表而出之。③

阳明的出生,据说是由于祖母梦见仙人。阳明的龙场之悟,也是以梦的形式出现,梦中孟子向他托付儒家真传。阳明十五岁在马伏波庙,梦见伏波将军赠剑。以梦境与先贤通灵的方式,阳明标记其重大顿悟。④ 在儒家传统中,如孔子梦周公之类,都赋予了圣贤之梦以权威性的含义。尤其在道之不行的政治环境中,圣贤之梦更是标榜某种价值观权威性的依托。既然是

---

① （明）王守仁撰,吴光、钱明、董平、姚延福编校:《纪梦》,见《王阳明全集》卷二十,第三册,第814页。
② 前揭。
③ （明）王守仁撰,吴光、钱明、董平、姚延福编校:《纪梦》,见《王阳明全集》卷二十,第三册,第815页。
④ 陈立胜:《王阳明龙场悟道新诠》,《中山大学学报(社会科学版)》2014年第4期。

梦,其内容就往往是虚构,如阳明《纪梦》中揭发王导,证诸史书并不一定符合,①但此诗却是致良知之悟的成果。借用晋朝忠臣之冤、奸臣之险来标记"是非"——"是非颠倒古多有,吁嗟景纯终见伸","倘其为我一表扬,万世万世万万世"。阳明不惜重言"万世"之语来强调梦中拨乱反正,扭转了被颠倒千年的是非,也是暗喻他已经找到了是非标准。而这一是非标准的获得其实不靠考证史实,而是靠良知——"若非精诚果有激,岂得到今尤愤嗔"。按照致良知学说,良知对意念起着监督、评判的作用。平濠事件中暴露出的是非颠倒,通过梦的意念形式,被良知审判,也假借圣贤的身份凸显了良知即是非的权威性、合法性。

《纪梦》勾勒的形象是鬼神,鬼神亦是致良知之正统地位的标志。正德十六年,阳明给杨仕鸣的信中,谓"区区所论致知二字,乃是孔门正法眼藏,于此见得真的,直是建诸天地而不悖,质诸鬼神而无疑,考诸三王而不谬,百世以俟圣人而不惑!"②"质诸鬼神而无疑"数语,典出《中庸》。嘉靖三年,阳明又与黄省曾论及此语,即是在《中庸》学脉内,诠释致良知何以质诸鬼神而无疑:

> 来书云:"以良知之教涵泳之,觉其彻动彻静,彻昼彻夜,彻古彻今,彻生彻死,无非此物。……真乾坤之灵体,吾人之妙用也。窃又以为《中庸》诚者之明,即此良知为明;诚之者之戒慎恐惧,即此良知之戒慎恐惧。当与恻隐羞恶一般,俱是良知条件。知戒慎恐惧,知恻隐,知羞恶,通是良知,亦即是明"云云。此节论得已甚分晓。知此,则知致知之外无余功矣。知此,则知所谓建诸天地而不悖,质诸鬼神而无疑,百世以俟圣人而不惑者,非虚语矣。③

---

① 任文利:《解读正德庚辰王阳明之梦——兼论开悟"致良知"宗旨的政治苦境》,《中国儒学》第六辑,2011年5月。
② (明)王守仁撰,吴光、钱明、董平、姚延福编校:《与杨仕鸣》,见《王阳明全集》卷五,第一册,第198页。
③ (明)王守仁撰,吴光、钱明、董平、姚延福编校:《与黄勉之》,见《王阳明全集》卷五,第一册,第206—207页。

黄省曾提出，良知既是贯彻动静、昼夜、古今、生死的本体，又是吾人心体作用。《中庸》所谓诚明，是良知之用与体。戒慎恐惧与恻隐羞恶，都是良知本体发用。阳明赞同黄氏的解释，并指出，致良知即体即用，因此可以具备"建诸天地而不悖，质诸鬼神而无疑，百世以俟圣人而不惑"的权威性。阳明也提出过，良知作为本体，鬼神是其发用流行的"造化"的结果："（钱德洪录）先生曰：'良知是造化的精灵，这些精灵，生天生地，成鬼成帝，皆从此出，真是与物无对。'"①

鬼神是良知的作用，是良知权威性的结果，因此，阳明高足黄绾也用鬼神来验证是否致良知。

> 凡事云有鬼神知之，此意最好。鬼神之为德，无幽不明，无微不察，人心才动，鬼神即知，人则可欺，鬼神则不可欺。知其至明至察而不可欺，此皆为学自修之助也。故子路请祷，夫子不曰不可祷，不曰不必祷，但曰"某之祷久矣"，则知夫子平日所为，无有不可白之鬼神。故《易》曰："鬼神合其吉凶"，《中庸》曰："质诸鬼神而无疑"。予尝验之平生，凡有举心动念，鬼神皆临之，不待言语事为之著，而鬼神已知之矣。鬼神之为德，可畏如此，人可不知而欺之哉！②

典籍所载，乃天地万物之理，及圣贤君子言行，恶可不讲求？但要知古人远取诸物，则必近取诸身，理义人心所同，彼特先得我心之同然者。必于吾心独知之地实致其力，必求仁，必求道，必求德，不使一毫不尽，则此心之理，建诸天地，考诸三王，征诸庶民，质诸鬼神，百世以俟圣人，以验其悖与不悖、谬与不谬、疑与不疑、惑与不惑、可徵与不可徵，而益致其克己之功。必如孔子所谓："予欲无言，天何言哉？四时行焉，百物生焉。"颜子所谓："舜何人也？予何人也？有为者亦若是。"孟子所谓："舜为法于天下，可传于后世，我由未免为乡人，求其如舜而已矣。"如此自励，益坚其志，益精其心，读书有何害哉？但缘后世儒者，

---

① （明）王守仁撰，吴光、钱明、董平、姚延福编校：《传习录下》，见《王阳明全集》卷三，第一册，第115页。
② （明）黄绾：《明道编》，北京：中华书局1959年版（下同），第35页。

不知求之吾心,专于纸墨之间,求其陈迹,拘拘而依仿之,致失天理之当然,所以为读书之害也。①

鬼神之所以能验证是否致知,就在于鬼神洞察幽冥、不可欺。将良知之知,联系为《中庸》鬼神之知,是用鬼神无所不知来说明良知无所不在。黄绾诠释发挥的重点落在"质诸鬼神而无疑"之"无疑","无疑""不可欺"就是良知具体的监督作用体现。并且,要做到无疑不欺,必须在心独知之地用功(克己),这样才把握住了正确的工夫。鬼神的无所不在、无所不知,幽冥之中却有一股力量在监督个体。而人主动敬畏鬼神之德,自觉监督和验证自己的行为是否悖谬、或尚有可欺之疑惑处,这就是致得了心之理。人能致知,则面对鬼神时,自然能无疑了。

五、"使天下之人皆知自致其良知"

以克己无欺来发挥如何与鬼神对质而无疑,则将鬼神之德转化为了人之德,这种道德工夫修养,阳明称之为自信。黄绾的发挥,很有可能就是从阳明"自信"之说而来。阳明也将"自信"作为良知即是非的表达,自信作为良知是非的标准,这尤其是经历了许张之难,才辛苦得来。除钱德洪的记录外,嘉靖五年,阳明有封《答友人书》,亲自回顾了当年许张之难时只求自信。

> 君子之学,务求在己而已。毁誉荣辱之来,非独不以动其心,且资之以为切磋砥砺之地。故君子无入而不自得,正以其无入而非学也。若夫闻誉而喜,闻毁而戚,则将惶惶于外,惟日之不足矣,其何以为君子!
> 往年驾在留都,左右交谮某于武庙。当时祸且不测,僚属咸畏惧,谓群疑若此,宜图所以自解者。某曰:"君子不求天下之信己也,自信

---

① (明)黄绾:《明道编》,第55页。

而已。吾方求以自信之不暇,而暇求人之信己乎?"①

阳明在孔子无入而不自得的为己之学脉络中诠释自信,并将这种"无入而不自得"归因于万物一体之仁的不容已。此见于《答聂文蔚》之第一书——

> 昔者孔子之在当时,有议其为谄者,有讥其为佞者,有毁其未贤,诋其为不知礼,而侮之以为东家丘者,有嫉而沮之者,有恶而欲杀之者;晨门荷蒉之徒,皆当时之贤士,且曰:"是知其不可而为之者欤?""鄙哉!硁硁乎!莫己知也,斯已而已矣。"虽子路在升堂之列,尚不能无疑于其所见,不悦于其所欲往,而且以之为迂,则当时之不信夫子者,岂特十之二三而已乎?然而夫子汲汲遑遑,若求亡子于道路,而不暇于煖席者,宁以蕲人之知我信我而已哉?盖其天地万物一体之仁,疾痛迫切,虽欲已之而自有所不容已。故其言曰:"吾非斯人之徒与而谁与!""欲洁其身而乱大伦。""果哉,末之难矣!"呜呼! 此非诚以天地万物为一体者,孰能以知夫子之心乎?若其"遁世无闷","乐天知命"者,则固"无入而不自得","道并行而不相悖"也。②

孔子遭遇诽谤之盛、乃至汲汲遑遑亡于道路,当时贤士且不能理解。在阳明的描述中,圣人遭遇之诽谤不可不谓至极了,但与此同时,圣人却不以天下之信己与否为急务,真正究心的,是万物一体之仁不容自已。横亘在圣人胸臆间的,是"疾痛迫切"。这种疾痛迫切,正是恻隐之心,这也正是阳明在《答顾东桥书》之"拔本塞源论"中所呼吁的。

> 圣人之学日远日晦,而功利之习愈趋愈下。其间虽尝瞽惑于佛、

---

① (明)王守仁撰,吴光、钱明、董平、姚延福编校:《答友人》,见《王阳明全集》卷六,第一册,第221页。
② (明)王守仁撰,吴光、钱明、董平、姚延福编校:《答聂文蔚》,见《王阳明全集》卷二,第一册,第88页。

老,而佛、老之说卒亦未能有以胜其功利之心;虽又尝折衷于群儒,而群儒之论终亦未能有以破其功利之见。盖至于今,功利之毒沦浃于人之心髓而习以成性也几千年矣。相矜以知,相轧以势,相争以利,相高以技能,相取以声誉。……呜呼!士生斯世,而尚何以求圣人之学乎!尚何以论圣人之学乎!士生斯世而欲以为学者,不亦劳苦而繁难乎?不亦拘滞而险艰乎?呜呼,可悲也已!所幸天理之在人心,终有所不可泯,而良知之明,万古一日,则其闻吾"拔本塞源"之论,必有恻然而悲,戚然而痛,愤然而起,沛然若决江河而有所不可御者矣!非夫豪杰之士,无所待而兴起者,吾谁与望乎?①

拔本塞源论的基调是沉痛而客观的。阳明回顾了在当世功利习气影响下,出现的种种现象——相轧以势,相争以利,相高以技能,相取以声誉,这是对其遭受的许张之难、攻讦陷害的原因解答。作出这样解答的阳明,是站在人类道德宏观视野上,来看待整体性的命运,他已经跳出了小我的局限。而拯救的方式,是致自己的良知,是回到"恻然而悲,戚然而痛,忿然而起,沛然若决江河而有所不可御者"的不容已的良知情感。这既是为己之学的自我拯救,更是一体之仁的对他人的拯救。在《答聂文蔚》第一书末尾,阳明殷切地指出了士人的这一重任。

> 仆之不肖,何敢以夫子之道为己任?顾其心亦已稍知疾痛之在身,是以彷徨四顾,将求其有助于我者,相与讲去其病耳。今诚得豪杰同志之士扶持匡翼,共明良知之学于天下,使天下之人皆知自致其良知,以相安相养,去其自私自利之蔽,一洗谗妒胜忿之习,以济于大同,则仆之狂病,固将脱然以愈,而终免于丧心之患矣。岂不快哉!②

---

① (明)王守仁撰,吴光、钱明、董平、姚延福编校:《答顾东桥书》,见《王阳明全集》卷二,第一册,第61—62页。
② (明)王守仁撰,吴光、钱明、董平、姚延福编校:《答聂文蔚》,见《王阳明全集》卷二,第一册,第88页。

孔子以来的士以天下为己任,在阳明看来,正是使天下人皆自致其良知。而到了这一天,人们才能相互安养,自私自利没有了心灵土壤,攻评陷害的习气也终于消逝。这是千百年来士人的共同理想,即所谓共济大同。"岂不快哉"一语,正是阳明在一体之仁的觉知中,良知作用而无习气牵绊的快乐,是对天下人得到拯救的光明前景的快乐展望!万物一体之仁与乐,是《归隐》末梢的真实情感写照,是与《纪梦》的义愤沉重情感所不同的一抹亮色。

正德十五年的《纪梦》诗,是良知之无所不照察的鬼神之德的体现,而阳明的梦、他的良知使他获得了自信的力量。他对于外在的毁誉并不是全无关心,而是将自己放在鬼神面前,放在审判台前,以攻评为师,审查自己是否彻彻底底清白无辜。王畿回忆道,阳明在留都时,看到诽谤文字还会心动,后来方证悟过去:"先师在留都时,曾有人传谤书,见之不觉心动,移时始化,因谓:终是名根消煞未尽,譬之浊水澄清,终有浊在。"①文献没有留下资料来证明阳明心动的内容具体是什么,但可以肯定的是,在此之后,他达到了不疑的自信,则此时的心动,与良知的审判相关。《纪梦》诗不是哲学文字,而是坦诚地抒发了愤懑的心境。《归隐》之第一、二曲的"是非"基调,即可以从同时期所撰《纪梦》诗之鬼神之威权,窥见其背后的坚定立场与满腔义愤。这种心境正指向鬼神之德,也转化为了阳明最终获得的"万世"不疑的自信感。

阳明甚至创作散曲来抒发心意,可以令人感受到,一代心学宗师留下的真实的心路历程。这也说明,致良知从百死千难中来,并非虚言,不动心的证成背后,是一颗意识流动的心在现实中饱受熬煎、于事上砥砺的情感救赎。经历是特殊的,在探索阳明心路的时候,无法复制每个情感升华为致良知之悟的瞬间,但可以追踪其情感与工夫受用处及其哲学论说的联系。

---

① (明)王畿:《滁阳会语》,见《龙溪王先生全集》卷二,第276—277页。

第 四 章
刘宗周"一统于万"说与"公"的政治哲学

无论是从学术还是政治身份来看,刘宗周的身上都充满了复杂性。就学派特点而言,研究者们指出,宗周思想交织着朱学、王学,并表现出独特的气学意蕴。① 就政治身份而论,或认为宗周主要是理学士大夫,或较多研究

---

① 钱穆认为宗周学有由王返朱的趋向。钱穆:《中国学术思想论丛》第七册,北京:生活·读书·新知三联书店2009年版,第268—278页。牟宗三将刘宗周与胡宏并列为朱、王之外的第三系。牟宗三:《从陆象山到刘蕺山》。陈来指出刘宗周思想仍属于王学一系心学。陈来:《宋明理学》,第293页。劳思光认为刘宗周是王学中最后出、最彻底的系统。劳思光:《新编中国哲学史》三卷下,桂林:广西师范大学出版社2005年版,第428页。唐君毅指出刘宗周发展了阳明的心学,并绾合了宋明儒工夫。唐君毅:《中国哲学原论·原教篇》,北京:中国社会科学出版社2006年版,第319—320页。黄敏浩评述了刘宗周对朱子、阳明的批评,即批评朱子工夫论着眼经验心,在阳明之后以性宗立教,并解释了牟宗三指出的宗周"归显于密"的性宗意涵。认为宗周学属于广义王学。黄敏浩:《刘宗周及其慎独哲学》,台北:学生书局2001年版,第221—247、249—251页。关于宗周的气论,林月惠指出,与朱熹的理气二分不同,宗周则为理气为一。此为宗周学术的圆融特点,且宗周亦知区别形而上下。宗周以喜怒哀乐一气流行之感应来解释中和。林月惠:《诠释与工夫:宋明理学的超越蕲向与内在辩证》,第327—336页。李明辉指出,刘宗周的气质之性是气质底性,即气质的所以然之理。林月惠还在《从宋明理学的"性情论"考察刘蕺山对〈中庸〉"喜怒哀乐"的诠释》,详述了刘宗周用气机流行来解说喜怒哀乐,载《中国文哲研究集刊》,2004年9月。李明辉:《刘蕺山论恶之根源》,见《刘蕺山学术思想论集》,台北:"中研院"中国文哲研究所筹备处1998年版,第102—107页。高海波认为,区别宗周思想中的形而上下之气,缺乏文献证据。刘宗周的气论是"一本性"的。盈天地一气自然延伸而为心即气。即从阴阳之气到人心之气,是连续的过程。中气与偏气可以转化。高海波:《刘蕺山哲学思想研究》,北京大学博士研究生学位论文,2008年,第25、13页。陈畅认为,刘宗周晚年思想中,喜怒哀乐是天然的气序,喜怒哀乐的日用之情具备本体论地位。如此,现象就不会沦为第二性存在,功夫可真正贴近日常生活。陈畅:《自然与政教:刘宗周慎独哲学研究》,上海:上海人民出版社2016年版,第126页。

者认为宗周乃是东林士人①,还有的指出宗周是明季重要政论者②。宗周的复杂性,也是明季儒者的共性,但至少可以肯定的是,宗周是一个不同以往的王学后人。宗周的政治主张与东林士人相唱和,被认为颇具近代意味③。

即体即用的工夫旨趣,说明儒学内圣外王的一贯,这是本书理解宗周思

---

① 黄宗羲《明儒学案》中,将刘宗周与东林分列,并未将宗周归之东林,梨洲并且不满意"东林"名目被滥用,他认为,不应当一切党争、清议均归诸东林,严格说来,东林讲学者,不过数人而已。(清)黄宗羲:《明儒学案·东林学案》,见沈善洪、吴光编校:《黄宗羲全集》第八册,第726—727页。钱穆曾指出晚明时期的理学的现实政治关怀。钱穆:《晚明东林学派》,见《近三百年学术史》,北京:商务印书馆1997年版,第7—23页。如果从政治思想史的角度,东林就不仅仅是黄梨洲所说的讲学者几人,而是被称为"东林党"的持有东林政见的士大夫人群,并且,往往也将宗周划入东林士人的队伍。蕺山本人也被当时的这几种记录列为"东林党"。根据小野和子的整理,将《东林党人榜》、《东林点将录》、《东林同志录》、《东林朋党录》、《东林胁从》、《东林籍贯》、《盗柄东林夥》、《夥坏封疆录》中所见的东林人士列出为《东林党关系者一览》,详见[日]小野和子:《明季党社考》,上海:上海古籍出版社2006年版,第380—402页。小野和子指出刘宗周为"东林党领袖",第290—291、329页。此外,参见《东林党籍考》,将刘宗周列为第四十七位党人。李棪:《东林党籍考》,北京:人民出版社1957年版,第20页。政治上,蕺山尤其体现出"尚节义之教"的东林风骨,故唐君毅总结蕺山为"东林之士"。唐君毅:《中国哲学原论·原教篇》,台北:学生书局1989年版,第464页。
② 清代,无论官修《四库全书》,还是私人的历史著述《国榷》,都将蕺山的奏疏中对崇祯帝劝谏的代表性言论,作为对崇祯朝政治弊端根源的可信分析。四库馆臣称赞蕺山的奏疏"皆切中当时利弊"。(清)永瑢等撰《四库全书总目》卷一七二《刘蕺山集》,北京:中华书局1965年版,第1514—1515页。并将其重要篇章单独收入《明臣奏议》,以资清朝统治者借鉴。详见(清)高宗敕选:《明臣奏议》,上海:商务印书馆1935年版。王船山尤其赞赏蕺山的政见贡献,将蕺山评为崇祯朝大臣第一人。(清)王夫之:《搔首问》,《船山全书》第十二册,长沙:岳麓书社1991年版,第628页。
③ 沟口雄三关于中国前近代思想研究中,以刘蕺山为"分治"思想的主要提供者。[日]沟口雄三:《中国前近代思想的演变》,北京:中华书局1997年版,第432—439页。赵园虽然没有以"东林"来概括质疑、甚至反对君主专制的思想阵营,但是却将刘蕺山以及大批东林人士作为该阵营的个案。赵园:《制度·言论·心态——〈明清之际士大夫研究〉续编》,北京:北京大学出版社2006年版,其中,讨论"原君"部分,第267页,讨论"君—臣"部分,第271、273、274、281、284页。张宪博将刘蕺山的"以天下之聪明为大聪明""以天下才任天下事"的主张列为"反对专制独裁,要求民主"的"东林党的政治主张"。张宪博:《东林党、复社与晚明政治》,见万明主编:《晚明社会变迁:问题与研究》,北京:商务印书馆2005年版,第483页。

想的前提。宗周的本体论很特别,研究者往往从慎独说入手,但在理学本体论脉络中,宗周的本体论命题是什么以及与朱子阳明本体论的关系,则尚付阙如。了解这一点,不仅对于理解宗周本体论特色有帮助,更指涉着一条关键的线索。经由宗周本体论,可以将宗周政治思想的主题揭示出来,从而使得过去未被系统研究的宗周政治思想,呈现为有机整体。

接续朱熹理一分殊说、王阳明万物一体说,讨论本体与万物的关系,刘宗周提出了一统于万说。尽管相关的文献文字较少,但意义重大,故本章首节将详细梳理其脉络、诠释其特点。顺着一统于万说,刘宗周提出了"己所不欲勿施于己"的恕道,这也是儒家恕道的独具一格的表达,其关联着宗周"公"的政治哲学。因之,由一万关系的本体论开始,进入恕道,再推及政治哲学,是理解宗周体用学说及其政治思想的内在理路。

责任之具体所指,即蕴含在"公"的政治哲学中,而其本体论基础,则有一统于万说。追溯前贤,二程之责任情感、朱熹之责任位分、王阳明之担责意识,发展到刘宗周这里,出现了融汇主体性与普遍性的理路。责任不仅仅是一情怀,或儒家礼法秩序。士以天下为己任,是"公"的体现。在公的政治哲学中,宗周向世人昭示,经由个人改过的道路,可以通往天下大公的政治理想。

第一节 从"理一分殊""万物一体"到"一统于万"

一、从"理一分殊"到"一统于万"

本体,从宋明理学的道德本体论立场而言,严格来说,并不是孤立的词,而必须是与工夫同在,即本体即工夫是也。如果我们试图从哲学语言上稍作分析,则即本体即工夫,应该是指客观普遍性与实践主体性的合一。以即本体即工夫为宗旨,朱熹、王守仁以来,所提出的道德本体论各有侧重,朱熹的"理一分殊"说较为侧重客观普遍性,阳明子的"万物一体"说较为侧重实践主体性。对这两种本体论模式的相关研究和讨论,是学界熟见的。然而,还有一种道德本体论模式,试图融汇"理一分殊"说的客观普遍性与"万物一体"说的实践主体性,则是目前大家没有十分留意的。这种本体论模式,即是被钱穆先生誉为"宋明理学殿军"人物之晚明大儒刘宗周提出的"一统于万"说:

> 问万物皆备之义。曰:"万物统于我矣,万形统于身矣,万化统于心矣,万心统于一矣。"问:"一何统乎?"曰:"统于万。一统于万,一故无一。万统于一,万故无万。无一之一是谓一本,无万之万是谓万殊,致一者体仁之功,汇万者强恕之说。二乎?一乎?安乎?勉乎?"①

本书认为,由于从义理结构上分析,"一统于万"说融汇了朱子和阳明子的道德本体论,故而我们可以通过比较从"理一分殊""万物一体"到"一统于万"的三个道德本体论,探讨在义理上融汇客观普遍性与实践主体性的论证思路,从而为理解宋明理学的道德本体论,展开更加丰富的视野。

"理一分殊"说有其问题意识背景和针对性,其由程颐提出、朱熹光大,主要针对理的客观性,以及具体事物之理彼此之间的客观独立性。在张子《西铭》的基础上,程颐提出"理一分殊",最初的问题意识是回应杨龟山对于"万物一体"之仁是否有滑向墨子"兼爱"的危险,程子回应道:"《西铭》明理一而分殊,墨氏则二本而无分。"②朱熹发展了程颐的观点,他对于"理一分殊",主要突出了两个方面:一是表征理一,表征万物共同的理本体,具有共同性;二是表征分殊,即万物各自表现出具体的理,具有差别性。万物在秉得天理的层面,没有差别,是所谓的"性理",而在具体事物的本质、规律方面,千差万别,是所谓"分理"。③朱子的理一分殊说所针对的共同性的理的客观性、尤其是具体的事物分理彼此之间的客观独立性,是容易被一般的认知经验的对象化思维所接受的。

---

① (明)刘宗周撰,何俊点校,吴光、钟彩钧审校:《学言中》,《全书》卷十一,见《刘宗周全集》第二册,杭州:浙江古籍出版社2007年版,第430页。
② (宋)程颢、程颐著,王孝鱼点校:《与杨时论西铭书》,《河南程氏文集》卷第九,见《二程集》上册,第609页。
③ 陈来:《朱熹哲学研究》,北京:中国社会科学出版社1987年版(下同),第45页。

由于"理一分殊"说积极区别于"兼爱"、立足于"爱有差等"的儒家性格，这使得"理一分殊"说的客观性，与被认知主体所对象化的各个物联系在了一起。这种客观性之思，是以"外"物为前提的，即确定主观的我之外有确实存在的物。物，独立于、外在于我，有他自己的本质规律。因此，在认知中，我就以物为外在的对象，物本身具有的本质规律则是外在于我的规定性。从主体的对象化思维出发，就可以明白地区分出主观性的我与客观性的万物。

由于万物外在于我的客观性前提，"理一分殊"之"理一"的归纳的共同普遍性，与程颢"万物一体"的一体性是不同的。程颢在"万物一体"说当中，是用一种境界体认的描述性语言来表征主体与万物的一体感应："仁者，以天地万物为一体，莫非己也。认得为己，何所不至？"①"仁者，浑然与物同体。义、礼、智、信皆仁也。识得此理，以诚敬存之而已，不须防检，不须穷索。……此道与物无对，大不足以名之，天地之用皆我之用。"②这种一体性，是没有明确表明其中包含有"主体—对象化的万物"的关系的。

但是，从概念的从属来看，一体性，可以包含于"普遍性"这一更为宽泛的概念当中。而理解"普遍性"这一更为宽泛的概念集合的时候，又有可能落到"一体性"这种表征内在性感应的子集合之外，而落入与之相邻的外在性的、归纳的普遍性的子集合。

另外一方面，从"客观性"的多重意蕴来看，大程子"万物一体"说所具有的客观性，与其说是肯定对象化的外物客观存在的客观性，不如说是在实践中体验到真实存在的"真"。真作为客观性，不一定需要区分出我与对象化的外物，而可以是在信仰共同体当中被道德实践者们体验到的最高境界的存在。

根据以上比较，显然，"万物一体"说与"理一分殊"说将把我们带入不同的义理背景：程颢"万物一体"说凸显的是内在性"真"与一体性，朱熹"理

---

① （宋）程颢、程颐著，王孝鱼点校：《河南程氏遗书》卷第二上，见《二程集》上册，第15页。
② （宋）程颢、程颐著，王孝鱼点校：《河南程氏遗书》卷第二上，见《二程集》上册，第16—17页。

一分殊"说强调的是客观性与共同普遍性。从概念的集合关系来看,客观性与普遍性分别可以包含"真"与一体性,但是,朱熹所表述客观性与共同普遍性的语言是对象化的、外在性的、归纳的,虽然仍然属于客观性与普遍性的概念集合,但是显然与内在性和一体性是根本迥异的。

程颢、朱熹的义理虽然路线不同,但是在逻辑上属于同一个大概念集合:客观性与普遍性。这个大的概念集包含了程颢、朱熹的两个小的子概念集,两个子概念集之间是相互区别的关系,我们可以称之为"殊途而同归",最终大的方向还是客观性与普遍性。

这样一个"殊途而同归"的大方向,正是宗周在考察"万物一体""理一分殊"问题时需要面对的基本的义理共识。在考察万物一体这个传统的义理问题时,他自觉地围绕客观性与普遍性展开。

在客观性与普遍性的语言表述上,他沿用了朱熹使用过的"一""万",以及水月之喻,来解释一统于万。同样的语言形式,使得听众进入了朱熹所表述的客观性、共同普遍性的语境当中:

> 万统于一,其理易见;一统于万,旨奥难明。知万者一所散见,而一者万所同然。月落万川,处处皆圆,正以处处此月,故尔处处皆圆。今以万月之圆,仰印孤悬之月,曾无有二。既无二圆,是无二月。既无二月,万川之月摄归一体。吾举一川之月,摄尽各川之月,以一统万,旨正如此。①

但是,相同的是语言形式,只能说明,宗周带领听众们进入了这种语境、义理的探讨领域,并没有从内容实质上表明他与朱熹的义理路线是完全一致的。这种做法,并不是宗周的首创,朱熹当年也是这样做的,他的"一""万",以及水月之喻,都表达出了与佛家不同的义理,虽然他借用了佛家的表述。

---

① (明)刘宗周撰,何俊点校,吴光、钟彩钧审校:《学言中》,《全书》卷十一,见《刘宗周全集》第二册,第430页。

在义理结构上，宗周与朱熹的确不同，他采取的是"一统于万"说。与朱熹所表述"一"与万物的不即（数量上不同）不离（内容上相同）的关系不同①，宗周采取的是一万相即的结构。在数量上，每一个"一"都包含了所有的万物。"一"与"万"，不仅在内容上相同，而且在数量上也是相同的②。

宗周这种一万相即的义理结构，使得他所表述的客观性、普遍性，成为程颐、朱熹所论之外的第三种样态：

从客观性方面而言，一万相即也确定了具体万物彼此独立的存在，但是，在这种彼此独立的前提下，不是局限于彼此对象化的关系，而是可以迈向彼此内在化的关系。一中包含了万，承认了一物之外的万物相对于此一物的独立性，以及这些万物彼此之间的相对独立性，这样的结构与朱熹的对象化的外物之间的彼此独立性是一致的。但是，宗周与朱熹不同的是，从万物彼此之间的独立性出发，迈向了不仅彼此对象化、而且彼此之间可以包含的内在化格局。

从普遍性方面而言，一万相即由于是万物彼此内在化的关系，因此，普遍性不是由归纳对象化万物而来的共同性，而是表现为彼此内在化的一体性。

相较于程明道的体验之"真"的客观性，以及一体性的普遍性，蕺山更加侧重于从朱熹强调出的万物之彼此独立性基础上作出本体论论证。因此，在一种物我融贯的一体性结构中，宗周加上了物之独立性存在的前提，强化了"爱有差等"的儒家性格。他也承认，一体性的万物，彼此之间具有独立的性质、功能，从而各自的天然身份不同，所谓有君臣父子夫妇朋友之五伦、人之具有此人伦日用之"五性"是也。③

一统于万的独特义理结构，体现了宗周用自己的问题意识来解读蕴含

---

① 此处关于朱子的分析，详见陈来：《朱熹哲学研究》，第44、48页。
② 佛教的华严宗提出一多相摄，宗周的一万相即与之在结构上相似，但是存在内容实质的不同。宗周说过，儒释之间，所争只有一线。二者交互发展出不少同调的心性论，但是"一起脚便不同"，最终宗旨是迥异的。这个问题，将在以后展开。
③ 宗周在《人谱》中指出："放勋曰：'父子有亲，君臣有义，夫妇有别，长幼有序，朋友有信。'此五者，五性之所以著也。"（明）刘宗周撰，何俊点校，吴光、钟彩钧审校：《人谱》，《全书》卷一，见《刘宗周全集》第二册，第3页。

了客观性—普遍性的理学语言,辨证其义理建构的基本元素。现在我们逐渐进入了他的问题意识:承认万物彼此独立存在为前提的客观性,以及万物彼此包含的内在化之一体性。宗周因此在表述客观性、普遍性的理学语言中,选择了"一"、"万"、水月之喻这样的能够在彼此独立的、对象化的殊性基础上开展彼此内在化的义理建构元素。

宗周的"一统于万"说,将普遍性建构为以万物彼此独立存在(或者对象化)存在为前提、万物之间彼此包含的内在化之一体性。那么,"一统于万"这一内在化,具体体现在人身上,是怎样将万物融摄在内的?这就要通过进一步了解他对于阳明子"万物一体"义理的发挥。

二、从"万物一体"到"一统于万"

从"理一分殊"到"一统于万",我们主要了解了宗周是如何在"一统于万"说中体现了本体的客观普遍性的特质。当"一统于万"格局中,"一"是作为主体的人,"万"是作为主体所对象化的万物的时候,那么,"一统于万"说所呈现的本体,除了客观普遍性,还具有实践主体性;并且,一统于万,主体与对象化万物的相融,在结构上,体现为心体与客观普遍的对象化万物的同构,对于本体而言,则表现出客观普遍性与实践主体性融汇于一体。要了解"一统于万"说是如何将普遍客观性的对象化万物同构于实践主体性的心体,就需要了解宗周对于心学宗师阳明子的"万物一体"说的发展,即为了理解宗周的道德本体论,我们接下来需要主要了解他所讨论的心性论方面的心体结构及其落实为实践活动的工夫论方面的特点。

大程子提出的"万物一体",由阳明子发扬光大,宗周的"一统于万"说,主要也借鉴了阳明子"万物一体"的义理。尤其值得注意的是,阳明子"万物一体"说的显著立场是"知行合一",这个立场,被宗周在"一统于万"说中吸收。但是,他又扬弃了阳明子的"知",通过用物来定义知,又提出"心意知物一路"的心性论,将客观普遍性的对象化万物与主体性的心同构。进而,在"好恶一机互见"的工夫论中,将客观普遍性与实践主体性的融汇明确为排除一切不善对象的工夫践履。我们下面先从"知行合一"的立场以及宗周的心性论谈起。

阳明子的心学,致力于人心的主体性,所以对于阳明来说,即本体即工夫必须从"知行合一"的立场来讲。阳明子称:"知不行之不可以为穷理,则知知行之合一并进而不可以分为两节事矣。夫万事万物之理不外於吾心,而必曰穷天下之理,是殆以吾心之良知为未足,而必外求于天下之广以稗补增益之,是犹析心与理而为二也。"(答顾东桥)① 而宗周的弟子黄宗羲尤其强调这一点,他认为,后人往往误读了阳明的"致良知",以为玄妙空无,其实不知道阳明的本意乃在于知行合一,乃在于"理"真正在现实的道德践履中成立:"然'致良知'一语,发自晚年,未及与学者深究其旨,后来门下各以意见掺和,说玄说妙,几同射覆,非复立言之本意。""先生致之于事物,致字即是行字,以救空空穷理。"(《明儒学案·姚江学案》)②

从道德践履之主体体验的角度,"知行合一"强调"知"是主观性的认知,是"主意""头脑";行,则是这种认知在实践行为当中被完成。那么在这样的论说结构当中,知与行,共同构成了主观认知的全幅展开。从人们的意识与行为之间的关系来讲,行为当然是意识的展开,并无间断,意识与行为共同构成了认知流动的整体。

因此,阳明贴近道德认知体验的过程,从知行合一的立场来谈万物一体。在《拔本塞源论》中,阳明生动地用认知、行为之间的一体性来表现万物一体之仁的"志气通达":

> 盖其心学纯明,而有以全其万物一体之仁,故其精神流贯,志气通达,而无有乎人己之分,物我之间。譬之一人之身,目视、耳听、手持、足行,以济一身之用,目不耻其无聪,而耳之所涉,目必营焉;足不耻其无执,而手之所探,足必前焉;盖其元气充周,血脉条畅,是以痒疴呼吸,感触神应,有不言而喻之妙。此圣人之学所以至易至简,易知易从,学易能而才易成者,正以大端惟在复心体之同然,而知识技能非所与论也。(答顾东桥书)③

---

① (明)王守仁撰,吴光、钱明、董平、姚延福编校:《王阳明全集》卷二,第一册,第51页。
② (清)黄宗羲:《明儒学案》,北京:中华书局1985年版,第179页。
③ (明)王守仁撰,吴光、钱明、董平、姚延福编校:《王阳明全集》卷二,第一册,第60页。

知行合一,既是"万物一体之仁"在人的身体意识行为上的表现,也是"万物一体之仁"之所由之、能被体证的本来之学(此圣人之学所以至易至简,易知易从)。而这种立足道德实践之心性根本的"本来之学",适所以区别于追逐知识技能的支离之学。阳明子正是从知行合一的立场出发,用主观性的原则,而非朱子客观性的原则,来论证"万物一体"。

虽然知与行同属于知觉体验的过程,但是,知毕竟不是仅仅指向主观性认知的、单向度的知。从日常经验来讲,知是一种同时指向客体和主体的存在,而将客体对象化、以区分于主体的这种对象化的分别心,则是形成知的必要条件。从常识的角度讲,意识,就是对于对象的意识,无论这个对象,是我自身,还是外物,都要首先被对象化、客观化,才能呈现其面目。这样,认知就不仅仅是主观性的体验,而先验地具有对象化"知识"的结构。事实上,阳明子认为,禅宗之知是空寂之知,而日常生活世界中的"知",与这种空寂不同,是一种著于相的、因而也就承认了事物之间彼此分别的"知":"释氏却要尽绝事物,把心看做幻相,渐入虚寂去了。"(《传习录》卷下)①"佛氏不著相,其实著了相。吾儒著相,其实不著相。"(《传习录》下)②荒木见悟先生有见于此,认为良知说不仅非禅,而且为典型的儒家式思维。③ 阳明子虽然见到了良知必为一分别心,但是,阳明子却反对这一分别心进而导出对象化的知识。对于阳明子而言,知,是一良知,其分别心就在分别道德是非上体现。这一典型的儒家性格,蕺山以之为阳明学区别于禅学的理由(见《圣学宗要》录阳明子《良知答问》,末尾处的蕺山评论)。④ 但是阳明子的良知,显然限定于道德是非的主观性领域,而与客观性、对象化的知识无

---

① (明)王守仁撰,吴光、钱明、董平、姚延福编校:《王阳明全集》卷三,第一册,第117页。
② (明)王守仁撰,吴光、钱明、董平、姚延福编校:《王阳明全集》卷三,第一册,第108页。
③ [日]荒木见悟,廖肇亨译注:《佛教与儒教》,台北:联经事业股份有限公司2008年版,第414—415页。
④ "观先生前后二则,直是按著人病根骨髓处,不由人不推门入臼,而儒佛之辨亦在较然。"(明)刘宗周撰,何俊点校,吴光、钟彩钧审校:《圣学宗要》,《全书》卷五,见《刘宗周全集》第二册,第251—252页。

本质性的关涉。这一点，陈来先生已有详细评论。①

对于客观性、对象化的知而言，它限定着"行"。如果说在主观认知层面，对于行的关系宛如河流的源头与流水般的直贯的结构；而在客观知识层面，其对于行的关系则宛如容器与所盛之水的限定的结构。这种限定，为我们的实践行为的实现划定了可能性的范围：什么是我们能够行为的对象、场所、方式。从知对于行的限定的角度来讲，知行也的确是在实践中合为一体的。

同样是知行合一，人们既可以从主观认知的方面谈知行的一贯流畅，也可以结合知的客观性方面谈知行合一的实践可能性范围。阳明子以实践为标的，他的知行合一这一实践标的吸引了宗周，但是宗周显然有他自己的问题意识，他提出："心以物为体，离物无知。"②他所关注的，就不仅仅是实践的行为，更是实践行为之于对象、场所、方式等客观因素而能够实现，否则，离开这些客观的"物"因素，就谈不上实践行为的"知"。从而，宗周将主观认知—实践行为这对知行关系引入了实际的、对象化的、客观性的领域，从这个立场来强调物对于知的规定性："物则知之所以为知也。"③

按照"物则知之所以为知"的逻辑，综合了认知与行为的所在——心，就不仅仅是阳明子"万物一体"说所呈现的浑一，而更是能够同时成立所有具体的对象、或者说"物"的"一"。这样，心的结构，就是对象化的万物全体先验地成立于一心的结构。由于有了这种结构，一和万，在数量上、内容上都没有分别，也就是我们前面讲的一统于万的一万相即；从心体结构上来说，这是把对象化万物全体与心体同构，这种"一万相即"的心的结构，宗周称之为心之全谱④、心之全量、心之全体⑤：

---

① 陈来：《有无之境——王阳明哲学的精神》，第 41—45、56—61、270—271 页。
② （明）刘宗周撰，何俊点校，吴光、钟彩钧审校：《学言上》，《全书》卷十，见《刘宗周全集》第二册，第 381 页。
③ （明）刘宗周撰，何俊点校，吴光、钟彩钧审校：《学言上》，《全书》卷十，见《刘宗周全集》第二册，第 389 页。
④ （明）刘宗周撰，何俊点校，吴光、钟彩钧审校：《学言上》，《全书》卷十，见《刘宗周全集》第二册，第 389 页。
⑤ （明）刘宗周撰，何俊点校，吴光、钟彩钧审校：《学言上》，《全书》卷十，见《刘宗周全集》第二册，第 389 页。

> 心一也,……又总而言之,则曰心;析而言之,则曰天下、国家、身、心、意、知、物。……凡圣贤言心,皆合八条目而言者也,或止合意知物言。维《大学》列在八目之中,而血脉仍是一贯,正是此心之全谱,又特表之曰"明德"。①

> 合心意知物,乃见此心之全体。更合身与家国天下,乃见此心之全量。今之言心者,举一而废八也。举一而废八,而心学歧,即淮南格物,新建致知,慈湖无意,犹偏旨也。②

全谱,乃是综括地说,总合心、意、知、物、身、家、国、天下。具体到心的结构而言,心活动的结构叫做心意知物,是为心之全体;心存在的结构叫做身家国天下,是为心之全量。从心之全量而言,心就是万物(身与家国天下),无论从数量上,还是内容上,都是一万相即的。

从心之全体而言,宗周又立体地将之解读为"心意知物是一路"③:"心中有意,意中有知,知中有物,物有身与家国天下,是心之无尽藏处。"④"心意知物一路"这样的心性论,是与一统于万的本体论相一致的。从本体论而言,"万物统于我矣,万形统于身矣,万化统于心矣,万心统于一矣。"又由于"一统于万,一故无一",所以,就有了一个特别的体用观:"心无体,以意为体;意无体,以知为体;知无体,以物为体。物无用,以知为用;知无用,以意为用;意无用,以心为用。此之谓体用一原,此之谓显微无间。"⑤"知无体,以物为体",认知的根源,不是阳明子主观的知,而是"以物为体",是关于对象化万物客观的知。"以物为体",心活动的结构,或者知的结构,是客

---

① (明)刘宗周撰,何俊点校,吴光、钟彩钧审校:《学言上》,《全书》卷十,见《刘宗周全集》第二册,第388—389页。
② (明)刘宗周撰,何俊点校,吴光、钟彩钧审校:《学言中》,《全书》卷十一,见《刘宗周全集》第二册,第409页。
③ (明)刘宗周撰,何俊点校,吴光、钟彩钧审校:《学言中》,《全书》卷十一,见《刘宗周全集》第二册,第417页。
④ (明)刘宗周撰,何俊点校,吴光、钟彩钧审校:《学言中》,《全书》卷十一,见《刘宗周全集》第二册,第417页。
⑤ (明)刘宗周撰,何俊点校,吴光、钟彩钧审校:《学言下》,《全书》卷十二,见《刘宗周全集》第二册,第450页。

观的对象化万物全体成立的先验结构。

"心意知物一路"的心性论,其对于心的结构的崭新解读,又突出表现为宗周对于"意"的正名。由于把心的结构解读为对象化万物全体成立的先验结构,过去朱子、阳明及他们的后学所认为的"已发"——与具体的认知对象相关联的"意",就不是经验层的,而是先验层的。在宗周看来,朱子的格物,乃至阳明致知,以及淮南格物、慈湖无意,都将"意"(先验结构)错认为了"念"(认知结果),所以导致"举一而废八",对于心体的认识不全面。他提出一个崭新的命题:"意者心之所存,非所发也。"①正是强调了心意知物一路的先验结构。

另一方面,宗周关于"意"与"念"的区分,还蕴含了"好恶一机互见"的工夫特点,从而说明了道德实践活动中,排除一切不善的对象,即是成立了善的全体。他指出,"意之好恶,与起念之好恶不同。意之好恶,一机而互见;起念之好恶,两在而异情。"②好恶一机而互见的意,就是善的心体,"好善恶恶之意,即是无善无恶之体,此之谓'无极而太极'。"③在道德实践活动中,好恶一机互见的意,是意识结构,而不是对于"善"直接作出描述,这个结构是一个等价结构,即,"善"的逆否命题(恶恶),正等价于善的全体。好善恶恶的心体,一机互见,说明无论是好善,还是恶恶,都是整全性的善,所以才能够好善恶恶相通为一。宗周由衷地赞叹人类所具有的这种先验的意识结构,名之为"无善",以为这才是心体的本质:"无善而至善,心之体也。"④

好恶一机互见的意,或者说心体的先验结构的等价特征,表明,客观的对象化万物全体成立于心的结构,在道德实践活动中,就体现为善的全体等

---

① (明)刘宗周撰,何俊点校,吴光、钟彩钧审校:《学言中》,《全书》卷十一,见《刘宗周全集》第二册,第411页。
② (明)刘宗周撰,何俊点校,吴光、钟彩钧审校:《学言中》,《全书》卷十一,见《刘宗周全集》第二册,第412页。
③ (明)刘宗周撰,何俊点校,吴光、钟彩钧审校:《学言中》,《全书》卷十一,见《刘宗周全集》第二册,第411页。
④ (明)刘宗周撰,何俊点校,吴光、钟彩钧审校:《人谱》,《全书》卷一,见《刘宗周全集》第二册,第3页。

价为排除一切不善的对象,即"一统于万"落实为排除一切不善的对象。这种理解,应当是源于道德实践活动的经验,即,善的整全性与其纯粹性是等价的。具体来讲,客观的对象化万物全体成立于心,显然为整全性,当然也是纯粹性,并且,在道德实践活动经验中,整全性正是通过纯粹性来落实的,即,只有排除一切不善对象的先验结构的纯粹性,才能与至善的整全性等价,从而担当为"无善而至善"的心体。

宗周认为,我们需要精进的,就是不断检查好善与恶恶之间的一机互见,使得恶恶能够等价于善的整全性,从而达到"止于至善"。他因而也把检查好善恶恶是否一机互见作为格物的真义:"真知善之当为而为之,与恶之当去而去之,亦既足以决进学之路矣。然安知吾之所为善者,不复邻于恶,而一破吾似是之惑乎?又安知吾之所为恶者,又复伺吾善,而一鼓吾中道之勇乎?惟其知之无不至,而后其进而为之也必力。此之为物格知至,此之谓止于至善。"①

好善恶恶一机互见,作为格物的定义,较之阳明子曾经提出的格去不善以归于至善,讲的更加明确。从道德实践的经验而言,仅仅是格去不善,并不一定就是排除一切不善,前者是我们的意念结果浅层,而后者才是我们意识结构深层。由于宋明儒者往往也将意识结构的活动判定为意念结果这一浅层(已发),在宗周看来,这就不能深入到意识结构中,把握主体道德实践的真实根本。对于将意作为已发的观念,他进行了批评,指出这是心性之学不明的根本症结:"程子(叔子)云:'凡言心者,皆指已发而言。'是以念为心也。朱子云:'意者,心之所发。'是以念为意也。又以独知偏属之动,是以念为知也。阳明子以格去物欲为格物,是以念为物也。后世心学不明如此,故佛氏一切扫除,专以死念为工夫,及其有得,又以念起念灭为妙用。总之,未明大道,非认贼作子,则认子作贼。"②

排除一切不善对象的先验意识结构,宗周特意点明其"知止"的意蕴,

---

① (明)刘宗周撰,何俊点校,吴光、钟彩钧审校:《学言上》,《全书》卷十,见《刘宗周全集》第二册,第365—366页。
② (明)刘宗周撰,何俊点校,吴光、钟彩钧审校:《学言中》,《全书》卷十一,见《刘宗周全集》第二册,第420页。

以之为即本体即工夫:"独知之知,即知止之知,即本体即工夫也。"①

宗周的即本体即工夫,既体现了阳明子在"万物一体"说中倡导的"知行合一"的义理要求,也保证了知,不仅仅是主体性的意识活动,更是一个以对象化万物全体成立的普遍性为内涵的先验意识结构,从而融汇了主体性与普遍性。

即本体即工夫,或者说,在宗周所呈现的问题意识中,体现为对于融汇主体性与普遍性的关切,最终使得他将即本体即工夫定在了既是主体性的、同时又以普遍性为内涵的"意"上。而"意"作为心体的先验结构,其将善等价为、体现为对于一切不善对象的排除,令人们联想到孔子"观过,斯知仁矣。"②在日用伦常当中,道德实践者做得最多的,恐怕就是改过、排除不善,宗周把这一个道德实践的常识,锤炼为即本体即工夫的根本,体现了儒家"极高明而道中庸"的精神,也向我们敞开了一个朝向日常世界的本体—工夫领域。

三、一般性评论

三种道德本体论的着眼点是不同的:"理一分殊"着眼于客观普遍性,"万物一体"着眼于实践主体性,而"一统于万",则试图融汇客观普遍性与实践主体性。从实践的知行合一的本质出发,关照"知"的对象性与主体性的两个维度,从而把"理一分殊"视野中的客观普遍的对象化万物,全体成立于"心",即是"知"的先验结构,从而,将"理一分殊"的客观普遍性融摄在"万物一体"的实践主体性中了。事实上,这同时也是对"万物一体"的更加理性化的拓展,使"万物一体"这个浑一的本体(境界),明确为工夫措行的心体依据和实践方法:即,以客观普遍性的"物—理"全体成立于人心的先验结构为保证,展开为排除一切不善对象的道德实践活动。

因此,综合评价,"理一分殊"和"万物一体"固然分别是理学与心学的

---

① (明)刘宗周撰,何俊点校,吴光、钟彩钧审校:《学言中》,《全书》卷十一,见《刘宗周全集》第二册,第420页。
② 《论语·里仁上》,见程树德撰,程俊英、蒋见元点校:《论语集释》卷七,第一册,北京:中华书局,1997年版,第241页。

道德本体论模式,"一统于万"模式则融汇了二者,还不能简单地将之划归为或理学的或心学的。从各自的理论特色上而言,"理一分殊"讲得平实明确,有助于接引广大的一般学者;"万物一体"讲得生动活泼、妙用无穷,自有上根学者与之相应、可以在生活中运用自如。人心中的善性是可以被随缘启发的,因各自禀赋不同,被启发出的感受不同,境界有高低,然而都是对于"万物一体"的体知。但是,如果仅仅满足于各自的境界,还不能真正洞彻"万物一体"的本体。境界的感知可以是多样的,但是本体的存在却只能是唯一的、客观的。即本体即工夫,其实是实践主体性与客观普遍性的合一,而不能局限于工夫的某种境界,或者用宋明儒者的话来说,不能玩弄光景。在这种情况下,有必要强化本体的客观普遍性,有必要把这种客观普遍性贯彻到实践主体性的工夫当中去,因而,"一统于万"说的提出,符合了宋明理学的内在逻辑。

"一统于万"这种道德本体论的模式,其贡献在于揭示了融汇客观普遍性与实践主体性的认知结构,并把即本体即工夫明确为排除一切不善对象的改过实践,这是蕺山研究周敦颐易学的心得,是把本体归为"气"的理论开展(注意这种"气"是指气机流行)。宗周借鉴周敦颐的易学,把本体的宇宙论层面讲得比较清楚,"易"的精神在于"生生不息",生生不息,才是万物产生以及永续不断的整全。生生不息的原因,则在于纯粹性,所谓"其为物不贰,则其生物也不测。"①而这种纯粹性,又是靠不断排除不纯来实现的。这种对非纯的排除之道谓之"息""止","息乃得止,止则诚"②;或者名之"节宣","时时有节宣之妙,天道所以生生不已也。"③可见在宗周的理解中,万物产生、存在、延续的整全,不是由某个"物"生出来的,而是由于这种

---

① (明)刘宗周撰,何俊点校,吴光、钟彩钧审校:《读易图说》,《全书》卷二,见《刘宗周全集》第二册,第138页。
② (明)刘宗周撰,何俊点校,吴光、钟彩钧审校:《读易图说》,《全书》卷二,见《刘宗周全集》第二册,第140页。
③ (明)刘宗周撰,何俊点校,吴光、钟彩钧审校:《读易图说》,《全书》卷二,见《刘宗周全集》第二册,第131页。

排除不纯的机制。他指出"知无物之为物者,其知神之所为乎!"①"神之所为"就是"无物之为物"的机制。从易的角度而言,这种机制,其实就是天地间"阴阳相克相得"之道②。通过相克之道、息止、节宣之妙,排除不纯的纯粹性从而产生了整全性。落实到人性论层面,也是借由气机运行的机制来讲本性善。蕺山是用喜怒哀乐四气的正常流转来定义本性善③。他指出:"独者,心极也。心本无极,而气机之流行不能无屈伸、往来、消长之位,是为二仪。而中和从此名焉。……又指其中和所蕴之情,不过喜怒哀乐四者,依然四气之流行而五行各司其令也。"④又说"程子曰:'天下之道,感应而已矣,喜怒哀乐之谓也。'《易》曰:'咸,感也。'天下惟感应之道无心,动以天也。感之以喜而喜焉,感之以怒而怒焉,绝非心所与谋也。故喜怒哀乐即天命之性"。⑤但是,用气机运行来讲本性善,就显得稍欠明确性,似乎不如直接揭明"理一分殊"的性善论明确,也不如"万物一体"的体知来得亲切上手。事实上,本性善的问题,最终是在工夫论中被进一步明确的。宗周把性善,或者说,把即本体即工夫诠释为好恶一机互见的排除一切不善的实践过程,这种改过之人道,正可以对应于"易"的相克、节宣之道,因此,也可以归之为整个宇宙气机自身排除不纯的机制。这从逻辑上是讲得通的,从实践上来做也是做得来的,因此他提倡改过是为学的法门。相比较而言,改过作为即本体即工夫,在贴近生活实践、亲近生活的本色上,有更多的演绎空间。

---

① (明)刘宗周撰,何俊点校,吴光、钟彩钧审校:《读易图说》,《全书》卷二,见《刘宗周全集》第二册,第141页。
② (明)刘宗周撰,何俊点校,吴光、钟彩钧审校:《读易图说》,《全书》卷二,见《刘宗周全集》第二册,第131页。
③ 陈来先生持此说法,见:元明理学的"去实体化"转向及其理论后果,见陈来:《诠释与重建——王船山的哲学精神》,北京:北京大学出版社2004年版(下同),第410页。
④ (明)刘宗周撰,何俊点校,吴光、钟彩钧审校:《学言上》,《全书》卷十,见《刘宗周全集》第二册,第392页。
⑤ (明)刘宗周撰,何俊点校,吴光、钟彩钧审校:《学言上》,《全书》卷十,见《刘宗周全集》第二册,第391页。

第二节 基于恕道的"公"的政治哲学

一、"己所不欲,勿施于己"之"公"

自清代以来,关于刘宗周学术的研究不绝如缕,研究者们主要关注其理学之义理、政治思想之建树,但是,对于这二者之间具体的逻辑关联,已有研究并没有给出专门论述。① 在政治思想方面,刘宗周及其东林同志,提出过君臣分权的政治主张,②这一主张,是明代儒家政治哲学崇尚天下之"公"的风向③,

---

① 大量关于刘宗周思想的研究集中于理学思想,对于刘宗周政治思想的研究相对较少,对于刘氏的政治思想与道德形而上学的关联方面的研究,唐君毅先生在《中国哲学原论·原教篇》中的《刘蕺山之诚意、静存,以立人极之道》,从东林背景出发,将其政治上的东林取向与其道德形而上学结合起来论说。钱穆先生在《中国近三百年学术史》中早已从晚明学术的现实政治关怀给出了道德形而上学与政治思想相关联的思想史证据。对于刘宗周政治思想的专门研究,目前并不多见。与之相关的学位论文,博士论文有雷静的《刘蕺山政治思想研究——从信任品信到分治纲领》,中山大学博士学位论文,2007年;硕士论文有梁玲的《刘宗周政治思想研究》,湘潭大学硕士学位论文,2012年;郑明星的《刘宗周政治思想论》,湖南大学硕士学位论文,2002年。以及方同义的《刘宗周与黄宗羲政治哲学比较》,《宁波师院学报(社会科学版)》1996年第4期。以上作者主要对刘宗周的一些政治观点进行了列举,雷静则侧重从"信任"这一角度,分析刘宗周的人性论哲学与分治的政治主张之间的哲学关联。

② 日本学者沟口雄三与小野和子,都将刘宗周作为东林人士的理论代表之一,其中,沟口雄三以刘宗周为"分治"思想的主要提供者,小野和子所作《明季党社考》中,以刘宗周为"东林党领袖"。[日]沟口雄三:《中国前近代思想的演变》,北京:中华书局1997年版,第432—439页;[日]小野和子:《明季党社考》,上海:上海古籍出版社2006年版,第290—291、329页。中国学者赵园、张宪博的相关成果中,也突出了刘宗周以及东林人士的制约君权、君臣分治的主张。其中,赵园虽然没有以"东林"来概括质疑、甚至反对君主专制的思想阵营,但却是将刘宗周以及大批东林人士作为该阵营的个案。张宪博则是直接将刘宗周的"以天下之聪明为大聪明""以天下才任天下事"的君臣分治的主张列为"反对专制独裁,要求民主"的"东林党的政治主张"。赵园:《制度·言论·心态——〈明清之际士大夫研究〉续编》,北京:北京大学出版社2006年版,其中,讨论"原君"部分,第267页,讨论"君—臣"部分,第271、273、274、281、284页。张宪博:《东林党、复社与晚明政治》,见万明主编:《晚明社会变迁:问题与研究》,北京:商务印书馆2005年版,第483页。

③ [日]沟口雄三:《中国的公与私·公私》,北京:生活·读书·新知三联书店2011年版(下同),第23页。

"公"的观念本从属于理学"仁"的系统①,发端和奠基于孔子"己所不欲,勿施于人"的恕道工夫,但是,在对于儒家"公"观念的研究中,还未深入挖掘其恕道基础②,而从这个角度来研究刘宗周的理学—政治思想,更付阙如,尤其是刘宗周的恕道思想在儒家恕道体系中别具一格,他的提法"己所不欲,勿施于己",有别于传统的"己所不欲,勿施于人",然而相关研究尚属空白。职是之故,有必要呈现刘宗周基于"己所不欲,勿施于己"的"公"的观念特色,并讨论"公"哲学的本体论与工夫论理路。

刘宗周用"己所不欲,勿施于己"来诠释儒家恕道:

> 问恕。曰:"恕己。己所不欲,勿施于己。"曰:"恕己焉已乎?"曰:"恕己则尽乎人矣。周子曰:'公于己者公于人,未有不公于己而公于人者也。'"曰:"请问其方?"曰:"不欲勿欲,不为勿为。近取诸身,一饮一食,子臣弟友,如斯而已。""然则古之为方也强而难,子之言方也顺而易乎?"曰:"以易使之,以难竟之,斯可矣。"③

从表述上看,"己所不欲,勿施于己"与孔子以来的"己所不欲,勿施于人"的语法结构是一样的。从人己关系上看,都是从己到人。从理学道德哲学的范畴来看,都属于"仁"。但"己""人"的一字之差,已经显示了刘宗周恕道的独特之处:表述上,刘氏恕道重心落在"恕己"而非"恕人"。人己关系上,刘氏恕道强调的是"恕己则尽乎人",而不是"己所不欲,勿施于人"的推己及人,"恕己则尽乎人"落在"己"本身的行为(影响到他人的利益、行为),而不是推及他人的行为。理学"仁"的范畴中,虽然二者都从属于"万物一

---

① [日]沟口雄三:《中国的公与私·公私》,第13页。
② 沟口雄三的《中国的公与私·公私》一书中,主要是研究公私观念的关联与历史沿革,并未涉及理学"公"观念与其仁学脉络中恕道基础的关联。中国学者余治平先生有专书研究儒家恕道:《忠恕而仁:儒家尽己推己、将心比心的态度、观念与实践》(上海:上海人民出版社2012年版),但主要论述恕道的仁学理路,而未及"公"这一恕道的政治面向。
③ (明)刘宗周撰,何俊点校,吴光、钟彩钧审校:《学言中》,《全书》卷十一,见《刘宗周全集》第二册,第431页。

体之仁"，但是，"己所不欲,勿施于人"的恕道,是推己及人之仁;而"己所不欲,勿施于己"的恕道,则有"为己之学"的"克己复礼""克除己私"之仁的意味。因此,与"己所不欲,勿施于人"的传统恕道相比,刘宗周的恕道,特重对治"仁"、或者说"公"的反面——"己私",所以他点明宗旨"公于己者公于人",相应的实践方法就是"不欲勿欲,不为勿为"的克除己私的工夫。

可见在刘宗周的思路里,通往天下之公的道路,正是个人对治自身"己私"。在儒家哲学"公"观念的谱系里,这符合明末的思潮风向,即一方面肯定社会性欲望的民生人欲之"私",另一方面,否定以个人的私利损害社会性欲望、即要求遏制利己主义。① 刘宗周的思路,是明末"公"观念要求遏制利己主义的一种表达,当然,从理学脉络而言,这种表达,还体现了明中后期理学严格的道德主义的倾向②。

但是特别需要注意的是,在刘宗周恕道中,"公"与对治己私之间的关系,并不是不经论证的道德教条,而是根基于"万物一体"的本体。之所以通往"公"的道路即是对治己私,就好像一把钥匙开一把锁,这里面蕴含着刘宗周对一己与万物、"一"与"万"之间关系的独特思考。他从本体论的角度这样概括恕道:

> 有万物而后有万形,有万形而后有万化,有万化而后有万心。以一心纳万心,退藏于密,是名金锁铨;以一恕推万恕,偏置人腹,是名玉铨匙。持匙启锁,强恕而行,但见邦家无怨,终身可行,止此一心,是名大统会。③

这段话中,万物一体的本体就在主体的心中,所谓"退藏于密",这就是"公"的锁("金锁铨")。而"己所不欲,勿施于己"的恕道就由主体身体力

---

① [日]沟口雄三:《中国的公与私·公私》,第11—25页。
② 陈来:《元明理学的"去实体化"转向及其理论后果》,见陈来:《诠释与重建——王船山的哲学精神》,第410页。
③ (明)刘宗周撰,何俊点校,吴光、钟彩钧审校:《学言中》,《全书》卷十一,见《刘宗周全集》第二册,第431页。

行,是开锁的钥匙("玉铨匙")。心既是本体所在地,又是主宰身体行为、从而复归本体、达到"公"的主宰者,所以心是"大统会"。

二、"公"的本体论

心是"大统会",在这个本体论图式中,心具有双重角色:既是一己之心,又是容纳万物之所,如是,则"一"与"万"是相即的。若从牟宗三先生的解读,这种"退藏于密"的本体论图式未免显得夹缠不清①,宗周本人亦言"一统于万""旨奥难明"②、不是那么容易被理解的;显然,在这一本体论中,心、万物是同一的,宗周对此同一性本体的表述是"心统于一,一统于万",这种同一性的理由何在?刘宗周主要根据《大学》的纲领以及《太极图说》的宇宙论给出诠释。

> 问万物皆备之义。曰:"万物皆统于我矣,万形统于身矣,万化统于心矣,万心统于一矣。"问:"一何统乎?"曰:"统于万。一统于万,一故无一。万统于一,万故无万。无一之一是谓一本,无万之万是谓万殊,致一者体仁之功,汇万者强恕之说。二乎?一乎?安乎?勉乎?"③

刘宗周说"一统于万,一故无一","无一之一是谓一本",一统于万看来是所谓"一本"。何谓"本"?又有说明:

> 《大学》之教,只要人知本。天下国家之本在身,身之本在心,心之本在意。④

---

① 牟宗三:《牟宗三先生全集》第 8 册,第 379—381 页。
② (明)刘宗周撰,何俊点校,吴光、钟彩钧审校:《学言中》,《全书》卷十一,见《刘宗周全集》第二册,第 430 页。
③ (明)刘宗周撰,何俊点校,吴光、钟彩钧审校:《学言中》,《全书》卷十一,见《刘宗周全集》第二册,第 430 页。
④ (明)刘宗周撰,何俊点校,吴光、钟彩钧审校:《学言上》,《全书》卷十,见《刘宗周全集》第二册,第 458 页。第 390 页。

这里的本,是"起处"、本源地的意思。刘宗周认为,意根上用工是工夫切实的路子,这正是《大学》的特点:

《中庸》之慎独,与《大学》之慎独不同。《中庸》从不睹不闻说来,《大学》从意根上说来。①

意根正是可以下手、可以从经验当中用功的地方,显然不同于"不睹不闻",而侧重于工夫践履实地。工夫践履实地正是在于从意根下手,之所以能够下手,就在于"意"不是悬空的本体,而是实实在在的"起处"、是本源地。因此,对于刘宗周而言,侧重于工夫实践的《大学》,其教人知本,了解心之本在意,正是让人明白工夫要从这个起处、本源地入手。

那么,"无一之一是谓一本",本是本源地的意思,"一本"又是什么意思呢?须得来了解"一本"的"一"字。

一本的"一"字,概括的是万物、身、心之间的关系,我们就从刘宗周对于这三者关系的讨论来了解。刘宗周说万物、身、心之间的关系,是以他所认肯的工夫最纯熟的著述《太极图说》为义理资源的,他特别对《太极图说》的万物、身、心之间的关系做了如下解说:

《太极图说》言:太极生阴阳,阴阳生五行,五行生成万物,物钟灵有人,人立极有圣,圣合德天地。似一事事有层节,岂知此理一齐俱到?在天为阴阳,在地为刚柔,在人为仁义。人与物亦复同得此理,蠢不为偏,灵不为全,圣不加丰,凡不加啬。直是浑然一致,万碎万圆,不烦比拟,不假作何,方见此理之妙。②

这段话的关键是"此理一齐俱到",如果简单从字面来理解"人与物亦

---

① (明)刘宗周撰,何俊点校,吴光、钟彩钧审校:《学言上》,《全书》卷十,见《刘宗周全集》第二册,第381页。
② (明)刘宗周撰,何俊点校,吴光、钟彩钧审校:《学言中》,《全书》卷十一,见《刘宗周全集》第二册,第409页。

复同得此理",应当是讲人与物的同一性,但是,这种同一性,在刘宗周的视野中,不会是现象同一于抽象的理本体的关系,而是人、万物这样的实际存在都是"一阴一阳之谓道"的生生不息的运动,生生不息、间不容发,就是万物、人身、心的同一性。刘宗周是这样表述这种生生不息的同一性的:

> 凡事皆有始终,由一言一动、一呼一吸推之,乃知天地有大始终。然始无所始,当其始,有终之用;终无所终,当其终,有始之用。终终始始,相禅无穷,间不容发,总一呼一吸之积。①

刘宗周用呼吸、始终的互相产生、没有间断来描摹生生不息的天地大始终。天地生生不息的同一性作为本体,必须能够涵摄互相转化、相生相伴、连接一贯,因此,决定了本体不能是实体。实体,因有其固定的性质限定,就不能表征事物之间生生不息的性质转化。所以,他使用"虚"来指称本体、诠释《太极图说》中的太极:

> 或曰:"虚生气。"夫虚即气也,何生之有?吾溯之未始有气之先,亦无往而非气也。当其屈也,自无而之有,有而未始有;及其伸也,自有而之无,无而未始无也。非有非无之间,而即有即无,是谓太虚,又表而尊之曰太极。②

生生不息,就是有与无的不断相互产生、相互转化,从转化产生的结果来看,是有或者无,从该结果产生的原因来看,无的原因却是非无(有),有的原因却是非有(无),所以说"非有非无之间,而即有即无"。太虚或者太极的这种涵摄一切生生变化的属性,刘宗周有时又具体形象地称为"虚体":

---

① (明)刘宗周撰,何俊点校,吴光、钟彩钧审校:《学言中》,《全书》卷十一,见《刘宗周全集》第二册,第409页。
② (明)刘宗周撰,何俊点校,吴光、钟彩钧审校:《学言中》,《全书》卷十一,见《刘宗周全集》第二册,第407—408页。

> 惟天太虚,万物皆受铸于太虚,故皆有虚体。非虚则无以行气,非虚则无以藏神,非虚则无以通精。即一草一木皆然,而人心为甚。人心,浑然一天体也。①

虚体是万物皆有的受之于太虚的,是太极在具体事物上的体现,刘宗周有个著名的表述"万物统体一太极,物物各具一太极"。② 万物生生不息就在于能够运动(行气)、能够互为转化和因果(藏神)、从而连接一贯(通精)。他认为,这在人心上表现得特别显著。

虚体于人心为甚,就在于家国天下、身、心之间的相互转化可以由心来主动认识和完成。心的这种主动的转化运动,从体现人本性的角度叫做"仁",从运动自身的角度叫做"觉":

> 心一也,合性而言,则曰仁;离性而言,则曰觉。觉即仁之亲切痛痒处,然不可以觉为仁,正谓不可以心为性也。又总而言之,则曰心;析而言之,则曰天下、国、家、身、心、意、知、物。惟心精之合意知物,粗之合天下国家与身,而后成其为觉。为觉,其为仁也。③

刘宗周具体解释这种转化为"体用一源、显微无间":

> 身者,天下国家之统体,而心又其体也。意则心之所以为心也,知则意之所以为意也,物则知之所以为知也,体而体者也。物无体,又即天下国家身心意知以为体,是之谓体用一原、显微无间。④

---

① (明)刘宗周撰,何俊点校,吴光、钟彩钧审校:《学言中》,《全书》卷十一,见《刘宗周全集》第二册,第410页。
② (明)刘宗周撰,何俊点校,吴光、钟彩钧审校:《学言中》,《全书》卷十一,见《刘宗周全集》第二册,第408页。
③ (明)刘宗周撰,何俊点校,吴光、钟彩钧审校:《学言上》,《全书》卷十,见《刘宗周全集》第二册,第388页。
④ (明)刘宗周撰,何俊点校,吴光、钟彩钧审校:《学言上》,《全书》卷十,见《刘宗周全集》第二册,第389页。

可见天下国家与身心是互为体用的,刘宗周又把这种关系表述为全量、全体以及全量全体之间的互相涵摄:

> 合心意知物,乃见此心之全体。更合身与家国天下,乃见此心之全量。①
> 心中有意,意中有知,知中有物,物有身与家国天下,是心之无尽藏处。②

如果用刘宗周的"虚体"来概括,全量全体指的应该是行气运动的具体存在,其互相涵摄就是藏神,从而通精——"心意知物是一路"。

根据以上材料,我们可以归纳出,万物、身、心之间的同一性是生生不息、互相转化同一性,这也就是一本的"一"之含义。"本"所言是产生的本源地,"一"所言是彼此转化的同一性,合而言之,即:都是从彼此转化中源起的。这也就是一统于万的含义:"一"的同义词是"太虚",太虚没有自性,所以"一故无一",太虚是万物相互转化、生生不息的指称,不是实体性的存在,只能用来表征万物,所以它的内涵,只能落在"万"上,即所谓的"一统于万"。

职是之故,"己所不欲,勿施于己"所意味的"一心纳万心""一恕推万恕"的恕道,在"心统于一,一统于万"的一与万可以彼此转化的本体论图式下,能够得以成立。首先,"万心"指的就是普遍公共的体现,宗周前面已经讲过,"万形统于身",身的主宰是心,而身又是家国天下的统体,那么家国天下,从根本的主宰方面而言,就是"万心",就是公众意愿、实践行为及其行为结果的汇集。进而,"心统于一",人心有共同的意识与行为活动的规律,大家的意识及其活动的规律都要在"起处"、也就是包藏在心中的"意根"上来把握,这对于每个人都是一样的,所以可以通过个体的"一心纳万

---

① (明)刘宗周撰,何俊点校,吴光、钟彩钧审校:《学言中》,《全书》卷十一,见《刘宗周全集》第二册,第409页。
② (明)刘宗周撰,何俊点校,吴光、钟彩钧审校:《学言中》,《全书》卷十一,见《刘宗周全集》第二册,第417页。

心",都是"退藏于密"。最后,"一统于万",由于每个人都有一样的"意根"活动规律,因此,刘宗周提出可以"一恕推万恕",从自己的心出发,在与他人相处的公众关系当中,把握住自身正当的欲望、意愿、和行为方式,从而导向了自身正确、也即公众受益的行为结果,这是由"一"向"万"的现实转化。在这个过程当中,体现了太极本体"一故无一"的本性,本体就是现实具体的个人工夫,天下关怀的实现也就是个人行为的圆满。

三、"公"的"改过"工夫

正是对群体的自觉归依,贯通个人之工夫与天下关怀之实现为一体,所以才能在具体的工夫做法中,把"己所不欲"的、实际上也就是人人皆不欲的,"勿施于己"、避免成为自己的意欲和行为,这就使得普遍公共得以落实。"己所不欲,勿施于己"的"勿施于己"就是"近取诸身",在自己的意欲、行为的各个领域,如一饮一食的日常生活,如子臣弟友的道德以及政治领域,都扫清不应该有的意欲和行为,即"不欲勿欲,不为勿为",用宗周在《人谱》中的概念来说,就是"改过"的工夫。

在刘宗周的工夫视野中,本体的活动体现在人类生活中,就是喜怒哀乐这些经验元素的相互转化、生生不息:

> 《中庸》言喜怒哀乐,专以四德言,非以七情言也。喜,仁之德也;怒,义之德也;乐,礼之德也;哀,智之德也。而其所谓中,即信之德也。……一心耳,而气机流行之际,自其盎然而起也谓之喜,于所性为仁,于心为恻隐之心,于天道则元者善之长也,而于时为春。自其油然而畅也谓之乐,于所性为礼,于心为辞让之心,于天道则亨者嘉之会也,而于时为夏。自其肃然而敛也谓之怒,于所性为义,于心为羞恶之心,于天道则利者义之和也,而于时为秋。自其寂然而止也谓之哀,于所性为智,于心为是非之心,于天道则贞者事之干也,而于时为冬。乃四时之气所以循环而不穷者,独赖有中气存乎其间,而发之即谓之太和元气,是以谓之中,谓之和,于所性为信,于心为真实无妄之心,于天道为乾元亨利贞,而于时为四季。自喜怒哀乐之存诸中而言,谓之中,不必

其未发之前别有气象也。即天道之元亨利贞,运于于穆者是也。自喜怒哀乐之发于外而言,谓之和,不必其已发之时又有气象也。即天道之元亨利贞,呈于化育者是也。①

喜怒哀乐,是经验世界的气机流行在人身上的体现,它对应于天地的春夏秋冬,又是人性的仁义礼智,为人类公众领域的自然而应然的伦理—政治原则。

另一方面,被外物外感牵引,偏离了喜怒哀乐的自然循环,气机的运行就出现了"余气",这是"过"的根源:

故寂然不动之中,四气实相为循环;而感而遂通之际,四气又迭以时出。即喜怒哀乐之中,各有喜怒哀乐焉。……又有逐感而见者,如喜也而溢为好,乐也而溢为乐,怒也而积为忿懥,一哀也而分为恐、为惧、为忧、为患。非乐而淫,即哀而伤。且阳德衰而阴惨用事,喜与乐之分数减,而忿懥恐惧忧患之分数居其偏胜,则去天愈远,心非其心矣。②

因为有感于外物,而流连、执着于喜怒哀乐之某一端,使之流溢,变为"乐而淫,哀而伤"。这些都是"惨刻不情"的、人的情感所不愿意、不喜欢的,显然是"己所不欲",所谓"去天愈远,心非其心",这并非自己的本然状态。这种意欲行为,因为偏离了心的本然的气机流行,又叫做"余气":

心意知物是一路,不知此外何以又容一念字?今心为念,盖心之余气也。余气也者,动气也,动而远乎天,故念起念灭,为厥心病。③

---

① (明)刘宗周撰,何俊点校,吴光、钟彩钧审校:《学言中》,《全书》卷十一,见《刘宗周全集》第二册,第414—415页。
② (明)刘宗周撰,何俊点校,吴光、钟彩钧审校:《学言中》,《全书》卷十一,见《刘宗周全集》第二册,第413页。
③ (明)刘宗周撰,何俊点校,吴光、钟彩钧审校:《学言中》,《全书》卷十一,见《刘宗周全集》第二册,第417页。

刘宗周有时又把"余气"叫做"浮气",以之为"妄根",是万恶根源：

> 人心一气而已,而枢纽至微,才入粗一二,则枢纽之地霍然散矣。散则浮,有浮气,因有浮质;有浮质,因有浮性;有浮性,因有浮想。为此四浮,合成妄根;为此一妄,种成万恶。①

而"己所不欲,勿施于己",正是警惕、避免偏离人心本然的意欲行为,从而回归到人心的本然,这种不欲勿施之道,是知止的智慧,亦存在于人们之间的相互感应中：

> 天下之道,感应而已矣。随感而应,随感而忘者,圣人也。随感而应,随感而止者,贤人也。随感而应,随感而流者,常人也。②

家国天下的公众领域,正是个体与外界的关系领域,所有个体对于外界的感觉意欲及其反应行为(感应),就是公众领域的实际活动轨迹。圣人和贤人,能够在与外界的感应关系中,做到顺应人心的喜怒哀乐(仁义礼智),避免偏离人心的公共的规律,所谓"随感而忘""随感而止"。而普通人,却不懂得主动归依公共的规律,而常常流连于、执著于对自己有利的感应关系,这种"随感而流",在宗周看来,正是"机械变诈"的自私自利的"安排心"：

> 本心湛然,无思无为,为天下主。过此一步,便为安排心。有安排,因以有依著;有依著,因以有方所;有方所,因以有去住;有去住,因以有转换,则机械变诈,无所不至矣。③

---

① (明)刘宗周撰,何俊点校,吴光、钟彩钧审校：《学言下》,《全书》卷十二,见《刘宗周全集》第二册,第435页。
② (明)刘宗周撰,何俊点校,吴光、钟彩钧审校：《学言下》,《全书》卷十二,见《刘宗周全集》第二册,第433页。
③ (明)刘宗周撰,何俊点校,吴光、钟彩钧审校：《学言下》,《全书》卷十二,见《刘宗周全集》第二册,第435页。

对于公众的共同意欲、行为构成的领域而言,凸显的是必须维持同一处境下的生存与合作,具体到每个个体,就是保证有利于公众生存与发展的意欲和行为。什么样的意欲和行为才是正当的?这样的问题,只能放到与外界、他人的关系中才能找到答案。在具体实践当中,符合人心公共规律的个体行为、尤其深入行为的心理情感的根源,是不可能一条条规范化的,否则就是刘宗周批评的"卑之沦于功利";也不可以把这个任务交给看上去一劳永逸的形而上体悟,即刘宗周批评的"高之陷于虚无"。实践提供的可行性道路,就是去实践,在日常生活、道德以及政治的领域,发现"过",也就是喜怒哀乐及其行为的过分之处,这些都是源于自私自利的贪婪、痴迷甚至不知醒悟,将带来忿懥恐惧忧患等不愉快的感受,这是"己所不欲"的。正因为"己所不欲",所以才自然"不施于己",从而端正好个人的意欲行为。

"己所不欲,勿施于己"的恕道,试图实现的就是立足个人与公众领域的客观联结、从而切切实实的端正个人的工夫:即个体的幸福、人性的完满,不是单独满足自身就可以了,从群体合作的角度而言,它必须依托群体的幸福、公益,才能实现自我、长久维持个人利益。否则的话,自私自利的意欲、行为所可能导致"乐极生悲"的后果:

> 故乐者,喜之余气;哀者,怒之余气。《关雎》乐而不淫,哀而不伤,专指其盛者言。盛者,有余之气也。如春之气盛于夏,秋之气盛于冬也。惟自乐而怒,是相克之数,然人乐极必生悲,故王右军云:"欣畅之下,感慨系之。"①

这种自私自利的可能后果,刘宗周归之为"乐极生悲"的相克相生之必然性,此必然性又内涵于天地生生不息、相互转化的必然性当中,因此,意欲及其行为的自私自利,最终会由"乐"转化为"悲"、带来个人悔恨的后果。

故而,从根本上而言,公众领域的成就,取决于个人对于自身未来命运

---

① (明)刘宗周撰,何俊点校,吴光、钟彩钧审校:《学言中》,《全书》卷十一,见《刘宗周全集》第二册,第416页。

的反思，取决于这种反思所产生的理智意欲和行动。在这种反思的视野中，个人不再是孤立的，而是置身于普遍公共的命运当中，小则置身于家族的命运，大则置身于一国乃至天下的命运，正是这种强烈的天下关怀，使个人时时反思、时时警惕自己的每一个意欲、行为。这种警惕，现实地表现为对心理活动的深究、权衡，即体现为衡量自己的喜怒哀乐是否过分，是否留下了自私自利的种子，一旦发现，就毫不迟疑地在源头上加以廓清。

因此，"己所不欲，勿施于己"的恕道，是用反思过错、改正过错的工夫实践来实现"廓然大公"的天下关怀。这种改过工夫，体现刘宗周深刻的政治哲学：面向天下公众的政治领域是经验的领域，具体而言是个人经验的汇集，其成就的途径，恰恰是个人从对于过错的反思当中开辟出来的。刘宗周改过工夫的代表性著作《人谱》，其魅力所在，正如杜维明先生所言："宗周的《人谱》是一个不确定性的开放系统。……它的这个开放性正表现了宗周如何塑造这个文本的特色，这个特色如果用英文来说，就是 invitational（邀请式的），意思就是说，这个文本不是由我现在写出来用来教人，而是我们大家都可以来参与这个文本的写作。……我把《人谱》的这一文本特色称做'邀请式的'，就是说，宗周处心积虑把它写下来，但是所有的人又都可以参与这一写作，而不仅仅只是表明宗周在 17 世纪这一有限的时间段的创作。"①只要是身处日常生活中的人，都可以在刘氏《人谱》中找到成立为人的具体的方法。《人谱》之人道的普遍性与日常性说明，个人改正己私的工夫实践，正是通往天下之公的道路。

---

① 杜维明、东方朔：《刘宗周〈人谱〉的道德精神世界》，《学术月刊》2001 年第 7 期。

第 五 章
儒家责任思想中的道德哲学问题

责任伦理学是现代西方伦理学方兴未艾的研究领域,汉斯·约纳斯以责任伦理为题,针对技术时代的人类命运问题,有专门的论著。汉娜·阿伦特、许茨等也颇多论述①。自马克斯·韦伯提出责任伦理以来,这个概念代表了现代政治生活的一种品质或者期待。论者或如韦伯本人,将责任伦理与古典时代的信念伦理区分开来,作为现代政治家的品质。或者如康德、约纳斯等思想家,身处现代社会的责权利契约关系中,对人类命运抱有期待,责任伦理因此可能具有更深广的范围②。

汉语学界对责任伦理的讨论,主要是围绕传统文化创新的问题意识在起作用。儒家有没有责任伦理?它与信念伦理是什么关系?围绕此问题的相关论辩,指出了儒家存在责任伦理,并且不排斥信念伦理③。内圣外王、

---

① 汉娜·阿伦特认为,人作为独立的存在来思考,通过康德的审美判断,从而肩负起人应尽的责任。见[美]汉娜·阿伦特著,陈联营译:《责任与判断》,上海:上海人民出版社 2011 年版。许茨则借鉴现象学为韦伯社会学作出哲学论证,[奥地利]阿尔弗德·许茨著,霍桂桓译:《社会实在问题》,杭州:浙江大学出版社 2011 年版。
② 康德对责任有此定义:"伦理义务是广义的责任,而法权义务则是狭义的责任。"[德]康德著,张荣、李秋零译注:《道德形而上学》,第 175 页。汉斯·约纳斯著述的特色是建构"责任伦理学"这样的伦理学学科,并为责任进行本体论奠基。在这个意义上,他比较了"责任"范畴在人文科学各分支的含义,系统地讨论了人类必须对子孙后代、必须对世界负责的本体论基础。他还将自己与韦伯以及康德学说的不同之处进行了评述。[德]汉斯·约纳斯著,方秋明译:《责任原理》。
③ 认为信念伦理与责任伦理不相容,儒家伦理不属于责任伦理,代表性的观点见黄进兴:《优入圣域——权力、信仰与正当性》,台北:允晨文化出版公司 1994 年版,第 21 页。相反,认为信念伦理与责任伦理相容,儒家伦理中二者兼具,并详细论述了韦伯责任伦理学中界定不清晰的地方,批评了黄进兴为代表的观点,详见李明辉:《存心伦理学、责任论理学与儒家思想》,《浙江学刊》2002 年第 5 期;又见李明辉:《儒家视野下的政治思想》,台北:台湾大学出版中心 2005 年版。 李明辉关于儒家责任伦理

道德事功本来是儒学宗旨,上述的结论较贴近儒家的特质。近年来,国内学者也对中西责任伦理比较、儒家责任伦理有专题研究①。研究者还指出,儒家伦理特别重视责任,从而可以成为现代社会道德建设的基础②。

就本书的关注而言,呈现儒家责任思想中的道德哲学问题,可能是笔者最关切的地方。在关注儒家责任伦理的现代价值之前,需要对儒家述说责任的方式有所把握。毕竟"责任"这个合成词,较少被儒家专门讨论。但不可否认的是,士以天下为己任的责任承担意识与实践,却正是儒家挺立千年的支柱。责任这个论题,就被包裹在儒家性命工夫、道德与政治实践的种种行为与论述当中,道德哲学是它的底色,这应当是显明的。

即便将问题集中在道德哲学论域,仍然显得宽泛。这就需要回到文本,进入儒家责任论述的脉络,梳理其线索。本书从宋明儒家的讨论入手,是选取了儒家道德哲学发展的成熟阶段。根据宋明儒责任观的表述,人己关系是突出的主题,因此本章首节主要探讨宋明儒责任观中的人己关系论。这

与意图伦理之相即关系的讨论,主要建立在其康德哲学的预设下。在康德哲学关于责任的分析,也可以看到这点。因此,关于儒家责任伦理问题的争论,可以视为具有康德哲学与韦伯思想的交锋的背景。

① 顾红亮在一系列文章中谈到了儒家责任观中的"他者"视角。顾红亮:《责任与他者——列维纳斯的责任观》,《社会科学研究》2006年第1期;《梁漱溟的责任观与责任的层级》,《天津社会科学》2014年第5期;《作为他者》,《现代哲学》2007年第1期;《为他责任》,《南京社会科学》2006年第10期;《另一种主体性》,《天津社会科学》2005年第4期。

② 陈来在《中华传统文化与核心价值观》提出,中国传统社会价值观念跟西方近代相比,有很大不同,第一个特点是"责任先于自由"。就是很强调个人对于他人、对社群,甚至对自然所附有的责任。责任意识非常强。以天下为己任,孟子就讲过了。古人在汉代就明确要以天下为己任,己任就是责任。从古代先秦的"君子"到汉代的士大夫,有一个很突出的责任意识,就是对天下的责任心。"信"是中华传统美德。载《光明日报》2014年8月11日。又见陈来:《中华文明的核心价值:国学流变与核心价值观》,北京:生活·读书·新知三联书店2015年版。郭齐勇在《儒家政治哲学略论》中指出,孔子强调责任伦理、信用品性、廉洁奉公,作为对为政者、士大夫在公共事务中的道德要求;以及"君使臣以礼,臣侍君以忠"君臣关系的相对性。还有君臣的权责之相互的要求,含有政治分工与制约的萌芽。儒家网,2017年4月。儒家的信德可以划分为"个体道德""社会家长原则""治国原则"三个层次,即从个人、社会、国家三方面体现儒家的公德意识,君子人格就是"从事公共事务的品格"。郭齐勇:《儒学——为当代诚信建设提供思想指引》,《光明日报》2016年11月28日。

可能对于比较伦理学或者比较哲学的相关讨论有一定帮助,因为人己关系本身就是责任伦理问题成立的基本要素。

在关于责任的人己关系叙述中,有一个案例不断活跃在宋明儒的话语中,那就是孟子提出的"父子之间不责善"。笔者注意到,这个难解的现实生活难题,不仅考验孟子以来儒家对于仁义一体的义理建构与工夫实践,还可能指涉责任伦理的某些行为界限与融通问题。或者把这两个问题合二为一,即从责任观的角度,来看儒家对于仁义一体问题的处理。那么,仁义一体就不是笼统的道理,而是儒家面对伦理难题的实践智慧,以及这种智慧如何被吸收到道德本体论的建构中。

第一节　宋明儒家责任观中的人己关系论

以道德关怀为宗旨,以天下为己任的责任承担意识,是宋明儒家的政治理想①,职是之故,责任就不仅仅是外在的规范,更具有了内在德性的内涵。由于宋明儒家责任思想的内在德性特点,在如何给出其伦理学定义问题上,引起了"信念伦理"与"责任伦理"之争。尽管研究者们已经做了相关概念讨论,但是对于宋明儒责任思想课题本身,并没有充分的专门研究,而恰恰对于儒者们常常立足于人己之间的道德伦理关系来讨论问题的角度,更付阙如,这使得对此课题的探究缺乏有力论证。并且,从责任问题的范畴而言,"人己关系"的视角,不仅是宋明儒者的共识,也是现代社会学人己关系理论的核心,社会学家阿尔弗德·许茨(Alfred Schutz)提出人己关系理论(或曰主体间性哲学)是为马克斯·韦伯(Max Weber)的研究方法提供哲学论证②;

---

① 一方面,儒家责任意识的挺立,的确是儒学家群体努力的成果;另一方面,从儒学的学理而论,儒学责任思想等政治观念从属于其道德哲学。
② 许茨借鉴现象学为韦伯社会学作出哲学论证,相关观点见[奥地利]阿尔弗德·许茨著,霍桂桓译:《社会实在问题》,杭州:浙江大学出版社2011年版,第151页。目前在国内发表的较近的、也是较深入地比较了许茨与中国古典中人己关系学说的论文是美国曼彻斯特大学社会学博士卢崴诩的《从解释社会学到修身社会学——舒兹与孟子思想中的人己关系及其社会学意涵》(《江苏社会科学》2013年第3期),该文也指出许茨的人己关系理论为韦伯社会学作出哲学论证。

从许茨理论可以推导：就韦伯所提出的"责任"这一伦理学范畴而言，从人己关系的角度切入，能够深入揭示相关的哲学理路。因此，需要通过回到人己关系这一重要视角，细绎宋明儒家对责任问题相关经验的论述。

一、德性之"己"

宋明儒家责任思想中的代表性观点当属"以天下为己任"，出自朱熹对北宋名相范仲淹的品评："且如一个范文正公，自做秀才时便以天下为己任，无一事不理会过。一旦仁宗大用之，便做出许多事业。"①延续"己任"的担当，明清之际顾炎武慨然道："保国者，其君其臣肉食者谋之；保天下者，匹夫之贱与有责焉耳矣。"②在句话当中，将天下兴亡作为了每一个人的共同责任，而不仅限于士大夫阶层，这固然与明代社会环境、士风嬗变有关，若从儒家道德哲学而论，同在"己任"范围中的士大夫与普通民众，构成了道德共同体。

"己任"之己，作为道德共同体的共通性，甚至优先于政治认同，这与人们对天下责任的日常认识有关。在现实的生活世界中，若不是亲身参与国家管理的具体责任事项，人们很难切身体会到"天下"究竟与自身有多么深刻的关联，自身究竟在何种意义上现实地承担起对"天下"的责任。这种日常理解，也进入了儒家士大夫的思想视野，即可以根据各人的政治身份来划分其责任：普通的平民，要承担对自己、亲人、家庭的责任，为官的士大夫，还须担当对国家的责任。明儒何瑭的说法可以概括对责任的日常理解："人之有生，莫不有身焉，亦莫不有家焉，仕而在位，则又有国与天下之责焉。修齐治平，莫不有道，此则道之实体也。"③

平民和士大夫的责任分野，从政治实践的角度来解释，可以认为是士大夫不同于一般百姓的职责。北宋程颐认为，天下即是君、臣的分内职责：

---

① （宋）朱熹著，（宋）黎靖德编，杨绳其、周娴君校点：《朱子语类》第4册，长沙：岳麓书社1997年版，第2785页。
② （清）顾炎武著，（清）黄汝成集释，栾保群、吕宗力校点：《日知录集释（全校本）》，上海：上海古籍出版社2006年版，第757页。
③ （明）何瑭：《儒学管见》，转引自［清］黄宗羲：《明儒学案》下册，沈善洪等编校：《黄宗羲全集》第八册，第473—474页。

今言当世之务者……臣以为所尤先者有三焉,请为陛下陈之。一曰立志,二曰责任,三曰求贤。今虽纳嘉谋,陈善算,非君志先立,其能听而用之乎?君欲用之,非责任宰辅,其孰承而行之乎?君相协心,非贤者任职,其能施于天下乎?三者本也,制于事者用也。①

这种责任分野,还可以用"大人""小人"的志向和才识气度的区别来做一先天解释,这是明儒杨爵的说法:"大人当治安之时为危乱,小人以危乱之时为治安,皆此小(阙文)也。有大人之向慕,有小人之向慕,有大人之识度,有小人之识度,有大人之作用,有小人之作用。此天地生物之不齐,教化之施固有要,而以宇宙间事为己责者,不可不慎也。"②"天地生物之不齐",从而有立志承担天下责任的大人,亦有满足自身家庭与社会生活的小人,这种分别,最终是由一己之道德觉悟能力决定了的,即道德禀赋与后天教化所导致的分别,因此,己任之己,实乃德性之己。

作为德性之己,为什么要承担起对天下、对他人的责任?这里面蕴含了一个基本预设:我与他人处于何种关系、故而我应当承担起对他人的责任。从张载到顾炎武,答案都是我与他者的"同胞"关系。张载有言:"乾称父,坤称母;予兹藐焉,乃混然中处。故天地之塞,吾其体;天地之帅,吾其性。民吾同胞,物吾与也。大君者,吾父母宗子;其大臣,宗子之家相也。尊高年,所以长其长;慈孤弱,所以幼其幼。圣其合德,贤其秀也。凡天下疲癃残疾、茕独鳏寡,皆吾兄弟之颠连而无告者也。"③顾炎武将张载的"民吾同胞"说中所蕴含的我对他者的责任总结如下:"张子有云:'民吾同胞。'今日之民,吾与达而在上位者之所共也。救民以事,此达而在上位者之责也。救民以言,此亦穷而在下位者之责也。"④

---

① (宋)程颢、程颐著,王孝鱼点校:《为家君应诏上英宗皇帝书》,《河南程氏文集》卷第五,见《二程集》上册,第521页。
② (明)杨爵:《杨忠介集》第六卷,见《文渊阁四库全书》第一二七六册,上海:上海古籍出版社2003年版,第65—66页。
③ (宋)张载著,章锡琛点校:《正蒙·王禘篇第十六》,见《张载集》,第62页。
④ (清)顾炎武著,(清)黄汝成集释,栾保群、吕宗力校点:《日知录集释(全校本)》,第1084页。

将血缘同胞关系扩展到天下,那么天下人都是自己的同胞,从而我自然对天下人必须尽责,诚然,具体而言,"在上位者"与我分别承担"救民以事"和"救民以言",这是与个人社会身份相应的具体责任。总的来说,天下人与家庭成员一样,是与我血脉相通的"一体",天下责任对于我而言,是自然的、不可割裂的,正如陆九渊所道"宇宙内事便是己分内事"①。

这是"己"的"分内事",自我与他人、乃至与天下万物之间,显然并不具备必然的血缘关系,"民吾同胞"的一体,与其说是事实存在的关系,毋宁说是儒家信仰共同体所认肯的关系,在认同一体关系的前提下,自我的德性挺立,"己任"之"任",才是毫不勉强的自觉承担的"分内事"。为了强调"己任"的重心落在德性内在的、认肯自我与他人、天地万物为一体的"己",明儒赵贞吉指出"己任"是不能被视为外物、是不可以"取"的:

> 来谕云:"道通天地万物,无古今人我。"诚然,诚然!但云:"欲卷而藏之,以己立处未充,不能了天地万物也。"斯言似有未莹彻处耳……如公云:"责任之重,有不容已,欲为己任,又立处未充。"则不免于揽厌之病矣。何则?天地万物古今与我一体也,而欲取为己任,则二之矣,是揽之累也。谓迎之也,我与天地万物古今一用也,而患己立未充,则二之矣,是厌之累也。谓将之也,均之非谓随顺觉性也。②

二、人己同情

宋明儒者讨论的主要责任行为是责人、责己,现有研究中有关于儒家责任思想的伦理学讨论,也是围绕责人责己观念,给出责人在于责己的描述性说明③。然而,为什么责人在于责己,在责任经验中,人己之间是何种关系、

---

① (宋)陆九渊著,钟哲点校:《陆九渊集》,北京:中华书局1980年版,第483页。
② (明)赵贞吉:《答胡庐山督学书》,《赵文肃公文集》,见《四库全书存目丛书》集部第一百册,济南:齐鲁书社1997年版,第577—578页。
③ 余治平:《儒家责己与责人的道德要求》,《上海交通大学学报(哲学社会科学版)》2008年第1期。

故而责人在于责己？这就有必要深入宋明儒者对责人、责己两种经验的具体讨论,分析其中人己之间的关系。

首先来看宋明儒者对"责己"经验的说明。责己并不是简单地将所有责任归于自己,一味揽责,容易积压心理负担,反而败坏了修养功夫。《近思录》有云:"罪己责躬不可无,然亦不当长留在心胸为悔。"①此语是朱子之师李侗所传,源自程颐,《二程集》所载伊川语有录。一"悔"字传神,李侗对朱子强调,一味揽责不仅不是修养,更且是修养功夫要克服的"私意":"某窃以为有失处。罪己责躬,固不可无,然过此以往,又将奈何？常留在胸中,却是积下一团私意也。"②在李侗看来,这"私意"的根源,是因为"克己"的功夫不纯,尚未涵养好本源:

> 到此境界,须推求其所以愧悔不去为何而来。若来谕所谓,似是于平日事亲事长处,不曾存得恭顺谨畏之心,即随处发见之时,即于此处就本源处推究涵养之,令渐明,即此等固滞私意当渐化矣。又昔闻之罗先生云:"横渠教人,令且留意神化二字。所存者神,便能所过者化。私吝尽无,即浑是道理,即所过自然化矣。"更望以此二说,于静默时及日用处下工夫看,如何？③

李侗提倡"存神过化",存神是反己涵养,过化是应事应物皆成善。责己的实质,就是反己,即复归和涵养自己内在的善(存神),从而在应事应物皆成善的过程中(过化),自然实现对他人、家国天下的具体责任。

从责己之"反己"的实质出发,于主体自身而言,即是改过,于他人而言,若我通过反己来促成他人改正过错,则为何我之"反己"可以导向他人改过,这就需要解释。对此,王阳明有一个提法:"工夫只在自己,不去责人":

---

① (宋)朱熹、吕祖谦同编,叶采集解,[清]江永注:《近思录集注》,上海:上海书店1987年版,第99页。
② (宋)朱熹撰,朱杰人、严佐之、刘永翔主编:《延平答问》,见《朱子全书》第十三册,第339页。
③ (宋)朱熹撰,朱杰人、严佐之、刘永翔主编:《延平答问》,见《朱子全书》第十三册,第339—340页。

先生曰:"'烝烝乂,不格奸',本注说象已进于乂,不至大为奸恶。舜征庸后,象犹日以杀舜为事,何大奸恶如之!舜只是自进于乂,以乂熏烝,不去正他奸恶。凡文过掩慝,此是恶人常态,若要指摘他是非,反去激他恶性。舜初时致得象要杀己,亦是要象好的心太急,此就是舜之过处。经过来,乃知功夫只在自己,不去责人,所以致得'克谐',此是舜'动心忍性、增益不能'处。古人言语,俱是自家经历过来,所以说得亲切;遗之后世,曲当人情。若非自家经过,如何得他许多苦心处?"①

这个提法是根据舜如何对待象的过错而分析出来的。象的做法固然是大奸大恶,但是舜并不是正面"奸恶",而是通过"自进于乂"的反己功夫来"以乂熏烝"、感化象。之所以如此,乃是基于阳明子结合此例中象的表现,对恶人心理经验的总结,因为恶人的常态是隐匿其恶,所以正面地指摘其是非,就会激化其恶性,舜也曾"要象好的心太急"、正面"奸恶"太过,激得象屡屡杀他。阳明子认为,舜是实实在在从这样的经验中经历过,才悟到"功夫只在自己,不去责人",如此方"克谐"。这里面从反己导向他人改过,是舜经历了种种努力与失败、千死百难中悟到的,经由反己来导向他人改过,不是一个直线的因果关系,而是基于他人(尤其是恶人)的心理情感反应的策略,即是阳明子所谓的"曲当人情",事实上是要使人发自内心地自觉主动向善,即感化他人向善②。

由于"曲当人情",在我促成他人改过的过程中,促成他人主动改过、承

---

① (明)王守仁撰,吴光、钱明、董平、姚廷福编校:《传习录下》,见《王阳明全集》卷三,第一册,第123—124页。
② 事实上,在现代心理治疗中,仍然可以看到,劝人改过,本质上、而且首先需要劝人者自我完善:"对别人提出批评,通常有两种方式:一种是仅凭直觉就坚定自己是正确的;另一种是经过反省,确认自己有可能正确。前一种方式,给人以高高在上的感觉,而父母、配偶或者教师,常常以这种方式教育他人。这样一来,就很容易招致不满和怨恨,而没有给对方的成长带来帮助,甚至只会产生意想不到的消极后果。第二种方式,给人谦逊而谨慎的印象,它需要批评者首先自我完善,由此让很多人知难而退。但与第一种方式相比,这种方式更有可能带来成功,而且,根据我的经验,它通常不会产生破坏性的后果。"这可以看作是对阳明观点的一个例证。参见[美]M.斯科特·派克著,于海生译:《少有人走的路:心智成熟的旅程》,长春:吉林文史出版社2006年版,第108—109页。

担责任之"责人",与主体"我"自身的"责己"是统一的,这是一种人情的同感同情过程。在这种同感同情中,责己的反省不是单纯地反思自己,而是有方向的,这一方向就是阳明子所说的"凡当责辩人时,就把做一件大己私克去,方可"①,即我把他人的过错当成自己的过错来反思和对治。应当来说,当经过这种责己之后,我一方面也检查了自己是否也有此过,另一方面,正因为我设身处地地反省了他人的过错,我与他之间的同感同情加强了②,从而最终有可能不断贴近他人内心、对之进行熏陶和感化。同情、感化,促成了他人的改过,也将他人的责任内在化为我自己的责任。

人己之间的同情,正是他人责任被纳入我自身的现实渠道。在同感同情中,主体没有了主观性的"私意",而是置身于现实的生活世界,在与他人的交往关系中,如实体会另一个主体(他人)的感受,从而获得两个主体间同情和感化的方式。这其中,已经消融了主客之间的绝对分野,相对于主体"我"而言,他人是客观的,同时,主体"我"亦把"他"作为主体;并且,在这种互为主体的观照中,他人才现实地获得了"我"的尊重以及相对于"我"的客观性。

最后,主体"我"经由同情这样的现实途径,如实地接续他人的责任事项、并纳入到自己的责任当中,现实地将主体"我"拓展为生活世界的具体责任事项。这样,主体"我"就不再是单纯主观的甚至"私意""私欲"的我,而是不断地实现生活世界的具体责任事项的"我","我"不再囿于一身,而是扩展到家国天下、与万物为一体。这也正是张载说过的:"天下一人而已,惟责己一身当然尔。"③

三、父子君臣"责善"中的人己关系

责人从根本上是通过"责己"来实现的,需要经由人己间的同情,这是

---

① (明)王守仁撰,吴光、钱明、董平、姚廷福编校:《传习录下》,见《王阳明全集》卷三,第一册,第111页。
② 陈立胜对于儒家论述的同感同情经验有细致的论述,详见陈立胜:《恻隐之心:"同感"、"同情"与在世基调》,《哲学研究》2011年第12期。
③ (宋)张载著,章锡琛点校:《正蒙·中正篇第八》,见《张载集》,第29页。

从一般意义上来讲人己关系。对于宋明儒而言,最为重视讨论父子君臣伦理,其中体现了人己关系的具体样态。为了进一步考察此问题,可以先从"责人"的直接情况入手——即我使他人必对其过负责,亦即宋明儒说的"责善"。就"责善"而言,首先需要指出他人的过错,而问题的关键是如何适当地给出指正。关于这一"适当"的标准,明儒陈献章有言:

> 君子未尝不欲人入于善,苟有求于我者,吾以告之可也。强而语之,必不能入,则弃吾言于无用,又安取之?且众人之情,既不受人之言,又必别生支节以相矛盾。吾犹不舍而责之益深,此取怨之道也,不可不戒。①

这里献章特别反对"强而语之"的责善,以为是"取怨之道",而"苟有求于我者"则我可以予以指正,这是基于主体"他"的自觉自愿、可以达到责善的现实效果。因此,所凸显的"适当"标准乃在于是否能达到使他人自觉改过的效果。

以自觉自愿的效果来衡量,如二程所言,不告其过是"非忠",但指正他人的过失必须首先要有"诚意"的交流:

> 门人有曰:"吾与人居,视其有过而不告,则于心有所不安,告之而人不受,则奈何?"曰:"与之处而不告其过,非忠也。要使诚意之交通在于未言之前,则言出而人信矣。"②

二程迳以"诚"为责善之道:"责善之道,要使诚有余而言不足,则于人有益,而在我者无自辱矣。"③"要使诚有余而言不足",是诚作为责善之道

---

① (明)陈献章著,孙通海点校:《与罗一峰》,见《陈献章集》上册,北京:中华书局1987年版,第158页。
② (宋)程颢、程颐著,王孝鱼点校:《河南程氏遗书》卷第四,见《二程集》上册,北京:中华书局2004年版,第74页。
③ (宋)程颢、程颐著,王孝鱼点校:《河南程氏遗书》卷第四,见《二程集》上册,第75页。

的具体表现,二程也进一步说明为:"圣人之责人也常缓,便见只欲事正,无显人过恶之意。"①

"责人常缓,不显过恶",应当是二程提出的责善原则,既然要指正其过失,却又不能凸显其过失,这似乎很难理解。并且,众所周知,惩恶扬善,这二者是统一的,若不凸显恶,怎能充分扬善?然而,程颐提出,责善的过程中,不应当有揭示他人过恶的意思,那么惩恶这个方面从何做起?儒者"不显过恶"的责善原则,该当何解?

按照二程的解说,显然,"无显人过恶之意",正表明了显过恶并非责人或者责善的目的,"只欲事正",责善的目的正是"事正"。既然如此,当我们诚恳地帮助他人改正过错的时候,就应该表达出"只欲事正"的意图,而不是使人误解我们,以为我们是有"显人过恶"的意思。所以,"诚有余而言不足"的责善之道,其"言不足""责人缓",都是在语言等交流过程中最大限度地凸显诚意。

"诚意交通"的语言、行为等交流方式是责善之道的表现,责善,其实质不在于主体我问责他人的过错(责人),而正是经由"我"的恰到好处的交流艺术,使他人主动责己、改正过失。宋代的余允文举了一个例子:

> 疑曰:"经云:'当不义,则子不可不争于父。'传云:'爱子,教之以义方。'孟子云:'父子之间不责善。'不责善是不谏不教也。可乎?"余氏辩曰:"孟子曰:'古者易子而教之。'非谓其不教也。又曰:'父子之间不责善。'父为不义则争之,非责善之谓也。传云'爱子,教之以义方',岂自教也哉?胡不以吾夫子观之:鲤趋而过庭,孔子告之'不学《诗》无以言,不学礼无以立'。鲤退而学《诗》与礼,非孔子自以《诗》、礼训之也。陈亢喜曰:'问一得三:闻《诗》,闻礼,又闻君子之远其子。'孟子之言,正与孔子不约而同,其亦有所受而言之乎!"②

---

① (宋)程颢、程颐著,王孝鱼点校:《河南程氏外书》卷第七,见《二程集》上册,第393页。
② (宋)余允文:《尊孟辨》,见《文渊阁四库全书》第壹玖陆册,上海:上海古籍出版社2003年版(下同),第523页。

孔鲤趋而过庭，孔子正在庭上，孔鲤失礼了。孔子的教子艺术不是直接责备儿子有失礼数，而是启发儿子学《诗》和礼，并点出要点"《诗》以言，礼以立"，于是孔鲤既愧且疚，回去发愤，学习《诗》与礼。《诗》与礼固然是培养德性的学习范本，但是在本例中，先有"趋而过庭"的特殊情景，再经由孔子指点"言"与"立"的要点，变成了在孔子孔鲤父子之间有着道德告诫、指导与期待等指向的媒介物，其意义不仅仅是平面的学习材料，而更是立体的生命指引，因此孔鲤能够由此反省自身，激发自觉自愿的学习热情。

在本例中，孔子的责善艺术是二程所说的"诚意交通"的典范，既委婉，又旗帜鲜明地突出了改正的要点，并且，除了作为交流艺术的"诚"，余氏还触及了作为父子伦理关系的"诚"。宋代周敦颐对"诚"的概括，正蕴含了这两方面："诚，五常之本，百行之源也。"[①]诚是伦常之本，是行为源头，作为责善之道，包括诚意的交流方式与亲情伦常（父子、兄弟）、或血亲外的一体化伦理（君臣、师生、朋友）。而本例所涉及的正是亲情伦常中最基本的父子亲情关系。

责善之道落实到父子关系中，正如余氏在本例段首点出的，有所谓的"父子之间不责善"的说法。这个说法是孟子提出的，亦是所谓的"易子而教"，历来对孟子这一说法褒贬不一，争议很多，而本段中余允文是为孟子立场辩护的，在"辩曰"之前是司马光《温公疑孟》的内容，之后就是余氏对之的反驳[②]。余氏的辩论，可以帮助理解孟子这一说法的责善之道意义。

余氏开宗明义地辩护，孟子所提出的"父子之间不责善"，并非反对父子之间有教有谏。所谓"易子而教"，也是"教"的一种方式。而《孝经》的"父为不义则争之"，"争"，并不是责善。并且，《左传》的"爱子，教之以义

---

① （宋）周敦颐著，陈克明点校：《通书·诚下第二》，见《周敦颐集》卷二，北京：中华书局2009年版，第15页。
② 在宋代孟子学中，有两股对立的思潮：疑孟派与尊孟派，司马光的《温公疑孟》，显然是疑孟派的作品，尊孟派的代表作，有余允文的《尊孟辨》，以及朱熹在余氏基础之上加以评述的《读余隐之尊孟辨》。关于疑孟派与尊孟派的辩论往来，可以参考杨海文：《李泰伯疑孟公案的客观审视》，见刘小枫、陈少明主编：《荷尔德林的新神话》，《经典与解释》第4辑，北京：华夏出版社2004年版，第280—311页。本书的立场，无意于是否尊孟，而是选取能够体现"诚"这一责善之道的论述，从这点出发，认为余允文的论说提供了较丰富的资源。

方",以及孔子教子,这些虽未责善,但确实是教子的方式。

父子不责善,有谏有教,却不以直接问责对方的形式。这是为什么? 余允文并未将答案给明①,而同为宋代学者的吕祖谦却点出了其中奥妙:"父子之间不责善,非置之不问也,盖自常有滋长涵养良心底气象。"②

涵养良心,亦是涵养四端之心,恻隐之心等四心,正是同感同情的先天基础③,维护良心,正是为了维护父子生命一体的同感同情,或曰父子感通④。父子感通的生命一体特性,又被晚明大儒黄宗羲表述为"父子一气相通":"父子一气,子分父之身而为身。故孝子虽异身,而能日近其气,久之无不通矣;不孝之子,分身而後,日远日疏,久之而气不相似矣。"⑤父子一气、父子一体,这是"诚"的伦常表现,这是父子感通的生命基础,孝子日日晨昏定省,无疑强化了父子一体的相感相通,而不孝子与父亲疏远,造成父子一体关系的断裂,这无疑也消解了父子一气的感通。

父子不责善、父子一气感通是"诚"之亲情伦常,若没有血缘关系,责善之道该当何种"诚"? 对于周敦颐所揭示的"诚"而言,若非血亲关系,就是某种一体化关系,按照儒家的理解,在血缘亲情之外,还有师生、朋友、君臣等一体关系,师生与朋友之间的责善之道,可以在日常生活的"诚意交通"中做到,而君臣关系就较为特殊。这需要来考察君臣之间的一体化关系。

---

① 朱熹也认为不能够直接问责,不过根据《论语》等经典,儿子可以"微谏"父亲,这就更加充分证明了父子之间有"谏",因此父子之间不责善,并不意味着丧失了对正义的维护(有谏),而是通过"微谏"这样的形式体现出来。朱熹认为,他的证明可以作为余允文的补充。"子虽不可以不争于父,观《内则》《论语》之言,则其谏也以微。隐之说已尽,更发此意尤佳。"详见朱熹:《读余隐之尊孟辨》,(宋)朱熹撰,朱杰人、严佐之、刘永翔主编:《晦庵先生朱文公文集》卷第七十三,见《朱子全书》第二十四册,第3515页。
② (宋)吕祖谦著,吕乔年编:《丽泽论说集录》,见《文渊阁四库全书》第柒〇叁册,第403页。
③ 陈立胜:《恻隐之心:"同感""同情"与在世基调》,前揭刊,第23页。
④ 按照陈立胜的说法,感通是人我之间同感同情、生命一体贯通的同感共振(陈立胜:《恻隐之心:"同感"、"同情"与在世基调》,前揭刊,第21—23页)。本书采用感通来表述父子血缘生命一体相通的同感同情经验。
⑤ (清)黄宗羲:《明夷待访录》,《丛书集成初编》本,北京:中华书局1985年版(下同),第4页。

仍然回到黄宗羲,他对比父子一气来解释君臣一体:

> 或曰:臣不与子并称乎?曰:非也。父子一气,子分父之身而为身。故孝子虽异身,而能日近其气,久之无不通矣;不孝之子,分身而后日远日疏,久之而气不相似矣。君臣之名,从天下而有之者也。吾无天下之责,则吾在君为路人。出而仕于君也,不以天下为事,则君之仆妾也;以天下为事,则君之师友也。夫然,谓之臣,其名累变。夫父子固不可变者也。①

与人们熟知的用父子来比喻君臣不同,黄氏区分了这两种一体关系的本质不同:父子一体是因为父子一气的血缘关系,而君臣一体不是基于亲子血缘,而是基于"天下"的责任。正是由于共担天下责任,二者才能成为命运攸关的责任共同体。黄氏特别提出,共担天下责任的君臣,是师友关系;然而,假如君臣之间对共担天下责任的一体关系没有共识,则要么虽为君之臣、却是君之仆妾,与师友关系相去霄壤,则要么根本就没有承担天下之责、无法与君成为一体,形同陌路。并且,父子君臣,在各自的一体关系中,展现了孝与忠的内涵。孝子是因为与父亲保持一体,那么,可以由此推及,忠臣亦是在君臣一体关系中才得以成立,孝子源于先天固不可变的血缘关系,忠臣则本乎后天的责任共同体。

"君臣之名,从天下而有之者",唯有共担天下责任,才有君臣一体,君臣责善之道也正是建立在这种一体关系基础之上。而如果,这种一体关系不存在,那么君臣责善渠道也就消失了,或者说,对于君臣关系而言,共担天下责任的一体关系与相互责善,本来是一体之两面。从这个角度而言,臣子对君主尽忠,就不仅仅是臣子单方面效忠,而需要君臣双方面的责任共识;这是因为,若臣子不去承担天下责任,或者君主去掉了臣子承担责任的资格,君臣二者责善的渠道也就不存在了,臣子要么沦为仆妾、要么离作路人,君臣并非一体,臣子的忠又谈何而来呢?

---

① (清)黄宗羲:《明夷待访录》,《丛书集成初编》本,第4页。

总体而言,在父子君臣伦理中,人己关系的具体样态是父子亲情与君臣一体,其责善之道的"诚"即为父子一气的感通,与君臣共担天下责任的一体化。而由于君臣一体关系往往处于血缘之外、发生于社会政治领域的特殊性,使得对忠的解释,不仅仅在形式上比照孝的亲子一体关系,更在内涵上凸显了君臣一体乃在于责任承担的社会性、后天性,那么就可以理解,君臣责善渠道不可或缺,是自朱熹到黄宗羲的宋明儒家的共识。

四、宋明儒责任思想研究方法问题

对于研究者而言,讨论宋明儒责任思想问题,是连接现代社会与古代经典之间的努力,需要给出合理的研究思路。责任思想本身,包含了人类社会跨越古今的经验和知识,而"责任"的伦理学—社会学专门研究,主要由社会学家韦伯提供了范式,在这一范式中,"信念伦理"与"责任伦理"的区分是核心。这一范式对于划分责任行为的信念动机与行为后果,是有效的,但是对于思想史研究中,衡量某个责任思想的价值,则容易发生混淆。已有西方和汉语学界的研究者,有力阐述了这个理论缺陷①。因此,对于宋明儒责任思想而言,可以使用"责任伦理"或"信念伦理"的概念,但是若要把宋明儒责任思想纳入分立二者的范式,则既有范式本身的不合理问题,也不符合相关文献的实际情况,事实上,现有研究已经指出,儒家思想中,责任伦理与信念伦理是联系在一起的②。

宋明儒责任思想问题,从属于儒者的道德实践,无论"以天下为己任",还是责人在于责己以及父子君臣责善,都是在德性之"己"与他人关联的基

---

① [瑞士]G.恩德利(G.Enderle)著,王浩、乔亨利译,白锡校:《意图伦理与责任伦理——一种假对立》(上),《国外社会科学》1998年第3期;《意图伦理与责任伦理——一种假对立》(下),《国外社会科学》,1998年第4期;李明辉:《存心伦理学、责任论理学与儒家思想》,《浙江学刊》2002年第2期。

② 如张春香《〈周易〉责任伦理思想浅析》(《周易研究》2005年第2期)中,指出《周易》的责任伦理与韦伯的事后责任不同,侧重于事前预测指导和价值引领。申靖的硕士论文《孟子责任思想研究》(华东师范大学硕士论文,2012年),讨论了孟子政治、伦理、道德责任思想中,都有仁的价值作为根本。邓凌在《中国传统儒家责任伦理思想浅探》(《青海师范大学学报(哲学社会科学版)》2009年第6期)中指出责任伦理思想是传统儒家心性学说道德理论的核心。

础上展开。就像杜维明所说:"儒家的修身是通过日益扩展的人际关系圈的交流和参与而展开的。"①儒者的道德实践,是在人己之间展开的主体间的实践,责任行为的种种经验,因此要在人己关系的脉络中呈现。

许茨提出人己关系理论,为韦伯社会学做哲学论证,在许茨的理论模型中,相异的主体用共通的客体化方式建构了世界②。人己关系是宋明儒道德实践开展的基础,但许茨的人己关系图式并不适用于儒者的世界观③。宋明儒家所描述的世界是道德实践开展的过程与存在,在道德教化中,人己之间具备不同的秉性和境界,因此,世界不是许茨眼中的主体关于存在的共同知识,而是在道德境界崇高的君子对周围人的教化过程中、信仰共同体所先后感应到的境界(教化是君子变化了人们的气质,使之能够感受到世界的超验本体)。

宋明儒责任思想中,责人责己责善的经验都表明,人己之间关系的关键点落在同情,而儒者尤其重视父子君臣这样特定的儒家伦理关系中的同感同情的一体形式。从这点而言,宋明儒责任思想具备儒家伦理的本质特点,即人们的伦理行为都具有伦理身份的根据,父子君臣,均有其伦理角色所决定的行为方式。若从宏观结构上把握,宋明儒家道德责任问题乃是存在于"差序格局"中的,责任行为的种种——责人、责己、责善,是否能够达成实效,即"己"的德性是否能感化他人,需要立足于"己"的德性的人己之间的同情。在同情过程中,以"己"为价值的中心,人己之间的同感同情一体化的具体形式则取决于双方的宗法伦理关系。从研究思路上而言,这种差序格局的特殊主义伦理特点,以及教化、同情本身的因材施教的特殊性,使得宋明儒家责任问题的研究,无法通过西方社会学家所通常采用的理论模型建构的方法来进行,而是要真正进入"己"的德性价值开展的人己关系的现实具体的场景。

---

① 杜维明:《儒家思想:以创造转化为自我认同》,台北:东大图书股份有限公司1997年版,第144页。
② 许茨:《社会实在问题》,第334—352页。
③ 卢崴诩指出:许茨人己关系理论的"单层的、平面的"世界观无法解释孟子"多层的、立体的"世界观。见《从解释社会学到修身社会学——舒兹与孟子思想中的人己关系及其社会学意涵》,前揭刊,第58页。

第二节 《孟子》道德情境中的仁义联属理路

关于孟子所倡导的"仁义"说,现有研究已经表述了仁与义的对立统一关系①,仁义作为抽象与具体的道德原则②,以及在仁义关系中凸显的儒家正义③。陈来先生指出,孟子在许多地方将仁与其他德目并列,究竟为何,尚未有有力的研究证明。不过,陈先生认为,这可能是与孟子讨论问题的具体情境相关。④ 确然,在孟子论及的具体情境中,仁义并列的问题常常出现,而这种并列,是何种关系,以及出于何种原因呈现此种关系?尤其是孟子将仁义联属的立场,究竟揭橥了何种观念结构以及实践内涵?这都需要回到《孟子》中,寻绎其理路。

一、仁义有别的儒家礼法

在回到人们熟悉的孟子将仁义联属的情境之前,不妨先看看孟子论及仁义有别的一个特殊情境。这不仅仅是为了完整地呈现《孟子》仁义并列的关系类型,更是为了引出"仁—义"一体的论证是如何从儒家礼法中转出的。

仁义有别的这一情境是"父子之间不责善",出自《孟子·离娄上》:

> 公孙丑曰:"君子之不教子,何也?"孟子曰:"势不行也。教者必以正;以正不行,继之以怒,则反夷矣。'夫子教我以正,夫子未出于正也。'则是父子相夷也。父子相夷,则恶矣。古者易子而教之。父子之间不责善。责善则离,离则不祥莫大焉。"

焦循《孟子正义》点出章指:"父子至亲,相责离恩;易子而教,相成以

---

① 庞朴:《庞朴文集》第一卷,济南:山东大学出版社 2005 年版,第 451—453 页。
② 万光军:《孟子仁义思想研究》,济南:山东大学出版社 2009 年版。
③ 陈少明:《仁义之间》,《哲学研究》2012 年第 11 期。
④ 陈来:《孟子的德性论》,《哲学研究》2010 年第 5 期。

仁,教之义也。"①"责善""父子"是本章的关键词,为什么孟子提出"父子之间不责善"呢?

在《离娄下》中,孟子给出了答案:"责善,朋友之道也;父子责善,贼恩之大者。"责善属于朋友之道,而父子之道主恩。《公孙丑下》中记录了孟子与景子论礼,其中,景子说"父子主恩",这是景子与孟子都熟知的儒家礼法。《礼记·丧服四制》中点明:"恩者,仁也。""门内之治,恩掩义;门外之治,义断恩。"

朋友责善的意思,在《周礼·地官·司谏》中有说明:"司谏掌纠万民之德而劝之朋友",郑玄注解"朋友"为"相切磋以善道也"。② 可见,责善是朋友之道,此乃周礼的礼法。责善属义,亦是诠释者的共识,如宋代张九成:"余读此章,乃知父子自有父子之法,师弟子自有师弟子之法。父子以恩为主,师弟子以责善为主。易位而处,在父子则伤恩,在师弟子则伤义,此天理之自然,不可以私智乱之也。"③宋代张栻:"为人父者易子而教之,盖以责善之义望于师也。养恩于父子之际,而以责善望之师,仁之笃而义之行也。"④明代的陈琛认为"父子之恩出于天性也,若责善而不合,则贼恩之大者。此责善之义所以不可行于父子也"。⑤ 明代焦竑指出"父子是绝不得的。故养恩于父子之际,而以责善付之师友,仁义便并行而不悖"。⑥

孟子的"父子之间不责善"的提法,父子之道属仁,朋友责善之道属义,本符合周礼的礼法,所以朱子指出"易子而教"在孔子处已有之,所谓"君子远其子":

---

① (清)焦循:《孟子正义》,北京:中华书局1987年版(下同),第524页。
② 《十三经注疏》整理委员会:《周礼注疏》,北京:北京大学出版社1999年版,第355页。
③ (宋)张九成著,杨新勋整理:《孟子传》卷十六,见《张九成集》,第三册,杭州:浙江古籍出版社2013年版(下同),第905页。
④ (宋)张栻撰,邓洪波校点:《孟子说》卷四,见《张栻集》,第一册,长沙:岳麓书社2010年版(下同),第284页。
⑤ (明)陈琛:《重刊补订四书浅说》,见《四库未收书辑刊》,第一辑,第7册,北京:北京出版社2000年版(下同),第282页。
⑥ (明)焦竑:《焦氏四书讲录》卷二十二,见《续修四库全书》,第一六二册,上海:上海古籍出版社2002年版(下同),第282页。

朱子曰："易子而教，考之孔子，亦然。若孔子自教其子，则鲤所未学，必有以知之，又奚问焉？陈亢称'君子远其子'，亦可见也。"①

先秦儒家文献中没有关于"易子而教"的更多直接表述，"君子远其子"，算是很接近的话。但是，考之周礼，教子的事情，的确并非天子、国君亲力亲为，而是师保之责。《周礼·师氏》曰，师氏"以三德教国子"，保氏则"掌谏丑恶"。由周礼的这一做法推论，贵族阶层"君子远其子"是合乎礼法的。可以想见，在孟子的时代，"君子之不教子"，是古已有之的礼，所以公孙丑的发问，其实是在问此礼实行的原因。孟子的解答中，"古者易子而教之，父子之间不责善"，说明孟子熟悉古礼。②

孟子熟悉古礼，作为儒者，他在回答公孙丑的时候，礼的原则已经作为思考的先决条件了。父子之间不责善，除了"君子远其子""易子而教"的原则之外，还有一个原则，就是《礼记·檀弓》所说的"事亲有隐"：

事亲有隐而无犯，左右就养无方，服勤至死，致丧三年。

有隐而无犯，郑玄注为，隐，谓不称扬其过失。无犯，不犯颜而谏。③ 关于不犯颜而谏，《礼记·曲礼》曰"子之事亲也，三谏而不听，则号泣而随之"。事亲有隐，强调了子女对父母的恭敬，不应该有冒犯的言行。

然而"责"字含有对父母不敬的意味。责善之"责"，债务偿还是其本来义，引申为职责、责成，这是先秦文献如《管子》中最常用的意义④。也可以

---

① （明）胡广等纂修，周群、王玉琴校注：《四书大全校注》，下册，武汉：武汉大学出版社2015年版，第912页。
② 孟子熟悉古礼，又见陈来：《竹帛〈五行〉与简帛研究》，北京：生活·读书·新知三联书店2009年版，第199页。
③ （汉）郑玄注，（唐）孔颖达疏，龚抗云整理，王文锦审定：《礼记正义》卷第六，上册，北京：北京大学出版社1999年版，第169页。
④ 笔者统计，《管子》中"责"的相关语句约共十五处，其中，一、表示"债务偿还"的，有四处，如：1.贫士之受责于大夫者几人？（《问》）2.君实乡州藏焉，曰："某月某日，苟以责者，乡决州决。"（《山权数》）3.君直币之轻重以决其数，使无券契之责。（《轻重》）4.愿以为吾贫萌决其子息之数，使无券契之责。（《轻重》）二、表示"职责""责成"：

泛指责备,但出现较少,如《论语》"躬自厚而薄责于人"(《卫灵公》),《国语》"吾闻之,申生甚好信而强,有失言于众矣,虽欲有民,众将责焉。"(《晋语十 骊姬谮杀太子申生》)"责"字的对象,往往是债务、职责,或者债务偿还人、负责人,除《孟子》一书外,尚未见有将"善"作为责的对象的。责善,责备对方不善,责成其为善,这种责备和责成,脱胎于上级对下级、或者债权人对于债务人的命令意味。显然,若是子对父责善,就是以下凌上的僭越,是不符合事亲有隐的礼法的。匡章是"通国皆称不孝",孟子认为,匡章倒不是不孝,而是因为"子父责善""得罪于父":

> 公都子曰:"匡章,通国皆称不孝焉。夫子与之游,又从而礼貌之,敢问何也?"孟子曰:"世俗所谓不孝者五:惰其四支,不顾父母之养,一不孝也;博弈好饮酒,不顾父母之养,二不孝也;好货财,私妻子,不顾父母之养,三不孝也;从耳目之欲,以为父母戮,四不孝也;好勇斗狠,以危父母,五不孝也。章子有一于是乎?夫章子,子父责善而不相遇也。责善,朋友之道也;父子责善,贼恩之大者。夫章子,岂不欲有夫妻子母之属哉?为得罪于父,不得近,出妻屏子,终身不养焉。其设心以为不若是,是则罪之大者,是则章子已矣。"(《离娄下》)

可见在当时,子对父责善,被视为无礼,甚而以之为不孝。因此,父子之间不责善,就父亲一面说,是"君子不教子"之礼,从儿子一面说,是"事亲有隐"之礼。孟子传承了儒家的礼法,故而有此主张。

---

1. 定官府,明各分,而审责于群臣有司,则下不乘上,贱不乘贵。(《幼官》)2. 高予之名而举之,重予之官而危之,因责其能以随之。(《侈靡》)3. 集于颜色,知于肌肤,责其往来,莫知其时。(《白心》)4. 乱主不知物之各有所长所短也,而责必备。(《形势解》)5. 以螻蛄之所长责人,故其令废而责不塞。(《形势解》)6. 故薄施而厚责,君不能得之于臣,父不能得之于子。(《形势解》)7. 故明主之听也,言者责之以其实,誉人者试之以其官。(《明法解》)8. 任官而不责其功,故污浊之吏在庭。(《明法解》)9. 有余富无余乘者,责之卿诸侯;足其所,不赂其游者,责之令大夫。(《轻重》)三、表示"管理":随之以法,则中内撕民也,轻重不调,无口之民不可责理,鬻子不可得使,君失其民,父失其子,亡国之数也。(《揆度》)四、表示"责备":文姜通于齐侯,桓公闻,责文姜。(《大匡》)

父子之道属仁,朋友责善之道则属义,礼法中出现仁义德目分别适用于不同的伦理关系,这都是取自人情。如《礼记·丧服四制》云:

> 有恩有理,有节有权,取之人情也。恩者仁也,理者义也,节者礼也,权者知也。仁、义、礼、知,人道具矣。……门内之治恩掩义,门外之治义断恩。

具体而言,仁主要指向亲人的亲情,亲亲是也;义则还可以指向非亲属的关系,或为尊尊,或为尊贤,《中庸》又表述为:"仁者人也,亲亲为大;义者宜也,尊贤为大;亲亲之杀,尊贤之等,礼所生也。"

仁义分别指亲亲、尊尊,孟子也有类似的表述:

> 仁之于父子也,义之于君臣也,礼之于宾主也,知之于贤者也,圣人之于天道也,命也,有性焉,君子不谓命也。(《尽心下》)

孟子又说"亲亲,仁也;敬长,义也",则与《礼记》的亲亲、尊尊(尊贤)有很大的不同。尊尊或尊贤为义,是指亲人之外的,而敬长(从兄)为义,则是亲人之间的。亲亲敬长,或事亲敬长,孟子又表述为"仁之实"与"义之实":

> 仁之实,事亲是也;义之实,从兄是也;智之实,知斯二者弗去是也;礼之实,节文斯二者是也;乐之实,乐斯二者,乐则生矣;生则恶可已也,恶可已,则不知足之蹈之、手之舞之。(《离娄上》)

关于"实"的所指,《孟子正义》引赵岐注曰"事皆有实。事亲从兄,仁义之实也"。[①] 疏又云"仁义之名至美,慕其名者,高谈深论,非其实也。孟子

[①] (清)焦循:《孟子正义》,第532页。

指其为事亲从兄,然则于此二者有未尽,虽日驰骛于仁义之名,皆虚妄矣"。① 唯有真心从事于事亲从兄的实践,仁义方能名至实归,仁义的德行,主要指向事亲与从兄。

《礼记》中虽未直接有"义之实,从兄是也"的表述,但是,也把爱亲敬长作为基本的德行:

> 子曰:立爱自亲始,教民睦也。立教自长始,教民顺也。教以慈睦,而民贵有亲。教以敬长,而民贵用命。孝以事亲,顺以听命,错诸天下,无所不行。(《祭义》)

又说:

> 先王之所以治天下者五,贵有德,贵贵,贵老,敬长,慈幼。此五者先王之所以定天下也。贵有德,何为也?为其近于道也。贵贵,为其近于君也。贵老,为其近于亲也。敬长,为其近于兄也。慈幼,为其近于子也。(《祭义》)

"立爱自亲始"与"立教自长始",以及"敬长为其近于兄也",都采取了孔子"能近取譬"的方法。从德行实践而论,事亲是爱,是从事于仁的开始,从兄是敬,是从事于义的开始,朱熹谓事亲从兄乃"仁义之根实处,最初发得来分晓"②。所以,孟子的"仁之实,事亲是也;义之实,从兄是也"的观点,与《礼记》"立爱自亲始"与"立教自长始"的礼法是一致的,并进一步说明了德行实践中,事亲与从兄的仁、义性质。尤其值得进一步探讨的是,孟子没有停留在传承这一既定儒家礼法的层面,而是在此基础上转出了仁义一体的论证理路。

---

① (清)焦循:《孟子正义》,第 532—533 页。
② (宋)朱熹撰,朱杰人、严佐之、刘永翔主编:《朱子语类》卷五十六,见《朱子全书》第十五册,第 1822 页。

二、仁义联属的观念结构

仁义的礼法分别取自爱亲敬长的人情,孟子继承了这一儒家立场。而作为哲学家,他还从普遍性的深度,论证仁义之礼是如何"取之人情"的:

> 人之所不学而能者,其良能也;所不虑而知者,其良知也。孩提之童,无不知爱其亲者;及其长也,无不知敬其兄也。亲亲,仁也;敬长,义也;无他,达之天下也。(《尽心上》)

爱亲敬长是孩提之童所无不知的,这是不学而能、不虑而知的良知良能,是世俗的人之常情。仁义能够成为天下公认的礼法,正是奠基于普遍性的人情。

爱亲敬长是可见的行为,是人情的"显"的方面。孟子对于普遍性人情的讨论,不仅在"显",亦在"隐"。即在心灵活动中仁义德行初露端倪时的表现,此即其四端之说:

> 人皆有不忍人之心。先王有不忍人之心,斯有不忍人之政矣。以不忍人之心,行不忍人之政,治天下可运之掌上。所以谓人皆有不忍人之心者,今人乍见孺子将入于井,皆有怵惕恻隐之心。非所以内交于孺子之父母也,非所以要誉于乡党朋友也,非恶其声而然也。由是观之,无恻隐之心,非人也;无羞恶之心,非人也;无辞让之心,非人也;无是非之心,非人也。恻隐之心,仁之端也;羞恶之心,义之端也;辞让之心,礼之端也;是非之心,智之端也。人之有是四端也,犹其有四体也。有是四端而自谓不能者,自贼者也;谓其君不能者,贼其君者也。凡有四端于我者,知皆扩而充之矣,若火之始然,泉之始达。苟能充之,足以保四海;苟不充之,不足以事父母。(《公孙丑上》)

恻隐羞恶是心理活动,爱亲敬长是行为,虽然二者不是同类事物,但是恻隐羞恶正是爱亲敬长的必要的心理基础,正如孟子所言:"苟不充之,不足以事父母"。并且,从普遍性而言,恻隐与羞恶,对于血缘关系内外的所有人都是适用的,这就是"苟能充之,足以保四海"的缘由。恻隐羞恶与爱亲敬长都是普遍性 的人情,恻隐羞恶是普遍的情感心理,爱亲敬长是普遍的伦理行为,隐在的情感是显在德行的基础。

从孟子的观念结构看,孟子之仁义所奠基的人情要素不是单一分散的,而是有机联系的整体。爱亲敬长是作为良知良能的一体,恻隐羞恶是作为四端之心的一体,则仁义之间,呈现了联属一体的关系结构。但是在《孟子》中,有关仁义关系的直接论述较少。正如陈来先生所提示的,在孟子的相关实例的讨论中,可以见到仁义的关系内容。这倒不是孟子要隐晦其言,因为仁义实践本来就是具体的,爱亲敬长,恻隐羞恶,所包含的无不是具体的事项。所以通过实例,才能够呈现其面貌。相关的典型实例除了前文讨论的"父子之间不责善"外,还有著名的"以羊易牛":

> 齐宣王问曰:"齐桓、晋文之事可得闻乎?"孟子对曰:"仲尼之徒无道桓、文之事者,是以后世无传焉。臣未之闻也。无以,则王乎?"曰:"德何如,则可以王矣?"曰:"保民而王,莫之能御也。"曰:"若寡人者,可以保民乎哉?"曰:"可。"曰:"何由知吾可也?"曰:"臣闻之胡龁曰,王坐于堂上,有牵牛而过堂下者,王见之,曰:'牛何之?'对曰:'将以衅钟。'王曰:'舍之!吾不忍其觳觫,若无罪而就死地。'对曰:'然则废衅钟与?'曰:'何可废也?以羊易之!'不识有诸?"曰:"有之。"曰:"是心足以王矣。百姓皆以王为爱也,臣固知王之不忍也。"(《梁惠王上》)

以及"嫂溺,援之以手":

> 淳于髡曰:"男女授受不亲,礼与?"孟子曰:"礼也。"曰:"嫂溺则援之以手乎?"曰:"嫂溺不援,是豺狼也。男女授受不亲,礼也;嫂溺援之以手者,权也。"(《离娄上》)

"父子之间不责善"章,表现的是以朋友之义,成全父子之仁的仁义一体,正是《孟子正义》之章指所言"易子而教,相成以仁,教之义也。"

在"父子之间不责善"章中,父子之道的仁与朋友之道的义,本身就是礼法的规定。而在"以羊易牛"的故事里,衅钟之礼本身并没有要求"以羊易牛"之仁。这样的仁,是齐宣王见到牛临死前觳觫可怜的情态、油然而生的恻隐之心。这是触景生情的当下之仁,是在已有的礼制之外的临时变通。从礼的角度而言,以羊易牛之仁,并不是必须的仁。

因此,若从一般的礼法以及世俗的伦理情感来论,父子之间不责善,用朋友之义来成全父子之仁,这种仁义彼此成全是礼法的必须,也是符合普遍人情的。而以羊易牛之仁,凸显的是齐宣王个人的当下恻隐之心,需要成全当下一念之仁与衅钟之义,这是齐宣王个人所面临的两难情景,而不是礼所关涉的普遍性问题。但是从孟子的立场,以羊易牛之举,并不因为是礼制之外的行为而不具备普适性。相反,孟子把这一念之恻隐,诉诸人心所普遍具有的恻隐,以之为仁之端。他指出,如果将以羊易牛的恻隐之心推及到人身上,怜悯百姓的觳觫,施行仁政,则以羊易牛之恻隐,就是可以泽及天下的"仁"本身,因而具备了普遍性。

无论是以朋友之义来成全父子之仁,还是通过以羊易牛之仁来完成衅钟之义,都体现了"仁"的不容已、不可遏制的态势,以及义的必须达成。朋友之义,是为人处世的基本道义,衅钟则是不能够废除的礼,这些都是必须达成的义,是德行的基本。父子之仁,是伴随着父子血缘关系所一直存续的,是不容已的情感,而以羊易牛、见觳觫而恻隐,也是当时情景中所"不忍心"而一定要避免不安心,这些都是仁的不容已、不可遏制之势。

仁的不容已,"嫂溺援之以手"是个典型的例子。在这个例子中,"男女授受不亲"之义,只能被暂时违背,而由挽救生命之仁来取代。并且,如果在这种情况下,还拘泥于授受不亲的礼制,而不伸出援手,那就不仅仅是违背了仁,甚且是泯灭了人性:"嫂溺不援,是豺狼也。"本例与以羊易牛很接近,都是在目睹生命遇到危难的情景下伸出援手,但是本例中仁的紧迫性和必要性更高,甚至压倒了义。事实上,以羊易牛并不是必要的,嫂溺援以手也面临着有悖男女之分的诘难。但是孟子不仅支持这样的做法,而且认为以羊易牛能够达到仁政的普遍性,而小叔子若不伸出援手,就不符合人性了,所凸显的正是恻隐之仁的不容已,在目睹生命临难情形下的真切作用。

按照孟子的逻辑,在"嫂溺援之以手"的例子中,义并没有消失,相反,暂时违背的是男女之分的小义,却避免了见死不救的"不义"。而在以羊易牛的例子中,这种礼制上不必要的做法,之所以有普遍性的意义,就是能够触动统治者避免不义、即不使百姓陷于苦难。在这些例子中,仁与义是没有须臾离的,虽然有时背离了义的具体形式(易牛、援手),但是成全了仁的同时,事实上也避免了不义,所以是从根本上保全了义。保全仁的生命原则同时,也是保全义,这一判断来自人的情感经验,是人根据自己的不忍之心,从而将生命原则作为了底线,如果漠视其他生命,显然是缺乏道义的表现。从这一点而论,恻隐也构成了羞恶的基调①,朱熹所论恻隐是四端之首,是其他端绪之根,殊为确当。②

孟子仁义联属的观念结构类型,正体现在相关的具体事例情境中。或如"父子之间不责善"的情境中,仁与义各有局限而相互成就对方。或如以羊易牛、嫂溺援手等情境中,仁是义的基调,并且珍惜生命本身就是避免不义、保全了义。仁与义恰如一体之两面。

三、仁义联属的实践内涵

仁义之于孟子,不仅仅是哲学家所思维的观念,更是道德实践中的本体:"舜明于庶物,察于人伦,由仁义行,非行仁义也。"(《离娄下》)其中,"由仁义行"与"强恕而行"一致,皆是指仁本体作用下的实践:

> 万物皆备于我矣。反身而诚,乐莫大焉。强恕而行,求仁莫近焉。(《尽心上》)

"强恕而行,求仁莫近焉"的恕,源于孔子"己所不欲,勿施于人"的恕道。

---

① 陈立胜:《恻隐之心:"同感"、"同情"与"在世基调"》,《哲学研究》2011年第12期。
② (宋)朱熹撰,朱杰人、严佐之、刘永翔主编:《朱子语类》卷五十三,见《朱子全书》第十四册,第1762页。

孟子所观察的道德情境实例中,都蕴含了孔子说的"己所不欲,勿施于人"。在以羊易牛、嫂溺援手的例子中,"己所不欲,勿施于人",主要讲的是"不欲"面对其他生命陷入危难,故制止"危难"。而在"父子之间不责善"的实例中,"己所不欲,勿施于人",并不是眼前的现象,而是儿子的心理预设。孟子描述了儿子的心理活动,儿子认为父亲发怒的行为与其"教我以正"的原则相矛盾,父亲正是以其所不欲而施于儿子。这在儿子看来显然是难以理解的负面情绪,于是父子产生隔阂,甚至感情日益疏离。父子之间责善容易偏离己所不欲、勿施于人的原则,这是现实情感的经验。

事实上,"己所不欲,勿施于人",作为人们衡量对方施之于我的行为是否合适的基本心理,被《礼记》所采取,并将之具体到你我他三方的关系中,是为"絜矩之道":

> 所恶于上,毋以使下;所恶于下,毋以事上;所恶于前,毋以先后;所恶于后,毋以从前;所恶于右,毋以交于左;所恶于左,毋以交于右,此之谓絜矩之道。(《大学》)

朱熹解释为:"絜,度也。矩,所以为方也……君子必当因其所同,推以度物,使彼我之间各得分愿,则上下四方均齐方正,而天下平矣。"[①]其中,"君子必当因其所同",己所不欲,众亦不欲。孟子在其仁政的宣说中,常常启发统治者从这一点来认识仁政的必要性:

> 孟子曰:"不仁哉,梁惠王也!仁者以其所爱及其所不爱,不仁者以其所不爱及其所爱。"公孙丑问曰:"何谓也?""梁惠王以土地之故,糜烂其民而战之,大败,将复之,恐不能胜,故驱其所爱子弟以殉之,是之谓以其所不爱及其所爱也。"(《尽心下》)

[①] (宋)朱熹撰,朱杰人、严佐之、刘永翔主编:《四书章句集注》,见《朱子全书》第六册,第24页。

死亡是生命的终结,无论自我还是他人,都不欲死亡。孟子批评梁惠王"不仁",以其所不爱及其所爱。所不爱的是百姓,所爱的是自家的子弟。为了争夺土地发动战争,驱赶百姓为之作战赴死。及至战事将败,又不得不驱使所爱的子弟战死沙场——这是将对待所不爱的方式加诸所爱的对象。此处,君子必当因其所同,人人都不欲死亡,这是相同的,也是施行仁政的基础。所以孟子见到梁惠王的继任者梁襄王时,仍然强调不嗜杀者能定天下:"如有不嗜杀人者,则天下之民皆引领而望之矣。诚如是也,民归之,由水之就下,沛然谁能御之?"(《梁惠王上》)

并且,孟子很清楚,所不欲如此一致,但是所喜好未必相同。所谓"与民同乐",并不是与民同其所喜好,而是因为避免了民之所不欲:

> 臣请为王言乐:今王鼓乐于此,百姓闻王钟鼓之声,管籥之音,举疾首蹙頞而相告曰:"吾王之好鼓乐,夫何使我至于此极也?父子不相见,兄弟妻子离散。"今王田猎于此,百姓闻王车马之音,见羽旄之美,举疾首蹙頞而相告曰:"吾王之好田猎,夫何使我至于此极也?父子不相见,兄弟妻子离散。"此无他,不与民同乐也。今王鼓乐于此,百姓闻王钟鼓之声,管籥之音,举欣欣然有喜色而相告曰:"吾王庶几无疾病与?何以能鼓乐也?"今王田猎于此,百姓闻王车马之音,见羽旄之美,举欣欣然有喜色而相告曰:"吾王庶几无疾病与?何以能田猎也?"此无他,与民同乐也。(《梁惠王下》)

君主好田猎音乐,这等贵族的喜好快乐,同时也是一种生活方式。显然,普通百姓无财力消受如此生活方式、缺乏如斯爱好的基础。与民同乐的重心并非是君主与百姓分享特定的快乐方式,而是使百姓免于苦难。因此,孟子通过展示田猎音乐与骨肉分离的乐与苦的反差,暗示与民同乐的基础是避免"所不欲"的骨肉分离之苦。此处凸显的是所恶、所不欲的普遍心理。

基于所恶或者说所不欲是人们普遍的心理,孟子论及仁义实践时,采用的正是"不忍""不为"的说法:

人皆有所不忍,达之于其所忍,仁也;人皆有所不为,达之于其所为,义也。人能充无欲害人之心,而仁不可胜用也;人能充无穿踰之心,而义不可胜用也。人能充无受尔汝之实,无所往而不为义也。(《尽心下》)

　　基于"强恕而行"是孟子的求仁之方,不忍与不为,也可以说开展出"己所不欲,勿施于人"之"不欲"的两种形式。不忍指向"仁",不为指向"义",故此,讨论道德实践中仁义的关系,需要立足于不忍与不为的关系。

　　若从字面上看,不忍也是一种不为,这种不为,是"无欲害人之心"。为什么孟子还要把不忍和不为分开而论呢?

　　孟子所说的不忍,或曰不忍人之心,其实是一种隐微的心理活动,即怵惕恻隐。相比之下,孟子所说的不为,虽然也是心理活动,但是这种心理活动与怵惕恻隐相比,还是很不同的。怵惕恻隐所突出的是见到生命受苦惨象而产生的当下心痛感觉。这种感觉不需要经过思考,即孟子所说的,没有放在诸种行为中去考量和判断"为还是不为"的理由。这些行为考量是所谓的"内交于孺子之父母","要誉于乡党朋友"。而孟子说的"不为",是其所谓的"羞恶之心",无论是对己之羞,还是对人之恶,都是对某种行为的"羞恶"。也就是说,不为之心,是对某些行为的否定之情。在上文所引中,孟子的不为所否定的就是"穿踰""受尔汝之实"的行为。既然有对某些行为的否定,那么,在不为的感情中,即已经包含了对行为适当与否的判断。因此,孟子所说的不忍的情感是无需判断的,而不为的情感则是经过判断的。

　　仁的情感是爱,义的情感是果断的判断和衡量。这一点,在与孟子思想同调的帛书《五行》的"说"中,有具体的表述:"间,义之方也。匿,仁之方也。言仁义之用心之所以异也。……故义取间而仁取匿。""间为言犹衡也",①其中,义为间,间犹衡,衡即权衡之义,权衡判断是也。②

---

① 马王堆汉墓帛书整理小组编:《马王堆汉墓帛书壹》,北京:文物出版社1980年版,第22页。
② 郭沂:《郭店竹简与先秦学术思想》,上海:上海世纪出版集团、上海教育出版社2002年版,第196页。

义所判断的行为,虽然往往是后天教养的内容,但是,义判断本身,却是先天的,即是所谓的羞恶之心。羞恶是先天具备的情感,朱子认为,恻隐是四端之首,恻隐先动了,羞恶等三端才会动。朱子所讲的动,不是时间上的先动后动,而是一种我与万物相感通的生意,恻隐之心是贯穿其他三心的。清儒王夫之直接地表述为"偶然发见之几","不忍自利伤物,则'羞恶之心'生;不忍以气凌人,则'辞让之心'生;不忍悖理违众,则'是非之心'生,"四端实起于不忍人之心,"而随所触而异,分之为四也。"①这些理解②,是对孟子四端说在本体论上的合理推导,从而凸显了恻隐—仁本体的意义。

不忍之恻隐不假思索,这是作为生命体的人都会具有的本能反应。不为之羞恶内蕴了判断,则是来源于人类的交往。孟子所举的无穿窬和无受尔汝之实,是羞恶的通例。与孺子入井相比,孺子入井的惨象中,我的心理反应不是源于我与孺子的交往,而是针对孺子的遭遇。而穿窬和受尔汝之实,则是我与他人相互对待的方式。或者说,羞恶判断就根源于日常生活中我与他人如何相互交往、互相对待。并且,参照帛书《五行》说部的讲法,"恶呼嗟而不受呼嗟。正行之,直。"③义之直,体现了义是内心本然的判断。这种本然判断就像恻隐之心一样,也是人心的本能。在孟子之前,《中庸》把这种好恶判断形象地称为"如好好色,如恶恶臭"。

不忍与不为作为不欲的两种形式,不忍突出的是自我的心痛感觉,这是对生命存在的感受,也是人类最根本的生存情感。而不为,则突出的是自我与他人之间相交相处、彼此对待的具体感受。由于人存在于亲人、朋友、师长、上下级之间的相交相处的关系中,所以,不忍与不为,作为根本的生命情感与人际相处的基本感受,总是同时存在。不忍之仁朝向人类的本根,即人之作为生命体。不为之义朝向人类的关系,即人类之作为交往关系整体。

对于仁义分别指向生命根本以及人我关系以及这二者同时存在的关系

---

① (清)王夫之:《四书笺解》卷六,见《船山全书》第六册,长沙:岳麓书社1991年版,第296页。
② 上述朱子、王夫之论说的相关理解,见陈立胜:《恻隐之心:"同感"、"同情"与"在世基调"》。
③ 马王堆汉墓帛书整理小组编:《马王堆汉墓帛书壹》,第20页。

结构,孟子的"人心人路"说很有代表性:

> 仁,人之安宅也;义,人之正路也。旷安宅而弗居,舍正路而不由,哀哉!(《离娄上》)
>
> 仁义而已矣。杀一无罪,非仁也;非其有而取之,非义也。居恶在?仁是也;路恶在?义是也。居仁由义,大人之事备矣。(《尽心上》)

孟子给予仁的意象是"安宅",形象地刻画了人类生命的根本归宿。给予义的意象是"正路",亦带出了日常生活的基本场景。从日常语言来理解,孟子的比喻是很贴切的,人们生命的出发点只能是自己的家,而日常生活中与他人相交相处,则必须是通过行走在种种路途上才能到达他人。因此,孟子说"仁,人心",这是根本性的;"义,人路",这是基本性的。仁义并行并存,是所谓"居仁由义"。居,由,并不仅仅是仁义行为的动作,而本来就是仁义行为的本质特征。居仁由义就是为仁之功夫,同时也是仁本体的关系结构。这也就是孟子所说的"由仁义行,非行仁义也。"仁义不是行为的对象,它就是本体,就是工夫。

四、儒家、哲学家、实践家

孟子是一位儒家。在儒家礼法中,仁义是有别的,仁主要面向亲人,义主要面向君臣朋友。孟子继承了仁义有别的礼法,"父子之间不责善"就是典型例子。孟子又将事亲敬长作为仁义的实例,这也是对亲亲尊贤、爱亲敬长的儒家仁义礼法的发扬,体现了仁属亲亲、义属尊贤敬长的不同伦理关系。

孟子也是哲学家。从仁义有别的儒家礼法,转到仁义联属的观念,这中间经过了孟子独立的哲学思考。儒家礼法的精神是"取之人情",孟子正是在论述仁义如何取自普遍性人情的过程中,展现了仁义联属的观念结构。考察仁义所奠基的普遍人情,无论是显在的爱亲敬长,还是隐在的恻隐羞恶,都凸显了仁义联属的观念结构。并且,这一观念结构的具体类型体现于孟子有关仁义的道德实例:在"父子之间不责善"中,仁与义各有局限而相互成就对方;在以羊易牛、嫂溺援手等情境中,仁是义的基调,并且珍惜生命本身就是避免不义、保全了义,仁与义恰如一体之两面。

　　孟子更是实践家。孟子讨论仁义的道德情景呈现了仁义联属的观念结构,而这一观念结构的根基是道德实践。其中,仁义不仅是一个哲学概念,仁义更是实践本体的作用。仁与义的关系结构,立足于"强恕而行"的求仁之方所显示的、"己所不欲,勿施于人"的恕道中"不欲"之不忍与不为的关联。"不忍"之仁与"不为"之义是同时存在、合为一体的。在孟子的"居仁由义"说中,赋予不忍之仁以"安宅"意象、不为之义以"正路"意象,正体现了仁义的根本义与基本义。在后世理学的义理解释中,朱熹侧重于仁义根本义与基本义的差别,"仁义皆是心。仁是天理根本处,贼仁则大伦大法亏灭了,便是杀人底人一般。义是就一节一事上言,一事上不合宜,便是伤义。似手足上损伤一般,所伤者小,尚可以补。"①王守仁则侧重于仁义是一体的,仁属无事时,义属有事时,无论有事无事,都是心体的不可间断的作用流行,功夫都是一事,"就如《易》言'敬以直内,义以方外',敬即是无事时义,义即是有事时敬,两句合说一件。"②

　　在仁义联属的论述中,孟子作为儒家、哲学家、实践家的身份是统一的。他并没有停留在仁义有别的儒家礼法,而是着力于"取之人情"的礼法精神本身,在积极的哲学思考中,获得了仁义联属的观念结构。而这一观念结构,又根基于他对儒家恕道工夫实践的体知,他用不忍与不为来诠释不欲,凸显了本体的作用。因此,孟子对儒家的继承,着力于儒家精神秉承与实践工夫的探索,职是之故,既有作为哲学家为普遍性道德奠基,更有作为实践家为道德根基追寻实践内涵。

第三节　仁义德行的结构

　　《孟子》是儒家讨论仁义的经典资源,"仁"与"义"对待统一,从而"仁

---

① (宋)朱熹撰,朱杰人、严佐之、刘永翔主编:《朱子语类》卷五十一,见《朱子全书》第十五册,第1691页。
② (明)王守仁撰,吴光、钱明、董平、姚廷福编校:《传习录上》,见《王阳明全集》卷一,第一册,第36—37页。

义"对举成为一个概念,这是汉代董仲舒以来的儒门通识①。然而,如何阐述仁义对待统一的结构,董仲舒以来的儒者多从阴阳相谐、生气流行的宇宙论来立论②,时贤虽于仁义的结构有总体性的说明,但是具体落实到仁义道德事例上,来探析仁义的结构,却论者甚少③。"心行合一",儒家道德哲学,向来是德性与德行并论④,《孟子》作为儒家道德哲学的经典,也是在具体的⑤道德实践中,在德行的基础上展开德性的探讨⑥。正如有论者指出,孟

---

① 董仲舒、张载都认为仁义相反相成,见张岱年:《中国古典哲学概念范畴要论》,北京:中国社会科学出版社1989年版,第164、165页。朱熹在解读孟子时,指出仁义对立成两,从而仁义礼智能够成为一个整体,人心人路之说,又是仁存于心、义形于外的另一种体用的对待。见陈来:《朱子四德说续论》,《中华文史论丛》2011年第4期。张奇伟在《"仁义"范畴探源——兼论孟子的"仁义"思想》(《社会科学辑刊》1993年第2期)专文指出,"仁义"是一个新范畴,不是"仁"和"义"两个词组合连用,而是两个范畴在内涵和规定上相依互补,重组创新。

② 董仲舒所论,详见张岱年《中国古典哲学范畴要论》,张载所言从"气论"说,朱子四德说之仁义礼智四德生气流行,也是在气论的宇宙论构架上而言,见陈来:《朱子思想中的四德论》,《哲学研究》2011年第1期;陈来:《朱子四德说续论》,《中华文史论丛》2011年第4期。

③ 1998—2007年十年间关于孟子的研究中,仁义结构论说都是总体描述,未见具体讲论仁义德行结构的,见万光军:《孟子仁义思想研究》之《附录五:十年来孟子研究综述》,华东师范大学博士论文,2008年,第246—247页。近年来唯有陈少明先生的《仁义之间》(《哲学研究》2012年第11期)一文,回到道德现象,讨论了不忍心(恻隐)作为仁义的共同情感基础,且进一步论述了羞恶之义与不忍之仁是本质上一致的,扬善与去恶是仁义的结构,其根本在于不忍的情感。其目标不是说明仁义的结构,而是通过检讨仁义的关系,来寻求对儒家对待恶的态度的理解,问题的焦点落在对不忍(或恻隐)的情感的道德价值的分析上。

④ 讨论儒家伦理,显然不能将德行与德性分开,虽然不同的思想家如孔孟各有侧重。详见陈来:《〈论语〉的德行伦理体系》,《清华大学学报》2011年第1期。

⑤ 黄俊杰在《孟学思想史论》(一)(台湾:东大图书股份有限公司1991年版)中指出,孟子的思维方式具有"具体的""联系的"两个向度,其中"具体的思维方式"包含了类推论证和历史论证,本书所讨论的"父子之间不责善"章,也是孟子与弟子讨论的"古者易子而教"的历史事例。

⑥ 陈来先生指出,仁义等概念在孟子哲学中仍有德行的意义,这是对孔子思想的继承,也有新的发展,从德行和德性的角度看,传统德目在孟子思想中已经从德行条目渐渐发展出德性的意义。详见陈来:《孟子的德性论》,《哲学研究》2010年第5期。本书认为,结合黄俊杰所讲的"具体思维方式",孟子的从德行到德性的发展,也展现了他基于德行的具体实践来论说德性的思路,正符合陈来所说的儒家道德的德行与德性之为一个整体。

子论仁义,具体指向父子、君臣关系,其中父子维度又是仁义之本①,故本书选取"父子之间不责善"章②,进入孟子展现给人们的具体德行事例,讨论其中蕴含的仁义德行结构的道德哲学问题,试图能够深入前贤未曾具体揭示的、道德实践中的仁义内在理路,而这本来也是儒家道德实践学问的题中应有之义,是学理研究和实践运用都亟需解决的问题。

一、仁义德行与伦理情感

孟子留给后人一个著名观点:"父子之间不责善",此章故事如下:

> 公孙丑曰:"君子之不教子,何也?"孟子曰:"势不行也。教者必以正;以正不行,继之以怒,则反夷矣。'夫子教我以正,夫子未出于正也。'则是父子相夷也。父子相夷,则恶矣。古者易子而教之。父子之间不责善。责善则离,离则不祥莫大焉。"(《孟子·离娄上》)

本章关系到德行,主要分为两类:仁与义。其中,仁,是父子之间的亲爱。义,就是所谓的"责善",要求行为符合道德正当性。焦循总结了诸家的注疏,归纳本章的宗旨是"父子至亲,相责离恩;易子而教,相成以仁,教之义也"。③ 本章最大的特点,是用易子而教来成全父子的仁爱。

从这一显而易见的特点来看,仁与义具有不相同的地方。用孟子自己的话来讲,就是"责善,朋友之道也;父子责善,贼恩之大者"。(《离娄下》)

---

① 万光军将孟子的仁义思想总结为抽象的仁义与现实的仁义两个方面,其中,抽象的仁义表述为仁义并举的说法,现实的仁义则是抽象仁义被孟子指向父子、君臣关系,且相对而言,父子关系是内、大、先,要放在优先地位。详见万光军:《孟子仁义思想研究》,上海:华东师范大学博士论文,2008年,第2页。

② 万光军指出,"父子之间不责善"是孟子仁义思想所指向的具体事例之一,详见万光军:《孟子仁义思想研究》,第39—40页。对于此章的研究,目前主要有两个方面:一是有关谏亲的孝观念,如曾振宇:《孟子孝论对孔子思想的发展与偏离——从"以正致谏"到"父子不责善"》,《史学月刊》2007年11期。二是关于处理家庭伦理与社会伦理的内外原则不同,如李景林:《伦理原则与心性本体——儒家"仁内义外"与"仁义内在"说的内在一致性》,《中国哲学史》2006年第4期。

③ (清)焦循:《孟子正义》,第524页。

责善之义,与父子之仁是不相容的(责善贼恩),义所属的是朋友之间,或者如宋以来的注家所引申的,是"师弟子"也即师徒朋友之间的。此处仁与义的不相同,孟子本人首发其端,汉代赵岐重申其意。宋以来的注家,也是这样认为的,但是对于不相同的程度,诸家意见并不一致,现按其程度的从高到低列举如下:

有极言仁义若是混淆,就会导致父子之间的"残害",如明代姚舜牧说的"天下之事,有相爱而反相残者,亲教是也"。①

有认为仁与义分属于父子关系与师弟子关系,二者并行不悖乃是天经地义的天理法则,如宋代张九成提出"余读此章,乃知父子自有父子之法,师弟子自有师弟子之法。父子以恩为主,师弟子以责善为主。易位而处,在父子则伤恩,在师弟子则伤义,此天理之自然,不可以私智乱之也"。② 明代的陈琛认为"父子之恩出于天性也,若责善而不合,则贼恩之大者。此责善之义所以不可行于父子也。亲教则至于伤恩,不教则至于害子"。③ 明代焦竑指出"父子是绝不得的。故养恩于父子之际,而以责善付之师友,仁义便并行而不悖"。④

有认为,由于仁义二者所涉及的伦理关系不同,所以,父子之仁与师弟子、朋友之义可以互为补充,补足彼此的局限,从而成全彼此。如宋代张栻提出的"为人父者易子而教之,盖以责善之义望于师也。养恩于父子之际,而以责善望之师,仁之笃,而义之行也"。⑤ 明代张居正指出"惟父子之间,贵在恩义浃洽"。⑥ 明代辛全也说"朋友居五伦之末,正以维持四伦之失,补救四伦之穷"。⑦ 就连明代的姚舜牧虽然认为仁义二者十分不相容,但是正是如此,二者可以互为补充"盖父子朋友之间,情义原自不同,朋友可责善,

---

① (明)姚舜牧:《重订四书疑问》卷第九,见《四库全书存目丛书·经部》第一五八册,济南:齐鲁书社1996年版,第224页。
② (宋)张九成著,杨新勋整理:《孟子传》卷十六,见《张九成集》第三册,第905页。
③ (明)陈琛:《重刊补订四书浅说》,见《四库未收书辑刊》壹辑柒册,第282页。
④ (明)焦竑:《焦氏四书讲录》,见《续修四库全书》,第一六二册,第282页。
⑤ (宋)张栻撰,邓洪波校点:《孟子说》,见《张栻集》,第一册,第284页。
⑥ (明)张居正撰:《四书集注阐微直解》卷二十,见《四库未收书辑刊》贰辑拾贰册,北京:北京出版社2000年版,第586页。
⑦ (明)辛全:《四书说》卷二十二,见《四库未收书辑刊》陆辑叁册,第585页。

父子不可责善。易子而教,正假朋友以全父子之爱,一大好处"。① 清代汤传櫆总结为"古者易子而教,假朋友以全父子之爱,正是曲成苦心处"。②

从整体思路上把握,无论程度高低如何,就责善这件事情而言,仁义分属不同的伦理关系、二者不能够易位,这是基本的事实。在这一事实的基础上,按照孟子的思路,不可以因为父子伤恩而废除义道,对儿子的教育总还要进行下去,所以最后选择的是"易子而教",父亲在责善这个"义"的环节中离场,而交给朋友这一伦常。孟子选择了用朋友之义来完成"责善",使得父子仁爱得以保全,从仁与义的行为关系上看,存在着义对于仁的补充和成全,宋以来的注家的确看到了这一点。

正如辛全指出的,五伦各有其局限,尤其在本章中,即便是作为首善的亲子间仁爱③都有局限。这是因为,落在德行中的仁,必然受到行为所属的伦理关系的局限,也就是说,仁的德行必须与其所在的伦理关系一致。本章所涉及的仁义关系,并不是抽象的仁义德性之间的关系,而是具体的仁义德行之间的关系,作为德行,二者之间的关系,展现为伦理关系中的交往行为的结构。

伦理关系中的交往行为,主要取决于伦理角色之间情感关系。在本章中,孟子的思路体现了这一点。父子之间的情感关系是恩爱,朋友之间的情感关系可以是信义,所以,从人们的日常经验来看,很难想象,朋友之间的友爱,可以采取父子恩爱的形式,也很难想象,父子之间,要像朋友之间一样,以信义为基准,如若不合,二者可以互相指责、甚至绝交。这种情感关系差异所导致的交往行为的差别,是伦理关系的标志性特征,所以后世注家基本

---

① (明)姚舜牧:《重订四书疑问》卷第九,见《四库全书存目丛书·经部》第一五八册,第224页。
② (清)汤传櫆辑:《四书明儒大全精义·孟子》卷第七,见《四库未收书辑刊》壹辑捌册,北京:北京出版社2000年版,第634页。
③ 朱熹在回答学生关于"仁之实,事亲,义之实,从兄"的宗旨时,特别指出亲亲之仁与从兄之义不是一个层面的问题,相比较而言,亲亲之仁是更为根本的。问:"事之当为者,皆义也,如何专以从兄言之?"曰:"从兄乃事之当为而最先者。"又问:"事亲岂非事之当为,而不归之义,何也?"曰:"己与亲乃是一体,岂可论当为不当为!"见(宋)朱熹撰、黎靖德编,杨绳其、周娴君校点:《朱子语类》,第二册,长沙:岳麓书社1997年版(下同),第1191页。

都认为本章所述父子一伦主恩,并且有的特别指出父子之恩是天性的自然情感之理,这正是用情感关系来定义伦理关系及其交往的行为模式。

二、"父子不相夷"与仁的基础

父子之间恩爱的内容和方式有很多,如果要为父子恩爱的情感现象抽象出一个普遍的模式,这在现实中是不可能的,在理论上也是一种不必要的普遍性①。那么,又该如何呈现亲子伦理的情感关系呢?既然"是"的描述千差万别,那么可以讨论"不是"所划定的边界,这样可以由最小值来得到基础性的规定。

最低限度的父子恩爱是什么?可以明确的是,比最低限度还低,就是不恩爱。当然,不恩爱的形式和内容也非常多,但是对于最低限度的恩爱有意义的,就是恩爱与不恩爱这两个行为集合之间的临界点。本章中,孟子以细腻的笔触,显示了从这一临界点滑向不恩爱的过程。父子相夷,也就是父子之间互相指责、抱怨、削弱并伤害了双方的亲密,从而父子感情疏远,乃至父子相离甚至双方断绝了往来,最后,孟子还不无沉重地说"离则不祥莫大焉"。由于责善之是非,往往造成父子嫌隙甚而构祸②,这是不恩爱的极端形式,不恩爱的行为已经导致父子伦理关系被彻底破坏。在这一极端的界限之下,次一级的是父子双方断绝往来,但是父子伦理关系仍然伴随着双方的生命存续而客观存在,只是此时的父子伦理空有其形式,而没有父慈子孝的实质性内容。以上两个层级,可以概括不恩爱的最大限度。从最大限度

---

① 慈继伟在分析正义的条件时,指出在道德实践阶段,康德的绝对命令的缺陷就在于,其普遍性的条件在于所有个体的动机统一,而在实践中,动机统一是不可能的。在实践中,普遍性基于个人动机对于外界条件的依赖性,或者说满足彼此的利益,这样,普遍性就在于个体之间的相互性。这个分析有助于本书对于情感现象的普遍性的思考。按照上述关于道德实践中普遍性不是绝对命令(动机统一)的思路,那么实践行为中的普遍性就应该诉诸行为本身的共同性而非动机上的统一。父子恩爱的情感现象作为实践中的行为,是无法通过类似于动机统一的这样的抽象形式来获得其普遍性的,或者说,必须回到其行为的相互性中去讨论行为的共同性基础。详见慈继伟:《正义的两面》,北京:生活·读书·新知三联书店2001年版,第22—24页。
② 王夫之在《读四书大全说》中诠释本章时,引陈了翁云:"臣弑君、子弑父者,常始于见其有不是处耳。"见其有是,即见其有不是矣。见(清)王夫之:《读四书大全说》,北京:中华书局1975年版,第608页。

往下,可以涵盖父子相离、感情疏远等等行为,但是这些行为的程度高低、内容和形式都非常丰富,还没有到达于恩爱的临界点。

孟子所反复强调、要求防微杜渐的地方,正是"父子相夷",其中,父亲的愤怒是显在的,而儿子的抱怨,可以是显在的口头表达,也可以如焦循考证的,是还没有出口、却已经在心里的不满①。在"父子相夷"的情形中,父子之间还没有开始实质性的行为疏远,他们之间,有可能开始逐渐削弱彼此的亲密感,但是还没有足够的情感反应来证明,他们在"相夷"的这一刻已经瞬间丧失了彼此亲密,简单地说,相夷之后,是感情疏离,还是会和好如初,尚未分明。此时父子双方的情感交流,可见的是父亲的愤怒和儿子的抱怨(哪怕是腹诽,此时一般也会有外在的情绪表达,所以腹诽的心理活动视为有情绪表达的可见行为),但是还没有足够的情感反应和行为来构成"不恩爱",此时的情感反应和行为能够支撑的是不恩爱的可能性,因此,"父子相夷"的时刻,正是从恩爱到不恩爱的临界点。

从相夷这一临界点来看,父子之间的恩爱,至少要满足不相夷的行为条件,即至少要满足父亲不愤怒、儿子不抱怨,又,在本章中,儿子抱怨的原因是针对父亲怒斥自己的反应,孟子给出的方案也是针对父亲来的,为了避免相夷,只能选择父亲的回避——"不教子"。不亲教其子,易子而教,并非是一定之法,但至少可以避免父子相夷、满足最低限度的父子恩爱。

易子而教,是一种无奈的底线保障,这说明,道德正当的评判活动以及教育活动中会产生"责善"行为,而责善过程中,所伴随的彼此争执、愤怒、抱怨等行为,使得支撑父子伦理的恩爱之情,走到了不恩爱的临界点。正是有鉴于此,王夫之在诠释本章时,特别强调父子相讼对于父子伦理的危害:"双峰云'要谕之使合于道',一谕便是责善,责善便是争,争便是忤逆。父子之间,各执一是以相讼,而人道灭矣!"②

如前所述,伦理关系及其行为模式由其相应的情感关系所限定,本章揭示了父子情感关系的基础是父子不相夷,因此,父子不相夷是父子伦理关系

---

① (清)焦循:《孟子正义》,第523页。
② (清)王夫之:《读四书大全说》,第608—609页。

及其行为模式的底线。德行"仁"的基础是父子伦常的仁爱,因此,父子不相夷,是德行"仁"的基础。而对于教育活动而言,不亲教其子,或者易子而教,是为了达到父子不相夷的目的,从而保证"仁"的基础。

显然,德行"义"并不仅仅指"责善",但是责善的确是造成相夷的原因,"责善"是与德行"仁"的基础发生冲突的"义",可以认为,"责善"的行为将仁与义分开,使得责善之义属于朋友、师弟子的伦理关系,而与父子伦常的仁爱形成对立关系。

三、因仁而有义

另一方面,值得注意的是,公孙丑的提问是"君子不教子",而孟子的回答,固然已经解释了这个问题,但是,他并没有把自己的答案严格限定在"不教子"的范围,他不仅解释了不教子的原因,而且还给出了一个解决方案"易子而教"。这说明孟子一方面洞察了"仁"的行为基础,另一方面,他的思路也启示了,仅仅只是在"仁"本身的行为结构上,并不完整,"责善"作为德行"义",这个本来由父亲在父子伦理关系内部发出的动作,不能因为"仁"的行为底线、父亲的退场而中止,相反,父亲责善的意图是交由"易子而教"来完成的。"易子而教"的施行主体是"易子"的父亲与父亲之间,这表明,易子而教的行为意图,仍然是由父亲发出的,仍然是父子伦理关系中发出的行为意图,这可以理解为:易子而教之后,父亲没有亲身在场,但是父亲用正道、用德行"义"来要求儿子的意图却在继续发生作用。孟子所启示的上述思路,至少说明了,尽管"仁"的行为界限(不相夷)与"义"的行为(责善)之间有冲突,"义"的意图仍是父子伦理关系中必要性的内容。并且,如果没有这个行为意图,没有父子伦常中的这个"义",也就不会有"易子而教"的存在,就此而言,属于朋友、师弟子伦理的责善之义(行为),其实是父子伦常之"义"(意图)的派生物。

可见,仁与义的行为,既是对立的,又同时并存于父子伦常中,并且,父子伦常的义派生了朋友责善之义。那么,父子伦常中的"义"与"仁",又是什么关系呢?显然,日常语言在描述这一对关系的时候,常常会说,爱之深,责之切,爱子所以教子—望子成龙,等等,表达了"义"是因为"仁"而生成的。在日常经验中,首先是因为亲子关系及其爱的存在,才产生了对彼此的关注、期待和要求,在亲子伦理中,"义"主要表现为对彼此的行为的道德正当性的期待和要求。孟子说,"义"之端是羞恶之心,"义"之实是从兄,按照朱熹的解释,羞是对己,恶是对人,① 在亲子伦理中,无论是基于对行为正当与否的羞恶感,还是遵从道德正当性的规范,都指向对于父(母)或者儿(女)的行为是否合于道德正当的评价,而由于血缘亲子的伦理关系的存在,这种评价显然不同于对陌生人的道德评价。对陌生人的行为是否正当,主体的评价主要局限于评价行为本身,因为纠正、乃至惩罚陌生人的不正当行为,在现有法制的体系内,往往不是主体所能够执行的范围。② 然而,在亲子伦理关系中,对于亲人的行为是否正当,主体的评价就不仅仅是评价行为本身,还包括了应予以纠正的判断,在这一判断中,往往已经涵盖了如何纠正的具体意图。这是因为主体的亲子关系完全不同于主体与陌生人之间的关系,亲子关系具有血缘、伦理上的天然联系,而陌生人之间的关系,主要是法律关系,一般没有其他的关联。在亲子伦理中,双方在情感上、必要的时候也在法律上,分享和承担彼此的行为所产生的后果;此外,受社会公德和传统习俗的影响,道德或不道德的行为带来的名誉上的得失,对于亲子关系而言,往往是一荣俱荣、一损俱损。因此,基于亲子血缘关系以及家庭生活共同体的利益,父子伦常中,"仁"作为二者血缘亲情的体现,决定了双方"义"的关系的存在、延续以及方式。

在本章中,具体体现了父子伦常中,仁对于义的存在、延续以及方式的决定作用。在父子伦常中,因仁而有义,由于父子亲情的存在,父亲对儿子有道德正当的期待和要求(情之欲教)。并且,当"义"的形式与仁的基础发生冲突时,"义"的实施可以选择调整,从父子伦常关系退场,转而落入朋友、师弟子的伦理关系中。"义"的调整,是基于父子伦理关系的保全,也就

---

① (宋)朱熹撰、黎靖德编、杨绳其、周娴君校点:《朱子语类》第二册,第1150页。
② 慈继伟指出,纠正他人行为、惩罚恶行等正义的行为,是法律的任务,并且在法律体系内,是禁止个人出于正义理由的报复的。这不仅仅是维护社会秩序的需要,更重要的是,国家通过法律,垄断了维护正义的权力,使个人既无必要也亦无可能进行干预。这一垄断,是为了保证正义的实践是无条件的,以维系稳定的道德秩序和利益交换。详见慈继伟:《正义的两面》,第37页。

是仁(恩爱)的需要;而"义"的形式虽然被调整到其他的伦理关系中,由于其是父子伦常的派生物,故而仍然体现了父子之"义"的存续。并且,这一存续本身,正是"仁"的作用,即基于父子之间"仁"的血缘亲情,不会将"义"的期待和要求半途而废。总体来看,父子伦常中的仁与义,具有相反相成的关系,并且,仁义之间,仁是主导。

四、仁义德行的基本结构

以上是从仁义的现象所得出的二者关系,这样的仁义关系背后有怎样的基本结构?在孟子人性论体系中,德性是德行的本源—本体,因此,仁义德行并存于父子伦理中,乃是基于德性是仁义礼智共存的整体。要考察仁义德行的基本结构,就要回到德性落实为德行的行为根源,仁义德行从其行为根源上展开,因此,仁义德行的基本结构就是其行为根源的结构。这一行为根源,也就是孟子所谓的四端。仁义德行的基本结构就是四端的结构。

孟子本人并没有对四端的结构,作出具体的说明,后人认为仁义礼智的关系是"仁包四德"、或者"仁包四端",钱穆先生提出:"孟子始兼举仁、义、礼、智四者,汉儒加入信字称为五常。'仁包四德'之语,始自程伊川。"①程伊川在《程氏易传》中说:"元亨利贞谓之四德。元者万物之始,亨者万物之长,利者万物之遂,贞者万物之成。""四德之元,犹五常之仁,偏言则一事,专言则包四者。"②朱熹后来也继承了这个说法:"盖天地之心,其德有四,曰元亨利贞,而元无不统。其运行焉,则为春夏秋冬之序,而春生之气无所不通。故人之为心,其德亦有四,曰仁义礼智,而仁无不包。"③不过,如陈来先生指出的,朱子比伊川更进一步,他指出偏言之仁也含具其他各常之理④:

问:既是一理,又谓五常,何也?曰:谓之一理亦可,五理亦可。以

---

① 钱穆:《朱子新学案》第二册,北京:九州出版社2011年版,第136页。
② 前揭,第697页。
③ (宋)朱熹撰,朱杰人、严佐之、刘永翔主编:《仁说》,《晦庵先生朱文公文集》卷六十七,见《朱子全书》第二十三册,第3279页。
④ 陈来:《朱子思想中的四德论》,《哲学研究》2011年第1期。

一包之则一,分之则五。问分为五之序。曰:浑然不可分。①

今日要识得仁之意思是如何。……孔门弟子所问,都只是问做工夫。若是仁之体段意思,也各各自理会得了。今却是这个未曾理会得,如何说要做工夫!且如程先生云:"偏言则一事,专言则包四者。"上云:"四德之元,犹五常之仁。"恰似有一个小小底仁,有一个大大底仁。"偏言则一事",是小小底仁,只做得仁之一事;"专言则包四者",是大大底仁,又是包得礼义智底。若如此说,是有两样仁。不知仁只是一个,虽是偏言,那许多道理也都在里面;虽是专言,那许多道理也都在里面。②

无论专言仁还是偏言仁,"仁只是一个",这是由于朱子用生气流行来诠释四德或四端的关系③:"郑问:仁是生底意,义礼智则如何?曰:天只是一元之气。春生时,全见是生;到夏长时,也只是这底;到秋来成遂,也只是这底;到冬天藏敛,也只是这底。仁义礼智割做四段,一个便是一个;浑沦看,只是一个。"④

在朱子的生气流行的宇宙论视野中,四德或四端处于东南西北—春夏秋冬的空间—时间的整体系统,通过时空的整体系统,呈现的是仁义礼智之生气流行、彼此连属、彼此制约与成全的运动方式:

心如界方,一面青,一面赤,一面白,一面黑。青属东方,仁也;赤属南方,礼也;白属西方,义也;黑属北方,智也。又如寅卯辰属东方,为春;巳午未属南方,为夏;申酉戌属西方,为秋;亥子丑属北方,为冬。寅卯辰是万物初生时,是那生气方发,这便是仁。至巳午未,则万物长茂,

---

① (宋)朱熹撰、黎靖德编,杨绳其、周娴君校点:《朱子语类》第一册,第90页。
② (宋)朱熹撰、黎靖德编,杨绳其、周娴君校点:《朱子语类》第一册,第101—102页。
③ 陈来先生对此有详细的论述,分梳了朱子的仁说与二程仁说,详见《朱子思想中的四德论》《朱子四德说续论》《程门仁说略论》(载《二程与宋学——首届宋学暨程颢程颐国际学术研讨会论文集》,2012年11月。)
④ (宋)朱熹撰、黎靖德编,杨绳其、周娴君校点:《朱子语类》第一册,第97页。

只是那生气发得来盛。及至申酉戌,则那生气到此生得来充足无余,那物事只有许多限量,生满了更生去不得,须用收敛。所以秋训擎。擎,敛也,擎敛个什么? 只是生气到这里都擎敛耳。若更生去,则无合杀矣。及至亥子丑属冬。冬,终也;终,藏也。生气到此都终藏了,然那生底气早是在里面发动了,可以见生气之不息也,所以说"复,见天地之心"也。①

自然界的东南西北方位,以及春夏秋冬四季更替,都是自然而必然的运动整体,按照朱熹的说法,孟子的人性论也是这样一个四端流行的整体,仁对应于春天的生气流行,但是生气流行是有节制的度数的,到了秋冬,应该收敛和终藏,此时主要是义在起作用,而终藏之时,生气作为"生底气"、即作为发动下一个春天的动力潜藏起来。

值得注意的是,类比于春天生气是夏秋冬的发端和来源,朱熹认为,仁可以"包得四端":

> 问:"恻隐之心,如何包得四端?"曰:"恻隐便是初动时,羞恶、是非、恭敬,亦须是这个先动一动了,方会恁地只于动处便见。譬如四时,若不有春生之气,夏来长个甚么? 秋时又把甚收? 冬时又把甚藏?"时举。②

只有最先有了恻隐之心的仁作为"初动",其他三端才能开始,才能运动流行、"于动处便见"。朱熹的这一说法,是理学思想史上比较别致的表述,他将生气这一宇宙论的范畴,落实到人性论的心灵运动上来讲③。心学

---

① （宋）朱熹撰、黎靖德编,杨绳其、周娴君校点:《朱子语类》第二册,第1145页。
② （宋）朱熹撰、黎靖德编,杨绳其、周娴君校点:《朱子语类》第二册,第1152页。
③ 陈来特别指出,朱子学有两个面向,一个是继承伊川的理学,一个是承接明道的仁学,尤其是仁学部分,四德不仅仅是德性论的性理,也是心气流行的理论。朱熹的四德五常思想,事实上对后来的哲学、尤其是明代哲学的讨论影响甚大,但是以往受到的关注不多。本书赞同上述观点,并且认为,朱熹的四德说,是在诠释孟子性善论的经典上成立的,因此是延续孟子性善论、尤其是仁义必然性的论证理路的发展,这显然是儒家道德哲学发展的内在理路的要求,所以也成为了后世相关讨论所必须继承和发展的重要问题。相关论述详见:《朱子思想中的四德论》。

和气学,以生气流行为言说特色,气学的理路侧重从宇宙论上说生气,心学虽然将宇宙论的生气落到人性论上,主要探讨心灵运动,但是在朱熹看来,心学是在以"知觉"识仁,把心的作用、"智"当作了仁,这是不识仁本体,他批评陆九渊近禅"吾儒所养者是仁义礼智,他所养者只是视听言动"①,他以此立场批评谢上蔡"上蔡之言知觉,谓识痛痒、能酬酢者,乃心之用而知之端也。二者亦不同矣,然其大体皆智之事也。……但谓学者不识仁之名义,又不知所以存养,而张眉努眼,说知说觉者,必至此耳。"②因此,朱熹讲到心灵运动时,必以仁为根源,以彰显孟子以来的儒家性善宗旨。仁之为根源,是必然性之天理,并且这个天理必然有所显现,朱熹巧妙地将宇宙论中最为基本的生气流行之四季流行作为了仁义礼智四端流行的同构类比现象,在这一现象图景中,仁的必然性体现为本源论上的"初动",仁是四端的来源;仁的必然性又体现为本体论上一贯,春夏秋冬是仁本体的不同显现、不同体段,"春夏秋冬,亦只是一气"③。

朱熹对孟子仁义结构的上述论说,继承了孟子性善论的宗旨,也将孟子的气论做了合理的发挥,朱熹的这一思路,后来被晚明刘宗周所发扬光大,不仅有仁义礼智四端之流行,刘宗周还进一步推导了喜怒哀乐等四气的流行④。刘氏学问,融汇了朱子学与阳明学⑤,其基本架构,即本体论的结构是挺立

---

① (宋)朱熹撰、黎靖德编,杨绳其、周娴君校点:《朱子语类》第四册,第2727页。
② (宋)朱熹撰,朱杰人、严佐之、刘永翔主编:《答胡广仲》,《晦庵先生朱文公文集》卷四十二,见《朱子全书》第二十二册,第1903页。
③ (宋)朱熹撰、黎靖德编,杨绳其、周娴君校点:《朱子语类》第一册,第97页。
④ 林月惠先生专题论述了刘宗周的喜怒哀乐说,见《从宋明理学的"性情论"考察刘蕺山对〈中庸〉"喜怒哀乐"的诠释》,《中国文哲研究集刊》2004年9月。又,陈来先生指出刘宗周的这一思想是发展了朱子的心体流行的观念,详见陈来:《宋明理学》,第300页。
⑤ 关于刘宗周学问的学脉归属,是理学史研究的重点问题,四库馆臣以来,钱穆、牟宗三、唐君毅、劳思光、陈来以及日本的冈田武彦等研究者都提出了有代表性的看法。近年来,刘宗周哲学的专门研究也在精细辩证宗周理路的基础上,提出了看法,其中比较有代表性的,如黄敏浩提出的,刘宗周学问属于广义上的王学,总体是宋明理学发展的集大成者。又如高海波博士论文指出的,刘宗周学问的总体是新王学,特点是融汇了朱子学与阳明学的两种精神。高先生观点的可贵之处,在于并不满足于给出刘宗周学问的总体面貌的结论,更在于指出了刘宗周学问的精神特质。事实上,

普遍性与主体性①,这一思路,发展了孟子的"仁义内在"说,仁义内在说,隐含着仁义的普遍性与主体性的理路;并且,结合孟子的气论—工夫论的理路来看,仁义的普遍性,体现于其主体性的活动,这一体现,就是对于浩然之气的流行充塞的体知,这说明,虽然在《孟子》有限的文本中,没有关于四端流行的直接具体的表述,但是朱熹所论述的仁包四端、四气流行的结构,是对于孟子"仁义内在"理路的深入推求,显示了此一理路中,仁义的普遍性体现于主体性活动的基本结构。

五、仁义结构与仁义的必然性

结合仁义的基本结构来看,父子责善之"义"的意图,是基于仁的根源、本体作用而产生和流行的。仁作为根源、本体,体用圆融,本源—本体是存在并展开于具体的现象中的②,表现为父子伦常的基本情感与共同生活的相处方式,决定了义的存在和延续以及义的执行主要落实于朋友(师弟子)伦理,以确保父子之仁的"不相夷"的底线。

通过精神特质,才能够更恰当地梳理其学问的理路来源与发展,把握其承上启下、对于后世思想创新的贡献。详见黄敏浩:《刘宗周及其慎独哲学》,台湾:学生书局2001年版,第250—251页;高海波:《刘蕺山哲学思想研究》,北京:北京大学博士论文,2008年,第331—333页。

① 雷静详细讨论了刘宗周的道德本体论的理路特点,是融汇朱子学与阳明学。这一讨论的特点在于,不是笼统地将刘宗周与朱子学、阳明学的异同点进行归类,而是立足儒家道德哲学本体论的逻辑以及理学作为道德实践学问的理路特点,针对宗周学、朱子学、阳明学的道德本体论的理路模式:"一统于万""理一分殊"与"万物一体",分析了这三种道德本体论模式的内在关联,从而把握刘宗周道德哲学的特质。详见雷静:《从"理一分殊"、"万物一体"到"一统于万"——刘蕺山融汇朱、王的本体论探析》,《中国哲学史》2010年第4期。

② 冯达文先生指出,中国哲学的本源论,是解释宇宙生化与人类行为的理论,蕴含有信仰或者准信仰的成分而不具备可以以知识理性处理的意义。本体论则与抽象四维与知识理性相关,主要围绕共相与殊相关系展开。从这个分疏出发,本书认为,朱熹的仁包四端说,既有四气流行的本源论,又凸显出仁的本体地位。从朱熹的道德哲学既是德性论也是德行论的角度,仁既是本源,又是本体。在仁的本源论层面,朱熹往往不是借助知识理性来分疏,而是借用四季更替等自然现象类比,继承了程明道的理路,带有儒家天道信仰的色彩。观点详见冯达文:《中国哲学的本源—本体论》,广州:广东人民出版社2001年版,第71页。

进一步来看,在这一仁义的结构中,朋友(师弟)间责善的义的模式,选择了在朋友(师弟)间责善,而不是在父子之间,作为一种行为选择模式,义取决于父子之仁的"不相夷"的基础。这说明,父子之仁有其现实的限度(不相夷),这一方面体现了父子伦常的局限性;另一方面,父子之仁所对应的伦常形式是父子伦常,而本章中父子之仁作用下的责善之义,没有选择父子伦常形式,而是选择了非父子伦常形式,可以说,这一选择方向与父子伦常形式相反,这是从反向规定了执行"义"的伦理形式。"规定"是对于行为自主选择的表达,父子从责善行为中退出,转而选择朋友(师弟)关系来展开责善之义,这种自主选择的根源,仍然是父子血缘亲情关系的仁,因此,从这个意义上讲,无论是父子之仁,还是朋友责善之义,都是仁本体作用的结果。

仁本体的作用,既可以是立足父子伦常关系的正向选择,如父子恩爱等等,也可以是立足父子伦常关系的反向选择,如本章所谓的父子之间不责善;仁义行为的正反对立与相互成全的关系,不是从外部产生的,而正是在仁义结构内部产生,是基于仁的本体作用。仁义内在,不仅仅标志了仁义活动是心灵自发的现象,而且仁义之所以是内在本质,就在于仁义结构自身就是仁义开展的原因。

仁义结构是自身的原因,显示了仁义的必然性。仁义的必然性,不仅仅是一种必然性的趋势,更是必然持续和开展、亦即仁义实施的过程。对于生活世界而言,任何行为都有其限度,在行为进行过程中,会遭遇与之进行相矛盾的对立面,行为必须解决与对立面的矛盾关系,从而继续发展,行为的限度及其对立面,规定了行为继续发展的必然性条件。基于仁本体的仁义相反相成的构造,体现了仁在其现实限度面前,能够实现行为模式调整,从而具体地实施仁义。

总体来看,本章体现了仁义德行的结构,提供了仁义必然性理路的实质性内容。仁义的必然性,其基本结构,可以概括为朱熹提出的"仁包四端";落实在日常生活伦理关系的行为中的具体结构,即是基于"仁包四端"的仁本体的仁义相反相成的结构,其中,仁义相反相成的本源——本体就是仁,仁自身的行为限度,决定了义的存在、持续和施行方式。而仁的行为限度,取决于相应的伦理关系中双方的情感反应①。

---

① 对于儒家德行理论,尤其是孔孟的德行论中的情感取向,冯达文先生做了细致的论述。他得出结论,孔孟并不是从"天""天命"所标识的外在客观必然性处,而是以人之主观面、从主观情感处引申"道"。本书认同这一观点,并认为,孔孟从人们的自然—本然的情感行为进行善的普遍性论证的理路,一直内蕴于儒家道德哲学的发展中,这不仅仅是因为后世理学继承了孔孟以来的人伦日用特质,也是因为儒家道德哲学的本质是道德实践的学问,而人们自然—本然的情感行为是道德实践展开的根基。详见冯达文:《宋明新儒学略论》,广州:广东人民出版社1997年版,第23页。详细的论证见《早期中国哲学略论》之第二章"孔孟儒学精神",广州:广东人民出版社1998年版,第49—97页。

附录一：王阳明的责任思想[①]

一、阳明子"责任"诸义

宋明理学家的责任言说与实践，已为学界熟识。秦家懿指出，王阳明"屡次有意遁世，但是每次都因责任心所在，而返回岗位。这也是他严守'致良知'的证明。""'满街圣人'即是人人皆可学圣的意思。阳明只是比宋儒，更彻底解释这话的奥义，又指出一条大路，一条成圣之路。"[②]包弼德说："无论士人学习的是朱熹对四书的解释，或是王阳明的良知说，学习的对象就是'学'本身，而学习的目的就是把自我转化为社会上一个负责任的人。"[③]他凸显了宋明理学家的责任实践是理学"学"的行动，是"一种接触了理学文献或大师后的自我转化的经验"。[④]

与宋明理学家的责任叙述相比，近代以来更为流行的说法恐怕是顾炎武的"保国者，其君其臣肉食者谋之；保天下者，匹夫之贱与有责焉耳矣"。[⑤]明季以降，知识分子可以不同意理学，但是理学道济天下的责任承担却是跨越时代的共识。岛田虔次指出，张载的"为万世开太平"，是表现宋学根本

[①] 本附录在"东亚视域中儒学的在地化与普世化"国际学术研讨会上宣读。雷静：《王阳明的责任思想》，见《东亚视域中儒学的在地化普世化国际学术研讨会论文集》，台南：成功大学2014年8月，第93—102页。
[②] [加]秦家懿著，曾诚编：《王阳明》，北京：生活·读书·新知三联书店2011年版，第173页。
[③] [美]包弼德著，[新加坡]王昌伟译：《历史上的理学》，杭州：浙江大学出版社2010年版（下同），第169页。
[④] [美]包弼德著，[新加坡]王昌伟译：《历史上的理学》，第161页。
[⑤] （清）顾炎武著，黄汝成集释，栾保群、吕宗力校点：《日知录集释》（全校本），上海：上海古籍出版社2006年版（下同），第757页。

精神的语言。然而，面对这样一个伟大的传统，"责任"的含义，却还没有被系统地梳理。可能最明确的原因是，"责任"这个词汇是现代人的概括，古人表述相应的意思，往往是用"任""志""责"等单音节词。

当然，也有"责任"一词，但较少。以王阳明的著述为例，在新版《王阳明全集》中，"责任"一词出现了两次：正德十三年（1518 年）的《辞免升荫乞以原职致仕疏》："朝廷悯念地方之颠危，虑臣才微力弱，必致倾偾，谓其责任之不专，无以连属人心；赏罚之不重，无以作兴士气；号令之不肃，无以督调远近。"①正德十四年（1519 年）的《与当道书》"不意忽遭此变，非本生之责任"②前者为奏疏，后者为向内阁的报告，"责任"均为职责之意。

"责任"作为"职责"的含义，是责任的较狭义的内涵。按照康德的分析，"伦理义务是广义的责任，而法权义务则是狭义的责任。"③"义务越宽泛，从而人去行动的责任越不完全，尽管如此他（在自己的意向中）使遵从这种责任的准则越接近狭义的义务（法权义务），其德性行动就越完全。"④"唯有不完全的义务才是德性义务。"⑤王阳明的"责任"一词大致上可以被康德的"法权义务"所范围，是所谓狭义的责任。另一方面，王阳明所讲求的责任观念，大部分是康德所说的"德性义务""广义的责任"。

如"任"字。"任道之勇，执德之坚"⑥，"卓然斯道之任，庶几乎天下非之而不顾。"⑦"备谈政教之善"，"毅然以斯道为己任。"⑧"天将降大任于

---

① （明）王守仁撰，吴光、钱明、董平、姚延福编校：《王阳明全集》卷十一，第二册，第398页。
② （明）王守仁撰，吴光、钱明、董平、姚延福编校：《王阳明全集》卷二十七，第三册，第1049页。
③ ［德］康德著，张荣、李秋零译注：《道德形而上学》，北京：中国人民大学出版社2013年版（下同），第175页。
④ ［德］康德著，张荣、李秋零译注：《道德形而上学》，第175页。
⑤ ［德］康德著，张荣、李秋零译注：《道德形而上学》，第175页。
⑥ （明）王守仁撰，吴光、钱明、董平、姚延福编校：《寄李道夫》，见《王阳明全集》卷四，第一册，第178页。
⑦ （明）王守仁撰，吴光、钱明、董平、姚延福编校：《与席元山》，见《王阳明全集》卷五，第一册，第193页。
⑧ （明）王守仁撰，吴光、钱明、董平、姚延福编校：《寄邹谦之四》，见《王阳明全集》卷六，第一册，第218页。

人,必先违其所乐而投之于其所不欲。""圣人之学难明而易惑,习俗之降愈下而益不可回,任重道远"①。"身任天下之祸,然后能操天下之权"②,"大臣勉贤王之为治,惟在严以远小人,而专君子也"③。

以上"任"字主要继承了儒家以天下为己任的意思。"任"字表述了责任的内容,涵盖了个体的道德完善、对全社会成员的关怀、对社会治理的主动参与,以康德的定义,这样的责任内容对于个体而言是非常宽泛,在理学传统中,"万物一体"的承担意识将儒者的责任范围扩充到了宇宙万物的极限,王阳明充分发挥了"万物一体"的仁爱。④"万物一体"的体用观中,承担对万物的责任,是与万物同根一体的儒者的本分;儒者自觉承担这种本分,可以模拟于康德所说的"他(在自己的意向中)使遵从这种责任的准则越接近狭义的义务(法权义务)",因而是"德性义务""广义的责任"。这使得对阳明责任思想的讨论,将主要集中于德性论。尽管阳明在建功立业方面取得了卓越的成就,是职业成功的典范,但是这些只是现象,而不是阳明责任思想的主题。

在德性领域,除了作为责任内容的"任",阳明主要讨论了"志"——承担责任的意向。"任"是承接儒家道统而来,在阳明思想中,承接道统就体现为成圣,儒者首先要有为圣人之志。⑤"志"本身属于已发,既可以是道德的,也可以是功利的。"志于道德者,功名不足以累其心;志于功名者,富贵不足以累其心。"⑥"志"是主体自愿将某行为视为自身责任的意向,其特点

---

① (明)王守仁撰,吴光、钱明、董平、姚延福编校:《别湛甘泉序》,见《王阳明全集》卷七,第一册,第246页。
② (明)王守仁撰,吴光、钱明、董平、姚延福编校:《寄杨遂庵阁老(癸未)》,见《王阳明全集》卷二十一,第三册,第858页。
③ (明)王守仁撰,吴光、钱明、董平、姚延福编校:《王阳明全集》卷二十二,第三册,第886页。
④ 陈立胜在氏著《一体之仁与乐》中,陈述了阳明一体之仁的六个面向,其中,社会责任根植于恻隐之心。由于这种仁爱的范围涉及万事万物,因此产生了一个难题:一体之仁如何解释人类对动物的杀害。
⑤ 陈来比较了王阳明与程朱派的成圣之学,程朱侧重"智",阳明心学强敌"仁",成圣之学的首要是有为圣人之志。参见陈来:《有无之境——王阳明哲学的精神》,第326、327页。
⑥ (明)王守仁撰,吴光、钱明、董平、姚延福编校:《与黄诚甫》,见《王阳明全集》卷四,第一册,第174页。

是主体愿意长期持续地进行这种行为,即"不足以累其心"。正因为如此,王阳明将"立志"视为责任得以完成的必要条件:"志不立,则天下无可成之事,虽百工技艺,未有不本于志者。"①阳明对"立志"的理解,主要诠释了孟子的"志者,气之帅也""志至气次",归结为养气、存养,即念念存天理:"只念念要存天理,即是立志。能不忘乎此,久则自然心中凝聚,犹道家所谓结圣胎也。此天理之念常存,驯至于美大圣神,亦只从此一念存养扩充去耳。"②(《传习录上》)"立志者,为学之心也。"③"念念存天理",这是功夫论的基本命题。"立志"的问题,从属于阳明心学的功夫,对其的讨论,就需要进入阳明讨论相关功夫的讲学历程。

二、作为讲学"第一学规"的"立志"

白鹿书院在1465年重建时,吴与弼的学生胡居仁任山长。他的第一条规定是"正趋向以立其志"。④ 1508年,即正德三年,阳明龙场之悟后,作《五经臆说》,夷人亦来亲近。阳明建龙岗书院,有《教条示龙场诸生》,⑤第一条便是"立志":"志不立,天下无可成之事,虽百工技艺,未有不本于志者。今学者旷废隳惰,玩岁愒时,而百无所成,皆由志之未立耳。"⑥龙场荒僻,阳明的讲学对象多为夷人。而按照钱德洪的记录,直至正德八年(1513年),阳明在南京太仆寺少卿任上,便道归省,路经安徽滁阳,四方

---

① (明)王守仁撰,吴光、钱明、董平、姚延福编校:《教条示龙场诸生》,见《王阳明全集》卷二十六,第三册,第1021页。
② (明)王守仁撰,吴光、钱明、董平、姚延福编校:《传习录上》,见《王阳明全集》卷一,第一册,第12页。
③ (明)王守仁撰,吴光、钱明、董平、姚延福编校:《书朱守谐卷》,见《王阳明全集》卷八,第一册,第293页。
④ (明)胡居仁撰,冯会明点校:《续白鹿洞学规》,《胡居仁文集》,南昌:江西人民出版社2013年,第203页。
⑤ (明)钱德洪等撰,吴光、钱明、董平、姚延福编校:《年谱一》,见《王阳明全集》卷三十二,第四册,第1234页。
⑥ (明)王守仁撰,吴光、钱明、董平、姚延福编校:《教条示龙场诸生》,见《王阳明全集》卷二十六,第三册,第1021页。

弟子,从游日剧,钱德洪这才将滁阳作为阳明"讲学首地",①或可以作为阳明学问向全国传扬的首地。阳明对滁阳诸生讲学要旨,见《与滁阳诸生书并答问语》,言"有志者,虽吾无一字,固朝夕如面也。其无志者,盖对面千里,况千里之外盈尺之牍乎!"②立志是学之本,则始于龙场的第一学规。

在龙场的学规里,阳明将立志规定为"立志为君子"③,但究竟切实做下去的功夫为何,此阶段阳明还在探索。按《年谱》的记载,阳明在滁阳(钱德洪所谓"讲学首地")讲学之后,发现滁阳游学之士渐有"放言高论""流入空虚"的问题。④ 所以正德九年(1514年),阳明在南京讲学时,只教学者"存天理,去人欲"为省察克治实功。⑤ 早在正德七年(1512年),阳明就据《大学》古本立诚意格物之教。至正德九年,只教学者存天理灭人欲。从正德十年(1515年)到正德十六(1521)年,阳明诚意格物之教的做法是正念头,在念头上着实去做为善去恶功夫。⑥

阳明在正德十年,作《示弟立志说》,标志着用诚意来诠释立志的功夫成熟。阳明在文前介绍原委,阳明之弟王守文来向阳明问学,阳明告之以立志,守文因请次第其语,使得时时观省,且请浅近其辞,以易于通晓。阳明便特意为守文作了这篇深入浅出的立志说。⑦ 一则可以时时做正念头的省察功夫,二则文辞晓易,方便接引大众。从该文本来看,阳明子确乎自信找到

---

① (明)王守仁撰,吴光、钱明、董平、姚延福编校:《五经臆说十三条》,见《王阳明全集》卷二十六,第三册,第1030页。
② (明)王守仁撰,吴光、钱明、董平、姚延福编校:《五经臆说十三条》,见《王阳明全集》卷二十六,第三册,第1030页。
③ (明)王守仁撰,吴光、钱明、董平、姚延福编校:《教条示龙场诸生》,见《王阳明全集》卷二十六,第三册,第1022页。
④ (明)钱德洪等撰,吴光、钱明、董平、姚延福编校:《年谱一》,见《王阳明全集》卷三十二,第四册,第1243页。
⑤ (明)钱德洪等撰,吴光、钱明、董平、姚延福编校:《年谱一》,见《王阳明全集》卷三十二,第四册,第1243页。
⑥ 陈来:《有无之境——王阳明哲学的精神》,第160页。
⑦ (明)王守仁撰,吴光、钱明、董平、姚延福编校:《示弟立志说》,见《王阳明全集》卷七,第一册,第276页。

了:"盖终身问学之功,只是立得志而已。"①立志既是为学之本,是做功夫的引导、规范,最终能否立得志,则是功夫的效验。

在《立志说》正文开篇,阳明延续了龙场以来的以立志为第一学规的观点:"夫学,莫先于立志。""世之所以因循苟且,随俗习非,而卒归于污下者,凡以志之弗立也。"②引用二程"有求为圣人之志,然后可与共学",定义立志"求为圣人之志"③。在阳明子,立志功夫贯穿了"精一""敬义""格致""博约""忠恕""尊德性道问学""集义"等儒家功夫传统。④

《立志说》中,以存天理灭人欲立论,故在克治私欲时,立志即是责志,即"责此志之不立":"故凡一毫私欲之萌,只责此志不立,即私欲便退"⑤责志的功夫效验,阳明细致描述为"故责志之功,其于去人欲,有如烈火之燎毛,太阳一出,而魍魉潜消也"。⑥ 这个比喻应当是阳明自己如实体会,因其在晚年功夫进境又有重提,下文将涉及。能得到如此效验,阳明经历了功夫的锤炼,在此两年以前,即正德八年(1513年),阳明给黄绾的一封信中,叙述诚意功夫的效验,已接近于此:"仆近时与朋友论学,惟说'立诚'二字。杀人须就咽喉上著力,吾人为学,当从心髓入微处用力,自然笃实光辉。虽私欲之萌,真是洪炉点雪,天下之大本立矣。"⑦从"洪炉点雪"到"烈火燎毛",诚意功夫日益纯熟,立志—责志得以落实,取得如实效验。

正德十年,阳明与诸生讲学,反复强调以立志为要,即切实去诚意。周

---

① (明)王守仁撰,吴光、钱明、董平、姚延福编校:《示弟立志说》,见《王阳明全集》卷七,第一册,第278页。
② (明)王守仁撰,吴光、钱明、董平、姚延福编校:《示弟立志说》,见《王阳明全集》卷七,第一册,第276页。
③ (明)王守仁撰,吴光、钱明、董平、姚延福编校:《示弟立志说》,见《王阳明全集》卷七,第一册,第276页。
④ (明)王守仁撰,吴光、钱明、董平、姚延福编校:《示弟立志说》,见《王阳明全集》卷七,第一册,第277—278页。
⑤ (明)王守仁撰,吴光、钱明、董平、姚延福编校:《示弟立志说》,见《王阳明全集》卷七,第一册,第277页。
⑥ (明)王守仁撰,吴光、钱明、董平、姚延福编校:《示弟立志说》,见《王阳明全集》卷七,第一册,第277页。
⑦ (明)王守仁撰,吴光、钱明、董平、姚延福编校:《与黄宗贤五(癸酉)》,见《王阳明全集》卷四,第一册,第165页。

积究心格物致知之学有年,但不能有所进,求之阳明,以弟子礼请。阳明告之若要"专心致志",须以"立诚"。① 阳明的弟子们积极探索立志功夫,向阳明请益个中奥义。郭庆说:"庆闻夫子立志之说,亦既知所从事矣。今兹将远去,敢请以一言以为夙夜勖。"阳明子指出,"志之弗端,是莨稗也。志端也,而功之弗继,是五谷之弗熟,弗如莨稗也。""从吾游者众矣,虽开说之多,未有出于立志者。故吾于子之行,卒不能舍是而别有所说。子亦可以无疑于用力之方矣。"②"志端也,而功之弗继,是五谷之弗熟,弗如莨稗也",可见,如果没有诚意功夫,就无法获得立志的效验。

　　阳明晚年功夫进入圆融化境,正德十五年,有"致良知"之说③。此时阳明指点出,立志就是致良知。"夫学者既立有必为圣人之志,只消就自己良知明觉处朴实头致了去,自然循循日有所至,原无许多门面折数也。"④(《答刘内重》)针对弟子间"未能实体认良知"的现象,阳明子往往用立志来提点对良知的着实体认。"迩来子莘之志,得无微有所溺乎?是亦不可以不省也!良知之说,往时亦尝备讲,不审迩来能莹彻否?""今时同志,莫不知以良知为说,然亦未见有能实体认之者,是以尚未免于疑惑。"⑤(《与马子莘》)到正德十六年,这一提醒更为明确,由于致良知功夫讲究无间于动静,阳明甚至用"警戒"来强调立志。"今时朋友大患不能立志,是以因循懈弛,散漫度日。若立志,则警戒之意当自有不容已。故警戒者,立志之辅。"⑥(《与顾维贤卷》)可以说,立志就是将念头毫不间断地集中于致良知。

---

① (明)王守仁撰,吴光、钱明、董平、姚延福编校:《赠陆清伯归省序》,见《王阳明全集》卷七,第一册,第252页。
② (明)王守仁撰,吴光、钱明、董平、姚延福编校:《赠郭善甫归省序》,见《王阳明全集》卷七,第一册,第253页。
③ 陈来:《有无之境——王阳明哲学的精神》,第373页。
④ (明)王守仁撰,吴光、钱明、董平、姚延福编校:见《王阳明全集》卷五,第一册,第210页。
⑤ (明)王守仁撰,吴光、钱明、董平、姚延福编校:见《王阳明全集》卷六,第一册,第232页。
⑥ (明)王守仁撰,吴光、钱明、董平、姚延福编校:见《王阳明全集》卷八,第一册,第291页。

嘉靖六年（1527年）后，"四句教"的提出，是阳明功夫的至臻境界。①阳明强调，立志—责志就是证成功夫效验。如与湛甘泉论道："习气未除，此非细故，种种病原，皆从此发。究竟习气未除之源，却又只消责志。近与宗贤论此，极为痛切，兄以为何如耶？"②（《与湛甘泉书（二）》）在晚年功夫至境，阳明念念不忘的是立志责志，这是他与至交湛甘泉郑重切磋的关键性问题。上文中，阳明询问甘泉"近与宗贤论此，极为痛切，兄以为何如耶？"这一关键性问题，即记载在阳明同期写给黄绾的书信中，但这不是针对黄绾个人，而是面向所有弟子："今天下事势，如沉疴积痿，所望以起死回生者，实有在于诸君子。若自己病痛未能除得，何以能疗得天下之病！"③阳明在信末指示黄绾传达给诸生，"幸亮此情也！"④此处"极为痛切"的病痛，是信中所谓"今人多以言语不能屈服得人为耻，意气不能陵轹得人为耻，愤怒嗜欲不能直意任情得为耻，殊不知此数病者，皆是蔽塞自己良知之事，正君子之所宜深耻者"。⑤而阳明在信首就直陈病痛之因、提醒责志："人在仕途，比之退处山林时，其工夫之难十倍，非得良友时时警发砥砺，则其平日之所志向，鲜有不潜移默夺，弛然日就于颓靡者。"⑥而功夫效验则是"若良知一提醒时，即如白日一出，而魍魉自消矣"。⑦（《与黄宗贤》，卷六，文录三）"白日一出，魍魉自消"的效验，在诚意阶段的《示弟立志说》中，正是责志的功夫效验"故责志之功，其于去人欲，有如烈火之燎毛，太阳一出，而魍魉潜消也"。阳明在功夫至境之时，重提诚意阶段体认到的责志效验，以此提示

---

① 陈来：《有无之境——王阳明哲学的精神》，第373页。
② （明）王守仁撰，吴光、钱明、董平、姚延福编校：《王阳明全集》卷四十五，第五册，第1834页。
③ （明）王守仁撰，吴光、钱明、董平、姚延福编校：《与黄宗贤》，见《王阳明全集》卷六，第一册，第234页。
④ （明）王守仁撰，吴光、钱明、董平、姚延福编校：《与黄宗贤》，见《王阳明全集》卷六，第一册，第235页。
⑤ （明）王守仁撰，吴光、钱明、董平、姚延福编校：《与黄宗贤》，见《王阳明全集》卷六，第一册，第234页。
⑥ （明）王守仁撰，吴光、钱明、董平、姚延福编校：《与黄宗贤》，见《王阳明全集》卷六，第一册，第234页。
⑦ （明）王守仁撰，吴光、钱明、董平、姚延福编校：《与黄宗贤》，见《王阳明全集》卷六，第一册，第234页。

诸生克治省察,并且"魍魉自消"较之"魍魉潜消",更为圆融。

立志作为阳明讲学第一学规,引导、规范学生掌握各阶段的功夫要领。在诚意阶段,阳明特别重视诚意,"格物者诚意之功",诚意作为头脑,可以避免功夫支离、使学问向里。① 在致良知阶段,良知是本体,是发用,良知对意念起着监督、指导的作用。② 为学首要讲头脑、意念要跟着良知的监督指导,为了做到这一点,如前所揭,阳明正是用立志作为第一学规来强调功夫头脑、监督指导。尤其值得注意的是,从诚意阶段到四句教阶段,即阳明心学功夫圆成的过程中,立志—责志的效验也是功夫成熟的标志,正所谓"终身学问之功,只是立得志而已"。

三、圣人圣教与师友之道

立志作为第一学规,具有引导、规范功能,客观上建立于圣人圣教及其儒家经典的基础上。《拔本塞源论》主要阐发了圣人圣教。

嘉靖四年(1525年),阳明有《答顾东桥书》③(《年谱三》),亦即后世称道的《拔本塞源论》。陈来判断,去除私欲功利之心和致良知二者已成为阳明晚年思想的两个关键点,阳明强调,如果不明白他的《拔本塞源论》,他的良知学说虽然暂时能为大家所接受,但最终恐怕错误思想此起而彼伏,因此,拔本塞源论在实践上已成为王阳明良知思想能够流行、传播于天下的关键。④

在《拔本塞源论》中,阳明描述了社会责任的人性起源,并认为圣人和圣教是成就社会责任的依据:

> 夫"拔本塞源"之论不明于天下,则天下之学圣人者将日繁日难,斯人沦于禽兽夷狄,而犹自以为圣人之学……圣人有忧之,是以推其天

---

① 陈来:《有无之境——王阳明哲学的精神》,第141—143页。
② 陈来:《有无之境——王阳明哲学的精神》,第189、202页。
③ (明)钱德洪等撰,吴光、钱明、董平、姚延福编校:《年谱三》,见《王阳明全集》卷第三十四,第四册,第1304页。
④ 陈来:《王阳明的拔本塞源论》,《学术界》2012年11月。

地万物一体之仁以教天下……其教之大端,则尧、舜、禹之相授受,所谓"道心惟微,惟精惟一,允执厥中"。而其节目则舜之命契,所谓"父子有亲,君臣有义,夫妇有别,长幼有序,朋友有信"五者而已。唐、虞、三代之世,教者惟以此为教,而学者惟以此为学。当是之时,人无异见,家无异习,安此者谓之圣,勉此者谓之贤,而背此者虽其启明如朱,亦谓之不肖。下至闾井、田野、农、工、商、贾之贱,莫不皆有是学,而惟以成其德行为务。……是盖性分之所固有,而非有假于外者,则人亦孰不能之乎?学校之中,惟以成德为事,而才能之异或有长于礼乐,长于政教,长于水土播植者,则就其成德,而因使益精其能于学校之中。迨夫举德而任,则使之终身居其职而不易。用之者惟知同心一德,以共安天下之民,视才之称否,而不以崇卑为轻重,劳逸为美恶;效用者亦惟知同心一德,以共安天下之民,苟当其能,则终身处于烦剧而不以为劳,安于卑琐而不以为贱。……故稷勤其稼,而不耻其不知教,视契之善教,即己之善教也;夔司其乐,而不耻于不明礼,视夷之通礼,即己之通礼也。盖其心学纯明,而有以全其万物一体之仁,故其精神流贯,志气通达,而无有乎人己之分,物我之间。譬之一人之身,目视、耳听、手持、足行,以济一身之用。……此圣人之学所以至易至简,易知易从,学易能而才易成者,正以大端惟在复心体之同然,而知识技能非所与论也。①

社会责任内在于"性分",来源于人性的材质。社会责任作为德性义务而逐渐成就,需要依靠圣人的教化,在学校中习得。如此才能确保社会责任意识与从事职业的合一,达到"举德而任,居职不易"。阳明强调,社会责任是道德责任,而不局限于知识技能、分工职责的狭义范畴。按照这个标准,阳明将三代以后,孔孟既没、圣学晦而邪说横的时代判断为"圣人之学日远日晦,而功利之习愈趋愈下",揭露了假责任的流行"其称名僭号,未尝不

---

① (明)王守仁撰,吴光、钱明、董平、姚延福编校:《答顾东桥书》,见《王阳明全集》卷二,第一册,第59—60页。

曰:'吾欲以共成天下之务',而其诚心实意之所在,以为不如是则无以济其私而满其欲也"。① 揭露其功利的"志"源头:"以若是之积染,以若是之心志,而又讲之以若是之学术,宜其闻吾圣人之教,而视之以为赘疣枘凿,则其以良知为未足,而谓圣人之学为无所用,亦其势有所必至矣!"②

此处圣人与圣教,其经典与功夫要义,在正德十年的《示弟立志说》中早已有完整的说明:

> 人苟诚有求为圣人之志,则必思圣人之所以为圣人者安在?非以其心之纯乎天理而无人欲之私欤?……则我之欲为圣人,亦惟在于此心之纯乎天理而无人欲耳。……务去人欲而存天理,则必求所以去人欲而存天理之方。求所以去人欲而存天理之方,则必正诸先觉,考诸古训,而凡所谓学问之功者,然后可得而讲,而亦有所不容已矣。③

阳明子开宗明义指出,立志有一定之法,即去人欲存天理的方法。而这方法的当然依据就是先觉圣人及其古训圣教。

> 夫所谓考诸古训者,圣贤垂训,莫非教人去人欲而存天理之方,若《五经》、《四书》是已。……自古圣贤因时立教,虽若不同,其用功大指无或少异。《书》谓"惟精惟一",《易》谓"敬以直内,义以方外",孔子谓"格致诚正,博文约礼",曾子谓"忠恕",子思谓"尊德性而道问学",孟子谓"集义养气,求其放心",虽若人自为说,有不可强同者,而求其要领归宿,合若符契。……后世大患,尤在无志。故今以立志为说,中间字字句句,莫非立志。盖终身问学之功,只是立得志而已。若以是说而合精一,则字字句句皆精一之功;以是说而合敬义,则字字句句皆敬

---

① (明)王守仁撰,吴光、钱明、董平、姚延福编校:《答顾东桥书》,见《王阳明全集》卷二,第一册,第61—62页。
② (明)王守仁撰,吴光、钱明、董平、姚延福编校:《答顾东桥书》,见《王阳明全集》卷二,第一册,第62页。
③ (明)王守仁撰,吴光、钱明、董平、姚延福编校:《示弟立志说》,见《王阳明全集》卷七,第一册,第276页。

义之功。其诸"格致"、"博约"、"忠恕"等说,无不吻合。但能实心体之,然后信予言之非妄也。①

以《五经》《四书》作为圣人之圣教经典,是儒家经学传统。以"精一""敬义""格致""博约""忠恕""尊德性道问学""集义"为功夫要义,也是试图贯通理学功夫传统的努力。阳明用立志来收摄儒家经学、理学功夫,规模宏阔,根本方向是要求学者实心体认。

实心体认,个人下工夫,自是其内涵。更重要的是,个人的学问功夫要以"正诸先觉,考诸古训"为必要前提。从阳明的心学立场,"正诸先觉,考诸古训",是学者以先觉导师、圣人经典为尊,结合自己的体认实践,能够向先觉导师、经典训义提出自己的体认问题,在积极的交流中,获得真知。

> 夫所谓正诸先觉者,既以其人为先觉而师之矣,则当专心致志,惟先觉之为听。言有不合,不得弃置,必从而思之;思之不得,又从而辩之。务求了释,不敢辄生疑惑。故《记》曰:"师严,然后道尊;道尊,然后民知敬学。"苟无尊崇笃信之心,则必有轻忽慢易之意。言之而听之不审,犹不听也;听之而思之不慎,犹不思也;是则虽曰师之,犹不师也。②

> 夫所谓考诸古训者,圣贤垂训,莫非教人去人欲而存天理之方,若《五经》、《四书》是已。吾惟欲去吾之人欲,存吾之天理,而不得其方,是以求之于此,则其展卷之际,真如饥者之于食,求饱而已;病者之于药,求愈而已;暗者之于灯,求照而已;跛者之于杖,求行而已。曾有徒事记诵讲说,以资口耳之弊哉!③

---

① (明)王守仁撰,吴光、钱明、董平、姚延福编校:《示弟立志说》,见《王阳明全集》卷七,第一册,第276—278页。
② (明)王守仁撰,吴光、钱明、董平、姚延福编校:《示弟立志说》,见《王阳明全集》卷七,第一册,第276页。
③ (明)王守仁撰,吴光、钱明、董平、姚延福编校:《示弟立志说》,见《王阳明全集》卷七,第一册,第277页。

阳明子所谓正诸先觉,定义为"专心致志,惟先觉之为听",即必须笃信先觉导师。但不是盲听盲信,而必须用自己的体认去真切理解领悟。在这个过程中,导师会带来颠覆学生以往认识的思想,这种挑战,是确然的悟道机会。通过发端于自家体认的思考、乃至带着自己的思考与导师辩论,努力了悟导师所指点的正知正觉。在阳明的心学体系中,心体是凡圣共通的,由先觉引领后觉发明本心,所以这种学习过程,实质上是个体的当下体认与导师的觉悟体认之间的互动,师徒之间以心交心,实心体认的结果,是到达共通的心体。对于考诸古训,是带着实践的问题、带着自己体认功夫中百思不得解的病痛去经典中找答案。与正诸先觉的二人当对的实时感相比,这可以视为后学者与先圣之间的跨时代的心灵对话。

在阳明的功夫视野中,体认不仅是个人的,更是师徒、师友之间道德体验的交流互动。在阳明的立志叙述中,往往强调师友之道,这是立志的先决条件。"无师友之助者,志之弗立弗求者也"。① 在正德二年(1507年)的《别三子序》中,阳明论说了师友之道的必要性。

> 自程、朱诸大儒没而师友之道遂亡。《六经》分裂于训诂,支离芜蔓于辞章业举之习,圣学几于息矣。有志之士思起而兴之,然卒徘徊咨嗟,逡巡而不振;因弛然自废者,亦志之弗立,弗讲于师友之道也。夫一人为之,二人从而翼之,已而翼之者益众焉,虽有难为之事,其弗成者鲜矣。一人为之,二人从而危之,已而危之者益众焉,虽有易成之功,其克济者亦鲜矣。故凡有志之士,必求助于师友。无师友之助者,志之弗立弗求者也。②

这段是文首,文章立意于师友之道作为程朱以来的理学传统。程朱师友问道的传统,以"志"来凝聚天下士,这是阳明从历史当中体昧尤深处。

---

① (明)王守仁撰,吴光、钱明、董平、姚延福编校:《别三子序》,见《王阳明全集》卷七,第一册,第241页。
② (明)王守仁撰,吴光、钱明、董平、姚延福编校:《别三子序》,见《王阳明全集》卷七,第一册,第241页。

"虽有难为之事,其弗成者鲜矣""虽有易成之功,其克济者亦鲜矣",有志之士聚合起来,堪济天下大事。阳明指出"故凡有志之士,必求助于师友。无师友之助者,志之弗立弗求者也。"强调了师友之道、彼此交流互助是立志的必要条件。这种交流互助乃是相契于道,甚至可以跨越辈分、官位的鸿沟。对阳明执弟子礼者甚众,连亲族中辈分比阳明高的(如他的叔祖)、朝廷中官位比阳明大(如储柴墟、方叔贤)的,都拜阳明为师。晚明刘宗周赞之曰:"储柴墟于阳明先生,前辈也。先生登第时,柴墟已官太仆少卿,其后往来问学若弟子。方叔贤在吏部与先生同官,而叔贤位正郎,在先生上。一日论学有契,即执弟子礼,人皆以为不可及。"①所谓"论学有契",这是发生在师友之间道德体验交流的契合,大家契合于成圣之道的共同志向,而遑论辈分、身份的差异。阳明认为他们是以道自任的有志豪杰:"故居今之世,非有豪杰独立之士的见性分之不容已,毅然以圣贤之道自任者,莫之从而求师也。"②

文末,阳明用惺惺相惜的不舍离别的口吻,对三子提出了同道的希冀:"三子则焉往而非学矣,而予终寡于同志之助也!三子行矣。'深潜刚克,高明柔克',非箕子之言乎?温恭亦沉潜也,三子识之,焉往而非学矣。苟三子之学成,虽不吾迹,其为同志之助也,不多乎哉!"③落脚点在师友同志的帮助。有意思的是,《别三子序》是个"话中有话"的文本,三子分别是蔡希颜、朱守忠、徐曰仁④等阳明学者,阳明在结束这封信时,请三人替他去拜

---

① (明)刘宗周:《人谱类记》,卷上,影印文渊阁《四库全书》,上海:上海古籍出版社1987年版,第39页。此于影印文渊阁《四库全书》中《人谱类记》之《凝道篇》"记朋友有信"。《刘宗周全集》中有《人谱杂记》,但相应的《凝道篇》"记朋友有信"并无此条。关于《人谱》、《人谱杂记》《人谱类记》的异同,参见吴光:《刘宗周遗著考》,(明)刘宗周撰,吴光主编:《刘宗周全集》第六册,第760—765页。
② (明)王守仁撰,吴光、钱明、董平、姚延福编校:《答储柴墟二(壬申)》,见《王阳明全集》卷二十一,第一册,第852页。
③ (明)王守仁撰,吴光、钱明、董平、姚延福编校:《王阳明全集》卷一,第一册,第242页。
④ (明)王守仁撰,吴光、钱明、董平、姚延福编校:《王阳明全集》卷一,第一册,第241页。

访湛甘泉:"增城湛原明宦于京师,吾之同道友也,三子往见焉,犹吾见也已。"①这句话来作为结尾,表现了师友之道的情感之"不容已",就论说的周严来看,也正是一句必要的话。三子是阳明学同调,甘泉所立是相异的学派,师友之道,学术观点可同可异,但都统摄于"有志之士"的阵营。

四、余论

或可模仿阳明《别三子序》的表述,自程、朱诸大儒没而责任之道遂亡。经历南宋末季的颓势,元代至明前期,知识分子的选择不再是程朱得君行道的责任承担,而往往是隐遁。青年王阳明曾经效仿先贤,却遭遇了耻辱和挫折。阳明经龙场之悟后,转向觉民行道。然而问题并没有因为"觉民行道"这一历史现象得以证立而结束,在现象逐渐清晰浮现之际,一个深层的问题也在内中涌动:为了教化大众承担起责任,阳明提供了怎样普遍性方法?

就如同《别三子序》的结尾揭示的那样,在阳明的时代,他将同调与异见者都统一到"有志之士"的师友之道的范围。这种统一,以功夫体认为基础,学为圣人、道任天下的责任承担如何落实,是他在诚意、致良知等功夫日益成熟的阶段所致力的讲学关键,因此用立志作为第一学规来引导和规范。立志要依靠普遍性的儒家经典、功夫传统,依靠师友之间的相与体认。儒家经典与功夫传统是历史形成的普遍性。师友之道则是形成于当下、植根于主体道德体验交流互动过程中呈现的共性,这是主体之间团结一致的普遍性。

阳明所侧重的这种普遍性,是政教实践所要求的普遍性。如此,或可以理解王学风靡天下、至今不绝如缕。或可以深入探索王阳明作为一个哲学家,同时又是伟大的政治家、军事家的"全体大用"的奥义。而在"责任"这一视野中,或可以更加集中地讨论政教实践中,主体间达成团结的道德体验交流互动的普遍性。这种普遍性将揭示师友之间道德体验交流互动的途径、最终目标达成过程中的博弈。

---

① (明)王守仁撰,吴光、钱明、董平、姚延福编校:《王阳明全集》卷一,第一册,第242页。

附录二：王阳明诗与寂感问题：兼论工夫教学作为日用之道①

理学诗兴起于宋代，是以"气格"取胜的新诗体。气为精神气质，格为人格力量，这是宋代理学家为诗坛标立的新风。② 儒家修身工夫成为理学家诗歌表现的主题，与语录、书信一道，理学家诗也是师弟之间工夫参学的重要体裁。

诗教本是儒家教化的首要手段，素有诗教统六艺之称。③ 在理学家工夫教学中，诗歌篇幅简短，生动形象，方便记诵和传播，可以作为工夫口诀、宗旨提点、解疑答惑的主要手段。一些难以言传的体验，往往可以透过诗歌

---

① 本附录在第二十一届国际中国哲学大会上宣读。雷静：《王阳明诗与寂感问题：兼论工夫教学作为日用之道》，第二十一届国际中国哲学大会会议论文，伯尔尼：伯尔尼大学，2019 年 7 月。
② 气格是以理学作为诗歌的评判标准。除了直接阐发义理，气格还可以令理学本体工夫形象地呈现。对气格的研究，目前主要集中于文艺评论领域。如周裕锴：《宋代诗学通论》，将气格作为审美范畴。上海：上海古籍出版社 2007 年版。又如傅新营：《宋代格韵说研究》，上海师范大学博士学位论文，2003 年。考察宋代诗话文本中的气格问题，如逯铭昕：《叶梦得的"气格"论及其意义》，《中国文化研究》2011 年秋卷。讨论宋诗与明诗的关系，如郑婷：《宋诗与明代诗坛》，复旦大学博士学位论文，2012 年。王阳明诗歌研究专著，目前较有代表性的是林丽娟：《吾心自有光明月：王阳明诗探究》，高雄：复文图书出版社 1998 年版。以及华建新：《王阳明诗歌研究》，合肥：安徽人民出版社 2008 年版。这两部专著主要从王阳明诗歌的内容、风格、手法的分类来展开论述，而对于阳明作为明代理学家，其诗所具有的理学诗的气格特点，则较少涉及。
③ 马一浮认为，六艺以诗教为先，见马一浮著，虞万里校点：《复性书院讲录》，见《马一浮集》第一册，杭州：浙江古籍出版社 1996 年版，第 268 页。又认为诗教感兴、主仁，仁包四德，诗统四教。同上书，第 273 页。仁之功为天地感而万物化生，仁之效为圣人感人心而天下和平，以《论语·问仁》为《诗》之教义。同上书，第 163 页。

传神描摹,方便他人体悟。工夫实践过程的修持要点,也可以用诗歌口诀编排,方便教学。

到王阳明的时代,理学家咏诗吟物,已经拥有了宋代以来理学诗的丰富素材。在工夫教学中,都可以运用宋诗典故。但理学诗在明代面临着严峻的挑战。此时诗坛风气崇尚声调,宋人之气格往往被目为声音不工、气格粗粝。明初诗坛崇尚复古,学唐诗声调。青年王阳明与前七子派诗人交游,李梦阳等人均擅长唐调。王阳明致力于身心之学后,淡出诗坛,甚至以"诗戒"自警。①

但阳明的诗歌创作,不但没有停止,反而越来越多使用这种简短精炼的文体。无论在龙场动心忍性,还是在江西事功与致良知工夫并进,伴随着良知之学发展的各个阶段,他都留下了大量的诗歌。这些诗歌中,大部分是与友人、弟子等交游唱道之作,即便是独自吟咏,也可以公开刊刻供学者体悟。钱穆在《理学六家诗钞》中指出,可先从阳明诗集、文录、年谱入手,再看《传习录》,这样就可以获得阳明学的纲领。② 钱穆在"自序"中指出,理学家诗的共性即在于,它是呈现理学日用之道的文本,最能坦露体道悟真的情怀。与之相较,治平勋业、垂世著作,则是个人才性,是理学余事。③

阳明诗歌的价值,除了与年谱、文集互证的史料意义之外,其本身更重要的价值当在于"体道悟真"。这不仅仅与诗言志以及阳明良知学鲜明的立志特色相关,④更由于阳明以及编纂阳明文集的王学共同体都知道,其诗歌是告诉人们何为"体道悟真"的文本,在工夫教学中发挥着关键的作用。这需要进入阳明诗歌当中,梳理其工夫教学的思想脉络。

阳明晚年四句教即为诗歌口诀,而导致了弟子们终身求证、辩论不已。

---

① 阳明在《送德声叔父归姚并序》的"序言"中说道"某方有诗戒",见(明)王守仁撰,吴光、钱明、董平、姚延福编校:《送德声叔父归姚并序》,见《王阳明全集》卷二十,第三册,第790页。
② 钱穆:《理学六家诗钞》,见《钱宾四先生全集》第46册,第144页。
③ 钱穆:《理学六家诗钞》,见《钱宾四先生全集》第46册,第3—4页。
④ 王阳明以立志为第一学规,关于阳明立志说,可参看雷静:《王阳明的责任说》,高雄:东亚伦理学国际会议,2014年。

寂感问题是阳明学工夫参证的焦点①。关于如何界定有无动静来了解寂感，已经形成了丰硕的研究成果②。《传习录》等语录、书信，是辨析义理、阐述宗旨的理论文本，而寂感问题主要为工夫体验，还需要直接描述体验的文本。如钱穆指出的，阳明江西诗已有"始信心非明镜台"，可为四句教先声③。由此可见阳明诗作为工夫教学的主要手段，蕴含了丰富的信息。

另一方面，尽管阳明后学对于寂感的界定不同，但关于寂感的工夫目标是一致的，即达到寂感一体的理想状态。林月惠即指出，本体与工夫合一，是阳明学的理论要求④。这就凸显了阳明学发展的根本理论问题，即本体工夫价值的一体性⑤、乃至如何清晰界定仁本体的问题，以及如何确保儒家价值的传承。阳明晚年已经对仁本体等问题有所解决，揭示了儒学作为日用之道的要义。而寻找更为清晰丰富的线索，可能需要回到钱穆强调的理学家诗、这一日用之道的领域。本书试图以阳明诗歌为中心，呈现本体及其流行之寂感与工夫感应的体验，以及寂感问题中，本体工夫价值的一体性。并以阳明以诗为载体的日常工夫教学为线索，考察阳明学发展所要解决的根本理论问题。

---

① 林月惠详细讨论了阳明后学的辩论议题，在王学分化所凸显的良知本体、已发未发、寂感、格物致知等问题上建立了系统的理论梳理。见林月惠：《良知学的转折：聂双江与罗念庵思想之研究》，台北：台湾大学出版中心，2005年版。本书认为，与其他议题相比，寂感问题中感应的向度，是工夫的直接体现，并且也是阳明学强调的特色，故主要讨论寂感问题。从本书整理的阳明诗歌来看，其中关于寂感的意象是主要的工夫表达。
② 陈来对于阳明学说中有无动静的基本范畴言之甚详，见陈来：《有无之境——王阳明哲学的精神》。相关思路的阳明后学研究，又如彭国翔：《良知学的展开：王龙溪与中晚明的阳明学》，北京：生活·读书·新知三联书店2005年版；张卫红：《罗念庵的生命历程与思想世界》，北京：生活·读书·新知三联书店2009年版。
③ 钱穆：《理学六家诗钞》，见《钱宾四先生全集》第46册，第5页。
④ 林月惠：《良知学的转折：聂双江与罗念庵思想之研究》，第716—717页。
⑤ 林月惠指出，本体与工夫合一，是阳明学展开与转折的主线，见林月惠：《良知学的转折：聂双江与罗念庵思想之研究》，第708—710页。本书同意此观点，寂感一体的共识，本就是本体工夫合一的诉求。并认为，作为日用之道的工夫教学，还必须传承儒家价值立场，这是儒学区别于释道的根本。故还讨论了本体工夫价值的一体问题。值得注意的是，价值问题并不仅仅是本体发用流行之事物，阳明晚年以良知为太虚，即以仁本体流行来确保本体、工夫都蕴含儒家价值。

一、月：寂感一体

"吾心自有光明月"，这是阳明对自己一生工夫境界的总结。在阳明诗歌中，月是出现频率最高的意象。月本身是诗歌传统的题材，然而与春花秋月之悲思不同，月在理学家诗中，具有描摹本体的含义。

宋代邵雍咏天根月窟诗，发明其本体要旨，杨时也专门写了月赋。在阳明学人中，王畿发明阳明咏月之意较多，亦有天根月窟说。如果说天根月窟有指涉道家工夫之意，阳明咏月则十分注意，避免使用天根月窟这类的词语。随着阳明工夫的演进，他的咏月诗呈现出不同的风光，月作为本体的意义越来越显著、清晰。

正德元年，阳明悟仙释之非。本年阳明下诏狱，在狱中写下《见月》《屋罅月》二诗。以月来比喻天运。如《见月》之"屋罅见明月，还见地上霜。……盈虚有天运，叹息何能忘！"①在《屋罅月》又有"但见屋罅月，清光自亏满"。② 月的盈虚都是天道有常，天运自有其定数。这是阳明在龙场悟道之前的感慨。

正德二年，赴谪诗记录了这一阶段对道体初有领悟。继正德元年狱中玩《易》有得，数月之间，已经由狱中"洗心见微奥"（《读易》）③，到见天地真机分明"盈亏消息间，至哉天地机。圣狂天渊隔，失得分毫厘。"④（《忆昔答乔白岩因寄储柴墟三首》）真机在于分辨公私，这是体认天道的践形之学。"毫厘何所辨？惟在公与私。公私何所辨？天动与人为。遗体岂不贵？践形乃无亏。"⑤（《忆昔答乔白岩因寄储柴墟三首》）阳明十分详尽地与同道

---

① （明）王守仁撰，吴光、钱明、董平、姚延福编校：《王阳明全集》卷十九，第三册，第715页。
② （明）王守仁撰，吴光、钱明、董平、姚延福编校：《王阳明全集》卷十九，第三册，第715页。
③ （明）王守仁撰，吴光、钱明、董平、姚延福编校：《王阳明全集》卷十九，第三册，第714页。
④ （明）王守仁撰，吴光、钱明、董平、姚延福编校：《王阳明全集》卷十九，第三册，第719页。
⑤ （明）王守仁撰，吴光、钱明、董平、姚延福编校：《王阳明全集》卷十九，第三册，第719页。

分享了心得,他使用了明月相思、美人相思的传统之喻,来纪念这段切磋长进的道谊。"人生各有际,道谊尤所眷。……中夜不能寐,起视江月光。中情良自抑,美人难自忘。"①(《一日怀抑之也》②)甚至在梦中,还与汪抑之兄弟等人继续这一话题,并且得到了更为确切的关于无极的体认。

> 起坐忆所梦,默溯犹历历。初谈自有形,继论入无极。无极生往来,往来万化出。万化无停机,往来何时息!……何当衡庐间,相携玩羲《易》。……斜月满虚牖,树影何参差。林风正萧瑟,惊鹊无宁枝。邈彼二三子,恕焉劳我思。③(《梦与抑之昆季语》④)

无极是往来万化的本原,阳明在梦中与友人参详此义理,并忆起共赴衡岳、庐山学《易》的约定。枝头月寄寓了对几位同道的相思之情。月是道谊的象征,表现了阳明与友人共同认识道体的追求。

正德四年,龙场居夷诗中,月是阳明讲学论道的陪伴。"夜弄溪上月,晓陟林间丘。……讲习有真乐,谈笑无俗流。"⑤(《诸生夜坐》)"洞云还自栖,溪月谁同步?……嗟我二三子,吾道有真趣。"⑥(《诸生》)龙场结识了新的同道,月象征着道谊的延续。

从正德五年到正德八年,阳明静坐有得,月不仅是道谊象征,月的明净也象征道体。"道人只住层萝上,明月峰头有磬声。"⑦(《夜宿香山林宗师

---

① (明)王守仁撰,吴光、钱明、董平、姚延福编校:《王阳明全集》卷十九,第三册,第719—720页。
② 此标题为缩写。诗题全称为《一日怀抑之抑之之赠既尝答以三诗意若有歉焉是以赋也》。
③ (明)王守仁撰,吴光、钱明、董平、姚延福编校:《王阳明全集》卷十九,第三册,第720页。
④ 此标题为缩写。诗题全称为《梦与抑之昆季语湛崔皆在焉觉而有感因记以诗三首》。
⑤ (明)王守仁撰,吴光、钱明、董平、姚延福编校:《王阳明全集》卷十九,第三册,第737页。
⑥ (明)王守仁撰,吴光、钱明、董平、姚延福编校:《王阳明全集》卷十九,第三册,第739页。
⑦ (明)王守仁撰,吴光、钱明、董平、姚延福编校:《王阳明全集》卷二十,第三册,第762页。

房次韵二首》)"夜久披衣还起坐,不禁风月照人清。"①(《又用曰仁韵》)阳明还强调,尽管儒学真义蒙尘已久,但道本身就如明月,彻照古今。"千年绝学蒙尘土,何处澄江无月明?"②(《赠熊彰归》)他甚至指出,道并不局限于六经的文字传承,而在于本心能够如实体认到道体光明。"悟后《六经》无一字,静余孤月湛虚明"。③(《送蔡希颜三首》)对心即理的自信,呼之欲出,静坐中见道体,如见月之湛然光明。

静中见道体光明,这一体验,阳明曾与弟子王畿分享过。王畿回忆道:

> 先师……自谓"尝于静中,内照形躯,如水晶宫。忘己忘物,忘天忘地,与虚空同体,光耀神奇,恍惚变幻,似欲言而忘其所以言,乃真境象也。"④

月的虚明,不是作为对象,而是静坐者本身内在的光明彻照宇宙。这样的泯灭物我、由内而外的明觉构造,也可以说,表征着阳明"心外无物""意之所在便是物"的良知与世界的关系结构。

正德十五年,阳明经许张之乱而有致良知说。他更为集中、明确的教导弟子观月悟性。邹守益记录了阳明观月悟性的教法:

> 庚辰之秋,再见先师于虔州,与二三友坐虚堂以观月,而悟吾性焉。喟然叹曰:"吾性之精明也,其犹诸日月乎!月之行于天也,楼台亭榭照以楼台亭榭,而未尝有羡也;粪壤污渠照以粪壤污渠,而未尝有厌也。是谓无将无迎,大公而顺应。"⑤

---

① (明)王守仁撰,吴光、钱明、董平、姚延福编校:《王阳明全集》卷二十,第三册,第764页。
② (明)王守仁撰,吴光、钱明、董平、姚延福编校:《王阳明全集》卷二十,第三册,第765页。
③ (明)王守仁撰,吴光、钱明、董平、姚延福编校:《王阳明全集》卷二十,第三册,第769页。
④ (明)王畿:《滁阳会语》,见《龙溪王先生全集》卷二,第275页。
⑤ (明)邹守益:《赠王孔桥》,《东廓邹先生文集》卷一,见《四库全书存目丛书·集部六五》,济南:齐鲁书社1997年版,第582页。

邹守益《会稽师训》中,记录了阳明指出的"君子之心如青天朗月":

> 张子鳌山绘阳明先师遗像,及汇书翰为一卷,夙夜用以自范。……书中有曰:"君子之心如青天朗月,虽风雨晦冥,千变万状,要在不失其清明皎洁。古之人顾諟明命,临深履薄,故升沉毁誉,处境遞异,而本体恒一,由此道也。"①

阳明以月的妍媸毕照,来比喻良知本体的发用流行无碍。本体具有独立不改的特性,如月不羡厌、无将迎,恒不失清明。本体不随顺境逆境而改变,所以能够有廓然大公,物来顺应之发用。合而言之,正是寂然不动、感而遂通。

寂感的一体特点,欧阳德、罗洪先分别记录如下:

> 先师云:"良知是未发之中,寂然大公的本体,便自能感而遂通,便自能物来顺应。"
>
> 又云:"去除思虑,令此心光光的,便是未发之中,便是寂然不动。"②
>
> 其(王阳明)说曰:良知之在人心,至虚至灵,至近至神,幽独有所不能欺,细微有所不能掩。故虽夫妇之至愚,亦可与于圣人之成能,而所谓君子之中庸,卒莫能逃于百姓之日用。不啻日月行天,万古不息,非若爝火乍明乍灭,可仿佛其断续者,在致之而使不失耳。……其为熙光,岂有穷哉?然皆不出于一念之微,而又不假乎纤毫之力。故曰,此天之所以与我也。③

---

① (明)邹守益著,董平编校:《题会稽师训卷》,见《邹守益集》卷十八,南京:凤凰出版社2007年版,第875—876页。
② (明)欧阳德:《答聂双江二》,《欧阳南野先生文集》卷五,见《四库存目丛书·集部八〇》,济南:齐鲁书社1997年版,第458页。
③ (明)罗洪先著,徐儒宗编校:《水西书院熙光楼记》,见《罗洪先集》卷四,上册,南京:凤凰出版社2007年版,第124页。

寂感一体之本体,亦如月之光光的,或曰日月行天、至虚至灵、熙光。正德十六年,阳明与诸生夜坐天泉桥,留下了著名的四句教诗文。那夜,阳明还咏月夜诗多首,反复揭示良知本体奥义。

> 万里中秋月正晴,四山云霭忽然生。须臾浊雾随风散,依旧青天此月明。肯信良知原不昧,从他外物岂能撄!老夫今夜狂歌发,化作钧天满太清。……处处中秋此月明,不知何处亦群英?须怜绝学经千载,莫负男儿过一生!①(《月夜二首》)

> 天迥楼台含气象,月明星斗避光辉。闲来心地如空水,静后天机见隐微。②(《秋夜》)

> 独坐秋庭月色新,乾坤何处更闲人?高歌度与清风去,幽意自随流水春。千圣本无心外诀,《六经》须拂镜中尘。③(《夜坐》)

《月夜二首》正是"君子之心当如青天朗月"的期许。后二首回应了正德八年的"悟后六经无一字,静余孤月湛虚明"。此外,阳明的天泉咏月诗系列,更多的是明确地向弟子阐明青天朗月、静月湛明的意蕴。这是"老夫今夜狂歌发,化作钧天满太清""高歌度与清风去,幽意自随流水春"的物我一体、随感随应的境界。也是"闲来心地如空水,静后天机见隐微"的寂然心体的明察洞见。

二、登山:工夫感应

阳明诗中有大量的山水诗,他自谓平生爱山水成癖。登山论学,是经常出现在阳明诗文中的记录。"登山即是学",在王畿所记的一则语录中,阳明以登山来比喻工夫之学:

---

① (明)王守仁撰,吴光、钱明、董平、姚延福编校:《王阳明全集》卷二十,第三册,第823页。
② (明)王守仁撰,吴光、钱明、董平、姚延福编校:《王阳明全集》卷二十,第三册,第823页。
③ (明)王守仁撰,吴光、钱明、董平、姚延福编校:《王阳明全集》卷二十,第三册,第823页。

昔尝从阳明先师游，登香炉峰，至降仙台绝顶，发浩歌，声振林麓。众方气喘不能从，请问登山之法。师曰："登山即是学。人之一身，魂与魄而已。神，魂也；体，魄也。学道之人，能以魂载魄。虽登十仞之山，面前止见一步，不作高山欲速之想。徐步轻举，耳不闻履革之声，是谓以魂载魄。不知学之人，欲速燥进，疾趋重跨，履声铿然，如石委地，是谓以魄载魂。魂载魄则神逸而体舒，魄载魂则体坠而神滞。"①

这次登山是在嘉靖五年（丙戌）春天，阳明五十七岁，与弟子登庐山香炉峰。朱得之在《稽山承语》中也记录了此事：

丙戌春末，师同诸友登香炉峰，各尽足力所至，惟师与董萝石、王正之、王惟中数人至顶。时师命诸友歌诗，众皆喘息不定。萝石仅歌一句，惟中歌一章，师复自歌，婉如平时。萝石问故。师曰："我登山，不论几许高，只登一步。诸君何如？"惟中曰："弟子辈足到山麓时，意已在山顶上了。"师曰："病是如此。"②

王畿记录阳明语句甚详细，朱得之则记叙了时间地点人物事件原委。本年距阳明卒年仅四年，而阳明登顶后尚歌诗婉如平时，可见平素登山有法，故弟子请教。阳明巧妙地提出"登山即是学"，就此情境来启发弟子。以登山比喻工夫修持。只登一步，不作高山之想，徐步轻举，这里就是笃实做工夫，而不是空想本体（高山之想）。只登一步，以魂载魄，即每个当下都专注在内在精神上。

当下工夫皆笃实，故王畿也指出："莫厌辛苦，此学脉也。今人类以快活为学，不知快活从辛苦中来，根基始实，始不涉虚见。古云'不是一番寒彻骨，争得梅花扑鼻香'，此言可以喻道。"③又说："自谓'良知'二字，自吾

---

① （明）王畿：《报恩卧佛寺德性住持序》，见《龙溪王先生全集》卷十四，第549页。
② （明）王守仁撰，吴光、钱明、董平、姚延福编校：《阳明先生遗言录》，见《王阳明全集》卷四十，第五册，第1612—1613页。
③ （明）王畿：《抚州拟岘台会语》，见《龙溪王先生全集》卷一，第268页。

从万死一生中体悟出来,多少积累在!但恐学者见太容易,不肯实致其良知,反把黄金作顽铁用耳。"①工夫笃实如登山,经历艰辛,但内在精神并不畏惧动摇,而是不作欲速之想、不闻履革之声。神逸体舒,正是本体寂然不动的感应流行,身体舒泰如履平地,是精神静定所感应到的如实体验。

登山过程中移步换景,其中具有对空间的感知。在阳明对山水的感悟中,还蕴含着对时间的感知。他在唐寅的《山静日长图册》上专门题写道:

> 唐子西云:"山静似太古,日长如小年。"味子西此句,可谓妙绝。人能真知此妙,则东坡所谓"无事此静坐,一日如两日,若话七十年,便是百四十",所得不已多乎?正德己卯冬日阳明山人王守仁书。②(《题唐寅山静日长图册》)

上面这段话是在正德十四年,阳明另有一封写给弟子薛侃、黄宗明,以及好友胡世宁的书信,也提及"山静似太古,日长如小年"诗句。

> 前日贱恙,深不欲诸君出顾,正恐神骨亦非久耐寒暑者。……贱躯悉如旧,但积弱之余,兼此毒暑,人事纷沓,因是更须将息旬月,然后敢出应酬耳。……所云《私钞》,且付之公论,未须深讲。"山静似太古,日长如小年"。前日已当面语,今更与诸君诵之。守仁白。③(《与尚谦、诚甫、世宁》)

日长如小年,是接着"山静似太古"的联想。后者将对山之寂静的空间感受,通感为一种对时间长度的感觉。正德十四年正值阳明平定宸濠之乱,胡世宁曾因揭发朱宸濠谋反,而被下狱,至阳明平乱之后,沉冤方洗。这句

---

① (明)王畿:《滁阳会语》,见《龙溪王先生全集》卷二,第276页。
② (明)王守仁撰,吴光、钱明、董平、姚延福编校:《王阳明全集》卷四十五,第五册,第1830页。
③ (明)王守仁撰,吴光、钱明、董平、姚延福编校:《王阳明全集》卷四十五,第五册,第1842页。

诗,是在逆境当中,阳明与同道的共勉,其中工夫砥砺之意甚明。《传习录》中曾记录阳明语"一日便是一元":

> 问:"世道日降,太古时气象如何复见得?"先生曰:"一日便是一元。人平旦时起坐,未与物接,此心清明景象,便如在伏羲时游一般。"①(《传习录上》)

登山时专注于"以魂载魄",内心的清明与山的寂静融为一体,山便成为了人的道体所感应的道境。从青年到暮年,阳明山水诗呈现的意境,也随着工夫体认的演进而嬗变。

三、山:感应之境

在阳明山水诗中,九华山占据了较多篇幅。弘治十四年,以及正德十五年、即致良知说提出时期,阳明两次游九华。② 考察阳明的九华诗,可以看到,随着阳明工夫的演进,其所感应到的境界也在发生变化。

弘治年间,阳明主要学习道教养生之法。弘治十四年,阳明来到九华山,专程去寻访唐代王季文修仙处。他写下了《和九柏老仙诗》,据说九柏老仙就是王季文③。另,冯梦龙《皇明大儒王阳明出身靖乱录》中,还记录了阳明在弘治十二年,到九华山地藏洞,闻山顶有老道,后再次寻访,老道不见,阳明遂有《地藏洞访老道》诗④。

弘治十四年《九华山赋》的显著特点,就是几乎可以当成九华山形胜地名大全来看。阳明当然不是为了记录地名,这些地名构成了阳明游山的路

---

① (明)王守仁撰,吴光、钱明、董平、姚延福编校:《王阳明全集》卷一,第一册,第24页。
② 目前考证阳明游九华事情最全面的论文为尹文汉:《王阳明游九华山综考》,《池州师专学报》2006年第2期。相关研究在尹文中详列,此不赘述。研究者对于阳明游九华的年份无分歧,主要争议集中在月份。本书则从共识而列出年份。
③ (明)王守仁撰,吴光、钱明、董平、姚延福编校:《王阳明全集》卷四十二,第五册,第1699页。九柏老仙即王季文,相关考证见李寄:《九华悟道:论王阳明"致良知"的时间和机缘》,《孔子研究》2017年第3期。
④ (明)王守仁撰,吴光、钱明、董平、姚延福编校:《王阳明全集》卷四十二,第五册,第1698页。

线。有意思的是,这一路线的轮廓与道教丹学《内经图》的形状相似。根据考古发现,《内经图》的诞生地山西九峰山,道观遗迹点正是按照《内经图》上穴位的位置来布局的。①《九华山赋》的路线包括道观、佛寺,其建设布局并不一定遵照《内经图》,但阳明登山的行程,却仿佛显示出一种按照《内经图》运动方向的运动②。

但阳明毕竟志于儒者之道,在《九华山赋》结尾,流露了他的儒者情怀:"匪尘心之足搅兮,念鞠育之劬劳兮。苟初心之可绍兮,永矢弗挠兮!"③在龙场悟道之前,阳明虽然有数次修持儒家工夫不得的经历,并出入仙释以排解,但最终都无法割舍亲情、而呈露其儒者本怀。亲亲之情,是阳明游走于三教的底线,或者说,他一直坚持儒家的价值立场④。

阳明与释道不同,从良知本体来理解神、魂。本体至善,凸显的是儒家价值立场。本体寂然不动,虽形式上类似于释道⑤,其感而遂通,则博施济众、仁民爱物,所感应的事物均为儒家人伦所系。故正德十五年,阳明悟得致良知后,所作九华诗《赠侍御柯君双峰》,迥异于《九华山赋》。

《赠侍御柯君双峰》中,不再有游记路线,而是将九华之奇,比喻为太极、八卦的衍生。全诗在结构上,有意突出儒家的特点,在简要地勾勒了九华之奇后,笔锋即转向记录儒家立志、修身、悟道的年岁次第,直至写到良知宗旨。在良知文句之后,又回到记叙九华形胜,以九华双峰比喻太极两仪,结尾以夫子宫为至高境界,再次宣扬儒家立场。

随着工夫的演进,阳明山水诗中,早期作品为出入仙释的意趣表达⑥,

---

① 王雨:《山西芮城九峰山与天然〈内经图〉》,《中国道教》2013年第2期。
② 具体考证,将有另文专述。
③ (明)王守仁撰,吴光、钱明、董平、姚延福编校:《王阳明全集》卷十九,第三册,第698页。
④ 陈来指出,家庭影响的对亲情的良知,是阳明最终回归儒学立场的主要原因之一。见陈来:《有无之境——王阳明哲学的精神》,第323页。
⑤ 陈来指出,阳明的无吸收了禅宗思想,其有无关系可以概括为"以有为体,以无为用"。见陈来:《有无之境——王阳明哲学的精神》,第225—228页。
⑥ 阳明诗歌吸取了禅诗的境界表达方式,见侯丹:《阳明诗歌与佛禅》,福建师范大学博士学位论文,2015年。侯丹论文的禅诗境界研究范式,又见吴言生:《禅宗诗歌境界》,北京:中华书局2001年版。

中后期悟道之后，作品则表现儒者立场。如果说《九华山赋》类似于道教《内经图》，《赠侍御柯君双峰》则是儒家良知感应图。

四、本体工夫价值一体

以月为寂感一体之象，得到了阳明弟子的共鸣。除邹、欧阳、罗等弟子的记录外，另有周道通（周冲）与阳明在此问题上的详细问答。

> 冲今日用工夫，大率要在涤磨心病，使□□□□□□□江汉暴之以秋阳，干干净净，一似秋空明月，方始快乐。但恨体弱多病，精神不足，正好用功之候，而四体又觉疲倦思卧矣。虽事亲从兄之事，亦竟不能尽如其愿，奈何奈何！今必不得已，只凭良知爱养精神，既养得精神，都只将来供应良知之用，是或处病之一道欤！①

周道通认为，涤磨、去除心内私欲后，就可以恢复本体光明如月。但是他身体病弱，没有精力来修持工夫。所以，在体力不济的情况下，只能以养护病体为主，依于良知本体来滋养精神，以待将来事亲从兄等广泛的良知作用。

周道通对于本体似秋空明月的讲法，是因袭阳明传授。但他讲良知作用分为疾病时与健康时两种情况，则没有得到阳明的支持。阳明批评如下：

> 批语：良知自能分别调停，只要……良知知得当爱养精神即爱养精神，便是致知；知得当涤磨心病即涤磨心病，便是致知。养俭养方，只是一道，不可分作两事。大抵道通所问良知，信得及处便□说得分晓，于良知信未及应……得支离，良知一也。有信得及处，信未及处，皆由致知之功未能精纯之故。故请只于此处用力，不必多设方略，别寻道路，

---

① （明）王守仁撰，吴光、钱明、董平、姚延福编校：《周道通问学书批语》，见《王阳明全集》卷四十五，第五册，第1860—1861页。

枉费心力,终无益也。①

阳明认为,问题并不在于病时有无精力来修持工夫。而应该担心,是否对良知自信不足。未信得及良知,是由于致知工夫不够精纯,其所感应也只是支离琐屑,并不是对本体的反映。只有笃实致良知,才可以领会"本体似秋空明月"的寂感真义。其以致知工夫通达本体的意蕴甚明。

关于阳明良知即本体即工夫,前贤已有不少成果。本书犹注意从寂感的视角,来看致知工夫的特点。王畿记录的两条语录显示了阳明的观点。

> 先师谓:"未发在已发之中,已发在未发之中。不论有事无事,只是一个致良知工夫统括无遗。物是良知感应之实事,良知即是心之本体、未发之中也。明道云'动亦定,静亦定',动静者,所遇之时,定即良知之体也。"②

> 昔者有司闻先师之教,甚以为好,但为薄书期会所绊,不得专业体领。先师云:"千圣学脉不离见在,故曰致知在格物。致知者,致吾心之良知,非推极知识之谓也。格物者,体究应感之实事,非穷至物理之谓也。"③

第一则语录中,阳明指出,动静只是修持工夫的时段,而不能以之来形容良知本体。本体上可以讲的是定,所以无论动静、有事无事,都只是一个致良知工夫。这是阳明致知工夫的要点。

第二则语录,是在"只有一个致知工夫"的前提下,特别讲到此工夫特点。阳明首先点出,致知即在于格物,这是儒门正统学脉。而格物即为感应。这也是从本体之"寂然不动、感而遂通"来讲相应的工夫。致知工夫的要义在于感应,本体寂定与工夫感应,正是一体两面,体现了即体即用的

---

① (明)王守仁撰,吴光、钱明、董平、姚延福编校:《周道通问学书批语》,见《王阳明全集》卷四十五,第五册,第1860—1861页。
② (明)王畿:《答冯纬川》,见《龙溪王先生全集》卷十,第435页。
③ (明)王畿:《答宗鲁侄》,见《龙溪王先生全集》卷十一,第471页。

宗旨。

一般认为,王畿主要继承了所谓见在工夫的观点。在对寂感问题的理解上,除了见在工夫,还有戒慎工夫的角度。邹守益的理解即能说明戒慎与寂感的关系。虽归寂派等划分寂感,但其做工夫的目标也是为了光复本体、体用一源。故本书侧重于从各派工夫的共同目标角度,侧重考察寂感的体用一致的情况。

> 问:"戒慎工夫与诚意致知格物之旨同异,何以别?"曰:戒慎恐惧,便是慎;不睹不闻,莫见莫显,便是独。自戒惧之灵明无障,便是致知;自戒惧之流贯而无亏,便是格物。故先师云:子思子撮一部《大学》作《中庸》首章,圣学脉络,通一无二,净洗后世支离异同之窟。正心是未发之中,修身是发而中节之和,天地位,万物育,是齐家治国平天下。词有详略,工夫无详略。①

邹守益的工夫方式是戒慎,而不同于王畿,后者就从感应来讲致知格物的一致。守益此解亦从阳明讲的学脉出发。此处学脉侧重于《学》《庸》关联性,即强调从戒慎来理解格物致知。戒慎的方法,可以达到灵明无障、把握本体之寂然不动,以及能够流贯无亏、感而遂通。其显示了以工夫来诠释本体的宗旨,故以正心修身工夫来解释中和,最终实现儒者天地位万物育的理想。

从邹守益的理解来看,他表示继承了阳明"寂感—戒慎—亲民"的这条路线。阳明阐释此路线的语录如下:

> 益也不敏,预闻先师之绪言矣。天命之性,诚也;率性之道,诚者也;修道之教,诚之者也;戒慎恐惧,须臾不离,诚之者之功也。不睹不闻,昭其寂矣;莫见莫显,昭其感矣。常戒常惧,常寂常感,以亲父子,以

---

① (明)邹守益著,董平编校:《浙游聚讲问答》,见《邹守益集》卷十六,下册,南京:凤凰出版社2007年版(下同),第770—771页。

肃君臣,以信朋友,以发育万物而峻极于天,是谓中和位育之学。……以古所称百辟之刑,不显惟德,百姓之安,修己以敬,圣圣相传正脉,若是其简易也。①

董沄也记录了阳明从戒慎来讲天地位万物育:

一友问:"天地位、万物育,何如?"先生曰:"贤却发得太早。汝且问戒惧慎独何如而深致其功,则位育之效自知矣。如未用戒惧慎独工夫,纵听得位育说话虽多,有何益处?"②

位育是理想,戒慎是达到理想的工夫。无论是对寂感一体的领悟,还是对亲民位育理想的实现,都需要经过戒慎工夫。"寂感—戒慎—亲民"路线中,三者一体,戒慎是日常工夫,其本体及其作用就是寂感,蕴含于本体工夫的价值取向就是亲民。

亲民的宗旨立场,又见王畿记录的一则语录:"先师尝云:'自从悟得亲民宗旨,始勘破佛氏终有自私自利意在。'"③王畿从一体之仁来解释寂感与亲民的关系:

夫一体之谓仁,万物皆备于我,非意之也。吾之目遇色,自能辨青黄,是万物之色备于目也;吾之耳遇声,自能辨清浊,是万物之声备于耳也;吾心之良知,遇父自能知孝,遇兄自能知弟,遇君上自能知敬,遇孺子入井,自能知怵惕,遇台下之牛,自能知觳觫。推之为五常,扩之为百行。万物之变,不可胜穷,无不有以应之。是万物之变,备于吾之良知也。夫目之能备五色,耳之能备五声,良知之能备万物之变,以其虚也。

---

① (明)邹守益著,董平编校:《辰州虎溪精舍记》,见《邹守益集》卷七,上册,第398页。
② (明)王守仁撰,吴光、钱明、董平、姚延福编校:《阳明先生遗言录》,见《王阳明全集》卷四十,第五册,第1600页。
③ (明)王守仁撰,吴光、钱明、董平、姚延福编校:《言行录辑要下》,见《王阳明全集》卷四十一,第五册,第1675页。

致虚,则自无物欲之间吾之良知,自与万物相为流通而无所凝滞。故曰,反身而诚,乐莫大焉。强恕而行者,不能无物欲之间,强以推之,知周乎万物,以达一体之良。故曰求仁莫近焉。是其学虽有仁恕之分,安勉之异,其求复吾之虚体以应万物之变,则一而已。此千圣学脉也。①

万物皆备于我,良知本体自然能应万物、发而为伦理,这是寂然不动、感而遂通的原理。寂然不动是本体的虚的性质,表现为无欲,故能应物无穷而不执着。感而遂通,既可以是仁者本体自然流行的工夫,也可以是恕者推广扩充、以达到一体之仁的工夫。从王畿这个理解来看,邹守益的戒慎说,就是强恕而行的工夫。王畿的路线即为"一体之仁(寂感)—仁或恕—亲民"。由仁而亲民,是生知安行,由恕而扩充至一体之仁、亲民,是困知勉行。无论经由仁由恕,本体、工夫、价值,三者皆为一体。

五、仁体流行

儒与释道的根本不同,即在于儒家亲民的价值取向。仁民爱物包含了人伦制度,如何在本体、工夫上都贯彻这一指涉具体的"有"的价值立场?从王学即本体即工夫的路径来看,本体之虚与工夫之有,正是寂感,二者一体两面。所感应的伦理事物,是本体的流行,本体则是至善,从而本体工夫价值,三者一体,即仁的流行,由王畿的一体之仁的路线可知。因此,仁的流行学问,是打通儒学内圣外王的关键。如何诠释仁本体,则成为了阳明学理论中的根本性问题②。对寂感问题的讨论,工夫是迟或速,是见在或戒慎,都需回溯仁本体(如何流行)这个根本问题。

良知的寂感特点,阳明晚年又将之视为"与太虚同体"。嘉靖五年(丙戌),他在给南大吉的信中详细说道:

---

① (明)王畿:《宛陵会语》,见《龙溪王先生全集》卷二,第284页。
② 陈来以仁本体来统摄儒学的本体论,见陈来:《仁学本体论》。牟宗三以既存有又活动来解决理学的根本理论问题,见牟宗三:《心体与性体》一,见《牟宗三先生全集》第五册。

>夫惟有道之士,真有以见其良知之昭明灵觉,圆融洞澈,廓然与太虚而同体。太虚之中,何物不有?而无一物能为太虚之障碍。盖吾良知之体,本自聪明睿知,本自宽裕温柔,本自发强刚毅,本自斋庄中正、文理密察,本自溥博渊泉而时出之,本无富贵之可慕,本无贫贱之可忧,本无得丧之可欣戚、爱憎之可取舍。①(《答南元善》)

良知之寂,即是太虚之虚,良知之感应无穷,即是太虚中无物不有、渊泉不息。阳明还曾提出过"良知便是太虚":

>良知之虚,便是天之太虚;良知之无,便是太虚之无形。日、月、风、雷、山、川、民、物,凡有貌象形色,皆在太虚无形中发用流行,未尝作得天的障碍。圣人只是顺其良知之发用,天地万物,俱在我良知的发用流行中,何尝又有一物超于良知之外,能作得障碍?②(《传习录下》)

本体由此而具有了仁体流行的意义。阳明又使用气来摹状良知流行:"夫良知,一也。以其妙用而言谓之神,以其流行而言谓之气,以其凝聚而言谓之精,安可以形象方所求哉?"③从这个意义上,可以理解阳明讲的"气即是性":"'生之谓性','生'字即是'气'字,犹言'气即是性'也。……孟子'性善',是从本原上说。然性善之端须在气上始见得,若无气亦无可见矣。恻隐、羞恶、辞让、是非即是气,程子谓:'论性不论气,不备;论气不论性,不明。'亦是为学者各认一边,只得如此说。若见得自性明白时,气即是性,性即是气,原无性气之可分也。"④气即是性,是从本体流行是气来讲,即

---

① (明)王守仁撰,吴光、钱明、董平、姚延福编校:《王阳明全集》卷六,第一册,第224页。
② (明)王守仁撰,吴光、钱明、董平、姚延福编校:《王阳明全集》卷三,第一册,第117页。
③ (明)王守仁撰,吴光、钱明、董平、姚延福编校:《答陆原静书》,见《王阳明全集》卷二,第一册,第68页。
④ (明)王守仁撰,吴光、钱明、董平、姚延福编校:《启问道通书》,见《王阳明全集》卷二,第一册,第66页。

若了悟本体、了解自性,则气与性一体流行、不可分割。

从仁本体流行的角度,可以诠释阳明指出的理、气、心的相即。以下这则语录是嘉靖四年(乙酉),阳明与朱得之等弟子语:

> 师曰:"道无形体,万象皆其形体;道无显晦,人所见有显晦。以形体而言,天地一物也;以显晦而言,人心其机也。所谓心即理也者,以其充塞氤氲而言谓之气,以其脉络分明而言谓之理,以其流行赋畀而言谓之命,以其禀受一定而言谓之性,以其物无不由谓之道,以其妙用不测而言谓之神,以其凝聚而言谓之精,以其主宰而言谓之心,以其无妄而言谓之诚,以其无所倚著而言谓之中,以其无物可加而言谓之极,以其屈伸消息往来而言谓之易,其实则一而已。……故万象者,吾心之所为也;天地者,万象之所为也。天地万象,吾心之糟粕也。要其极致,乃见天地无心,而人为之心。心失其正,则吾亦万象而已;心得其正,乃谓之人。此所以为天地立心,为生民立命,惟在于吾心。此可见心外无理,心外无物。所谓心者,非今一团血肉之具也,乃指其至灵至明、能作能知者也。此所谓良知也。然而无声无臭,无方无体,此所谓'道心惟微'也。以此验之,则天地日用四时鬼神莫非一体之实理,不待有所彼此比拟者。古人之言合德合明、如天如神、至善至诚者,皆自下学而言,犹有二也。若其本体,惟吾而已,更何处有天地万象。此大人之学所以与天地万物一体也。一物有外,便是吾心未尽处,不足谓之学。"此乙酉十月与宗范、正之、惟中闻于侍坐时者,丁亥七月追念而记之,已属渺茫,不若当时之释然,不见师友之形骸、堂宇之限隔也。① (《稽山承语》)

心即理,是由于心、理都是道的不同维度的体现,从道的流行脉络条理而言,其体现为理,从道作为身体的主宰的主体性而言,其体现为心。总之,

---

① (明)王守仁撰,吴光、钱明、董平、姚延福编校:《王阳明全集》卷四十,第五册,第1608—1609页。

心与理相即于其皆为道的同一性,也是作为本体流行的各维度之间的同一性。道的流行是气,而条理脉络,以及人类的心灵,都只有在气中才可见。除了仁体流行的同一性之外,心外无理、心外无物,还强调良知灵明、能作能知。良知是作为本体主宰的面向,因此是天地万物的存在根据,仁民爱物既是其作为造化主宰的自然生理,也是其作为主体的价值取向。万物一体同时具有存在论与价值论的意义。由于道的主宰、主体性,本体才具有一体之仁的特点;且主宰为道,流行为气,这种同一性并非等同的意思,而是有机协同为一体。所以阳明又指出,流行不息、主宰常定:"天地气机,元无一息之停。然有个主宰,故不先不后,不急不缓,虽千变万化,而主宰常定,人得此而生。若主宰定时,与天运一般不息,虽酬酢万变,常是从容自在,所谓'天君泰然,百体从令'。若无主宰,便只是这气奔放,如何不忙?"①因此,寂感是存在结构,一方面本体寂然常定,另一方面本体感应流行②。

从仁本体的主宰造化面向,阳明还提出:"良知是造化的精灵。""良知是造化的精灵。这些精灵,生天生地,成鬼成帝,皆从此出,真是无物与对。人若复得他完完全全,无少亏欠,自不觉手舞足蹈,不知天地间更有何乐可代。"③从乐这种自由自足的精神类型而言,本体所蕴含的仁民爱物的价值取向,本就是本体流行自然生理所现情感,良知自然之喜好快乐,所以阳明又讲"乐是心之本体"④。

六、诗与歌诗

诗言志,阳明的咏月诗与山水诗,形象地呈现了本体及其流行之寂感与工夫感应,既表现了阳明本人工夫境界的演进,也反映了寂感问题是阳明与

---

① (明)王守仁撰,吴光、钱明、董平、姚延福编校:《传习录上》,见《王阳明全集》卷一,第一册,第33页。
② 林乐昌指出,可将理学中把握本体超越性的理论称为宇宙本体论,把侧重强调宇宙结构与万物生成的称为宇宙生成论。林乐昌:《张载两层结构的宇宙论哲学探微》,《中国哲学史》2008年第4期。
③ (明)王守仁撰,吴光、钱明、董平、姚延福编校:《传习录下》,见《王阳明全集》卷三,第一册,第115页。
④ (明)王守仁撰,吴光、钱明、董平、姚延福编校:《与黄勉之(甲申)》,见《王阳明全集》卷五,第一册,第207页。

弟子、同道在日常的工夫交流当中的反复出现的议题。随着对阳明晚年四句教的讨论，阳明后学将寂感论题发展成为多元的工夫学说，而亲民宗旨是贯彻各流派的一致立场。

事实上，晚年阳明已通过仁体流行的本体论来诠释寂感问题，表达本体、工夫、价值的一体。根据学者们擅长领域与关注的问题，在帮助理解一体之仁的宗旨时，阳明会在本体、工夫、价值问题上因材施教地有所侧重。四句教例子中，他提醒王畿注意工夫、钱德洪注意本体。而对于出入释道的士大夫，他则强调儒家的价值立场，并以之为悟道标准。本体工夫的细勘，尚属儒学共同体内部的辩论，而价值取向的接受，则关系到从释道那里争取儒家的信仰空间。

信仰空间争夺往往发生在诗坛。诗坛容纳士人较广，而且诗文体裁易于传播，三教的融汇，往往也以士人与僧道之间诗文唱酬为日常的形式。除了作为当时最普遍的交流媒介之一，诗歌也是儒释道工夫境界表现的主要形式，更毋庸置疑的是，诗作为偈子或者口诀，是三教师徒传承的思想宗旨。

阳明早年竞骋于诗坛，后来放弃了对文学形式的追求。随着王学的传播发展，一些著名诗人转投阳明门下，如徐桢卿、郑善夫、董沄等人。徐桢卿、郑善夫在师事阳明前，曾经热衷于求仙学道。董沄本好释道，后拜阳明为师，阳明去世后，董沄又信仰佛教。对此数人，阳明都因势利导，启发儒门宗旨。答徐桢卿养生之道，阳明指出"尽人之性者，可以知化育矣"。[①] 董沄性高洁，不愿与支离琐屑、追名逐利的俗儒为伍，听阳明良知说后大悟，称脱离苦海，自号从吾道人。阳明遂启发其"从吾"之良知。[②]

郑善夫与徐桢卿都是前七子派代表作家，后来都服膺阳明之学。除了坚定儒学信仰，郑善夫的诗风也发生了根本转变，一改往昔声调讲求，而学习阳明诗风、追求气格。朱彝尊评价郑善夫"气过其辞"[③]，正反映了郑善夫

[①] （明）王守仁撰，吴光、钱明、董平、姚延福编校：《徐昌国墓志》，见《王阳明全集》卷二十五，第三册，第976页。

[②] （明）王守仁撰，吴光、钱明、董平、姚延福编校：《从吾道人记》，见《王阳明全集》卷七，第一册，第266页。

[③] （清）朱彝尊：《静志居诗话》，北京：人民文学出版社1990年版，第272页。

崇尚气格。

阳明与前七子派诗人交游,亦工于声调,后来放弃此风,以良知学统摄其诗论。他提出"诗、理为一":"感发兴起是诗,有所执持是礼。和顺于道德而理于义者,只是一统事。"①(《阳明先生遗言录》)盖与宋人推崇天理、提倡诗之气格一致。阳明还提出九声四气歌法,以歌诗之教来帮助学者领会四德(四气)流行②。

歌诗是阳明特别重视的为学功夫,被列入书院学规。据王畿所录,阳明曾指出歌诗即是学脉:

> 后世不知所养,故歌法不传。至阳明先师,始发其秘。以春夏秋冬、长养收藏四义,开发收闭,为按歌之节。传诸海内,学者始知古人命歌之意。先师尝云:"学者悟得此意,直歌到尧、舜、羲、皇。只此便是学脉,无待于外求也。"③

阳明每至一地讲学论道,辄与从者歌诗,在时人不解歌诗的环境下,独领风骚,形成鲜明的王门工夫特色。除了以四气歌法领会四德流行,阳明还特重歌诗之元声:

> 先生曰:"圣人一生实事,俱播在乐中。所以有德者闻之,便知他尽善尽美与尽美未尽善处。"……曰:"洪要求元声不可得,恐于古乐亦难复。"……先生曰:"若要去葭灰黍粒中求元声,却如水底捞月,如何可得?元声只在你心上求。"曰:"心如何求?"先生曰:"古人为治,先养得人心和平,然后作乐。比如在此歌诗,你的心气和平,听者自然悦怿兴起。只此便是元声之始。《书》云'诗言志',志便是乐的本。'歌永言',歌便是作乐的本。'声依永,律和声',律只要和声,和声便是制律

---

① (明)王守仁撰,吴光、钱明、董平、姚延福编校:《王阳明全集》卷四十,第五册,第1604页。
② 张昭炜:《王阳明九声四气法的三个层次》,《世界宗教研究》2015年第1期。
③ (明)王畿:《华阳明伦堂会语》,见《龙溪王先生全集》卷七,第375页。

的本。何尝求之于外?"曰:"古人制候气法,是意何取?"先生曰:"古人具中和之体以作乐。我的中和,原与天地之气相应;候天地之气,协凤凰之音,不过去验我的气果和否。"①(《传习录下》)

元声本自心气中和,阳明将诗坛看重的声调音律之学,转换成为致良知工夫。本体作用寂感,发用流行的理想状态即中和。阳明指出古乐出自中和之体,也指出诗言志来自心的中和②,二者皆为仁本体感应流行之和气体现。所以,阳明在《论歌诗》中说道:

> 歌诗须会众齐声和歌者,以宣畅人心之和气也。凡我百姓,无论老幼,俱要熟读乡约诗,家常无事;父子兄弟,相与按法而歌,感动一家;良心销熔大小邪念,莫切于此。……昔日尧舜也,曾赓歌;孔子也,与人歌。大帝大圣,岂不可法?凡我百姓,肯依吾言者,便是良善人也。③

上文属于阳明制定的乡约,说明阳明将歌诗作为普遍适用的工夫方法。由于歌诗乃是心体和气,是良知发用流行,故歌诗者彼此感应,可以激发对良心的共鸣。阳明正是这样按照本体工夫的寂感原理,经由诗以及歌诗,力图广泛地在士人、百姓中达到良知学教育的效果。

七、余论

阳明后学对寂感问题的争论,事实上反映了各自运用寂感原理的工夫路线之争,而汇聚各方于阳明学旗帜下的,则是阳明标榜的亲民的儒家宗旨。基于本体、工夫、价值的一体之仁,在工夫实践中,阳明得民行道的重要手段,即是诗与歌诗。通过形象的语言、感动人心的音乐,阳明探索出实现

---

① (明)王守仁撰,吴光、钱明、董平、姚延福编校:《王阳明全集》卷三,第一册,第124页。
② (明)王守仁撰,吴光、钱明、董平、姚延福编校:《传习录拾遗》,见《王阳明全集》卷三十九,第五册,第1556页。
③ (明)王守仁撰,吴光、钱明、董平、姚延福编校:《王阳明全集》卷四十六,第五册,第1875页。

一体之仁的普适性道路。阳明后学寂感之辩的焦点,正落于工夫普适性;明季对见在工夫的批评,也是质疑其过于高拔、容易误导普通人。

普适性的工夫教学,必然要求教理的明确性,希望教学方法更适合普遍人性。寂感是一体之仁的即本体即工夫原理,但在理论上,能够聚拢其本体功夫价值为一体、并对世界给出本原解释的,则是本体流行的问题。阳明晚年发明仁体诸义,如良知即太虚、理气心相即、良知是造化精灵等,是在解答四句教、寂感问题等过程中的理论必然发展。在教学方法上,阳明对于诗教的强调,也是基于诗教感兴人情、适合普遍人性。

呈现本体的明晰性、并期望作为普适性工夫的原理,导致阳明后学加重了对程朱理学的吸收融汇。阳明九声四气歌法中的四德—四气流行模式,被刘宗周继续发扬,形成了融汇朱王的仁体流行说。而基于普遍人性的工夫教学,不仅仅是从人情出发来诠释,更是被《人谱》以一种更为客观的理解方式,落实为对人情所在的日常生活的一切伦理细节的规范。这也就可以理解,《人谱》在现代的阳明学者那里的特殊意义,以及马一浮、钱穆等新儒家或将诗教作为六艺之首、或以诗为理学工夫之本,这些都呈现出儒学的日用本色。

参考文献

一、文献

王弼注,孔颖达疏,李申、卢光明整理,吕绍纲审定:《十三经注疏·周易正义》,北京:北京大学出版社1999年版。

郑玄注,孔颖达疏,龚抗云整理,王文锦审定:《十三经注疏·礼记正义》,北京:北京大学出版社1999年版。

孔安国传,孔颖达疏,廖明春、陈明整理,吕绍纲审定:《十三经注疏·尚书正义》,北京:北京大学出版社1999年版。

程树德撰,程俊英、蒋见元点校:《论语集释》,北京:中华书局1997年版。

焦循:《孟子正义》,北京:中华书局,1987年版。

马王堆汉墓帛书整理小组编:《马王堆汉墓帛书壹》,北京:文物出版社1980年版。

程颢、程颐著,王孝鱼点校:《二程集》,北京:中华书局1981年版。

胡宏:《胡宏集》,北京:中华书局,1987年版。

张载著,章锡琛点校:《张载集》,北京:中华书局1978年版。

周敦颐著,陈克明点校:《周敦颐集》,北京:中华书局2009年版。

朱熹撰,朱杰人、严佐之、刘永翔主编:《朱子全书》,上海:上海古籍出版社、合肥:安徽教育出版社2002年版。

朱杰人、严佐之、刘永翔主编:《朱子全书外编》,上海:华东师范大学出版社2010年版。

陆九渊著,钟哲点校:《陆九渊集》,北京:中华书局1980年版。

陆九渊:《陆象山全集》,北京:中国书店1992年版。

杨简:《慈湖先生遗书》,济南:山东友谊出版社1989年版。

余允文:《尊孟辨》,《文渊阁四库全书》第一九六册,上海:上海古籍出版社2003年版。

张九成著,杨新勋整理:《张九成集》,杭州:浙江古籍出版社2013年版。

张栻:《张南轩先生文集》,北京:商务印书馆1936年版。

张栻撰,邓洪波校点:《张栻集》,长沙:岳麓书社2010年版。

陈琛：《重刊补订四书浅说》，《四库未收书辑刊》壹辑柒册，北京：北京出版社 2000 年版。

胡广等纂修，周群、王玉琴校注：《四书大全校注》，武汉：武汉大学出版社 2015 年版。

陈献章著，孙通海点校：《陈献章集》，北京：中华书局 1987 年版。

湛若水：《湛甘泉先生文集》，康熙二十年黄楷刻本。

王守仁撰，吴光、钱明、董平、姚延福编校：《王阳明全集》，杭州：浙江古籍出版社 2011 年版。

王畿：《龙溪王先生全集》，《四库全书存目丛书》集部第九十八册，济南：齐鲁书社 1997 年版。

王艮：《王心斋全集》，台北：广文书局 1987 年版。

罗钦顺：《困知记》，北京：中华书局 1990 年版。

罗洪先著，徐儒宗编校：《罗洪先集》，南京：凤凰出版社 2007 年版。

聂豹著，吴可为编校：《聂豹集》，南昌：凤凰出版社 2007 年版。

邹守益：《东廓邹先生文集》，《四库全书存目丛书》集部第六十五册，济南：齐鲁书社 1997 年版。

邹守益著，董平编校：《邹守益集》，南京：凤凰出版社 2007 年版。

欧阳德：《欧阳南野先生文集》，《四库全书存目丛书》集部第八十册，济南：齐鲁书社 1997 年版。

黄绾：《明道编》，北京：中华书局 1959 年版。

冯梦龙：《王阳明出身靖乱录》，杭州：浙江古籍出版社 2015 年版。

胡居仁撰，冯会明点校：《胡居仁文集》，南昌：江西人民出版社 2013 年版。

张居正：《四书集注阐微直解》，《四库未收书辑刊》贰辑拾贰册，北京：北京出版社 2000 年版。

赵贞吉：《赵文肃公文集》，《四库全书存目丛书本》集部第一百册，济南：齐鲁书社 1997 年版。

杨爵：《杨忠介集》，《文渊阁四库全书》第一二七六册，上海：上海古籍出版社 2003 年版。

辛全：《四书说》，《四库未收书辑刊》陆辑叁册，北京：北京出版社 2000 年版。

姚舜牧：《重订四书疑问》，《四库全书存目丛书·经部》第一五八册。

焦竑：《澹园集》，北京：中华书局 1999 年版。

焦竑：《焦氏四书讲录》，《续修四库全书》，第一六二册，上海：上海古籍出版社 2002 年版。

焦竑：《国朝献征录》，明代传记丛刊，台北：明文书局 1990 年版。

刘宗周撰，吴光主编：《刘宗周全集》，杭州：浙江古籍出版社 2007 年版。

顾宪成：《泾皋藏稿等四种》，南京：凤凰出版社 2011 年版。

高攀龙:《高子遗书、高子遗书未刻稿》,南京:凤凰出版社2012年版。
黄宗羲著,沈芝盈点校:《明儒学案》,北京:中华书局1986年版。
黄宗羲著,沈善洪、吴光编校:《黄宗羲全集》,杭州:浙江古籍出版社2005年版。
脱脱等撰:《宋史》,北京:中华书局1977年版。
谈迁著,张宗祥校点:《国榷》,北京:中华书局1958年版。
汤传楔辑:《四书明儒大全精义》,《四库未收书辑刊》壹辑捌册,北京:北京出版社2000年版。
谷应泰撰:《明史纪事本末》,北京:中华书局1977年版。
张廷玉等撰:《明史》,北京:中华书局1974年版。
夏燮撰,王日根、李一平、李珽、李秉乾等校点:《明通鉴》,北京:中华书局1959年版。
顾炎武著,黄汝成集释,栾保群、吕宗力校点:《日知录集释》(全校本),上海:上海古籍出版社2006年版。
王夫之:《读四书大全说》,北京:中华书局1975年版。
王夫之:《船山全书》,长沙:岳麓书社1991年版。
万斯同:《儒林宗传》,《文渊阁四库全书》史部第四五八册,上海:上海古籍出版社2003年版。
孙奇逢编:《理学宗传》,济南:山东友谊书社1989年版。
章学诚:《文史通义》,上海:上海书店1988年版。

二、著作(按作者姓氏拼音排序)

包弼德著,王昌伟译:《历史上的理学》,杭州:浙江大学出版社2010年版。
陈寅恪:《陈寅恪集·元白诗笺证稿》,北京:生活·读书·新知三联书店2001年版。
陈荣捷:《王阳明与禅》,台北:台湾学生书局1984年版。
陈荣捷:《朱子新探索》,台北:台湾学生书局1988年版。
陈荣捷:《新儒学论集》,台北:"中研院"中国文哲研究所1995年版。
陈荣捷:《中国哲学论集》,台北:"中研院"中国文哲研究所1994年版。
蔡仁厚:《王阳明哲学》,台北:三民书局1992年版。
蔡仁厚:《宋明理学》,台北:台湾学生书局1980年版。
成中英:《世纪之交的抉择——论中西哲学的汇通与融合》,上海:知识出版社1991年版。
成中英:《中国哲学的现代化与世界化》,台北:联经事业出版有限公司1989年版。
陈来:《有无之境——王阳明哲学的精神》,北京:人民出版社1991年版。
陈来:《朱子哲学研究》,上海:华东师范大学出版社2000年版。
陈来:《宋明理学》,沈阳:辽宁教育出版社1991年版。

陈来:《诠释与重建——王船山的哲学精神》,北京:北京大学出版社 2004 年版。
陈来:《竹帛〈五行〉与简帛研究》,北京:生活·读书·新知三联书店 2009 年版。
陈来:《仁学本体论》,北京:生活·读书·新知三联书店 2014 年版。
陈来:《中华文明的核心价值:国学流变与核心价值观》,北京:生活·读书·新知三联书店 2015 年版。
陈少明:《〈齐物论〉及其影响》,北京:北京大学出版社 2004 年版。
陈少明:《经典世界中的人、事、物》,上海:上海三联书店 2008 年版。
陈少明:《思史之间——〈论语〉的观念史释读》,上海:上海三联书店 2009 年版。
陈立胜:《王阳明"万物一体"论——从"身—体"的立场看》,上海:华东师范大学出版社 2008 年版。
陈立胜:《"身体"与"诠释"——宋明儒学论集》,台北:台湾大学出版中心 2011 年版。
陈立胜:《入圣之机——王阳明致良知工夫论研究》,北京:生活·读书·新知三联书店 2019 年版。
慈继伟:《正义的两面》,北京:生活·读书·新知三联书店 2001 年版。
陈弱水:《公共意识与中国文化》,台北:联经出版事业公司 2005 年版。
陈畅:《自然与政教:刘宗周慎独哲学研究》,上海:上海人民出版社 2016 年版。
狄百瑞著,李弘祺译,《中国的自由传统》,香港:香港中文大学出版社 1983 年版。
岛田虔次:《朱子学与阳明学》,西安:陕西师范大学出版社 1986 年版。
岛田虔次:《中国近代思维的挫折》,南京:江苏人民出版社 2005 年版。
杜维明:《儒家思想新论——创造性转化的自我》,曹幼华、丁单译,南京:江苏人民出版社 1991 年版。
杜维明:《论儒学的宗教性——对〈中庸〉的现代诠释》,段德智译,武汉:武汉大学出版社 1998 年版。
杜维明:《一阳来复》,上海:上海文艺出版社 1997 年版。
杜维明:《人性与自我修养》,北京:中国和平出版社 1998 年版。
杜维明:《青年王阳明:行动中的儒家思想》,北京:生活·读书·新知三联书店 2017 年版。
邓克铭:《晚明四书说解研究》,台北:里仁书局 2013 年版。
邓艾民:《朱熹王阳明哲学研究》,上海:华东师范大学出版社 1989 年版。
东方朔:《刘蕺山哲学研究》,上海:上海人民出版社 1997 年版。
邓志峰:《王学与晚明的师道复兴运动》,北京:社会科学文献出版社 2004 年版。
冯友兰:《中国哲学史》,北京:中华书局 1961 年版。
冯友兰:《中国哲学史新编》,北京:人民出版社 1986 年版。
冯达文:《道——回归自然》,广东人民出版社 1996 年版。
冯达文:《宋明新儒学略论》,广州:广东人民出版社 1997 年版。

冯达文：《早期中国哲学略论》，广州：广东人民出版社1998年版。
冯达文：《中国哲学的本源—本体论》，广州：广东人民出版社2001年版。
冯达文：《寻找心灵的故乡——儒释道三教学术旨趣论释》，北京：中华书局2015年版。
冯达文：《理性与觉性：佛学与儒学论丛》，成都：巴蜀书社2009年版。
冯契：《中国古代哲学的逻辑发展》，上海：上海人民出版社1983年版。
方祖猷：《王畿评传》，南京：南京大学出版社2001年版。
方东美：《新儒家哲学十八讲》，台北：黎明文化事业公司1991年版。
方立天：《佛教哲学》，北京：中国人民大学出版社1986年版。
傅伟勋：《从西方哲学到禅佛教》，北京：生活·读书·新知三联书店1989年版。
傅新营：《宋代格韵说研究》，上海师范大学博士学位论文，2003年。
葛瑞汉著，程德祥等译：《中国的两位哲学家——二程兄弟的新儒学》，郑州：大象出版社2000年版。
冈田武彦：《王阳明与明末儒学》，上海：上海古籍出版社2000年版。
郭齐勇：《传统道德与当代人生》，武汉：武汉大学出版社1998年版。
郭齐勇：《儒学与儒学史新论》，台北：学生书局2002年版。
郭齐勇、吴根友：《近世哲学的发展与中国哲学的创造转化》，北京：中国社会科学出版社2014年版。
耿宁著，倪良康译：《人生第一等事——王阳明及其后学论良知》，北京：商务印书馆2014年版。
沟口雄三、小岛毅主编，孙歌等译：《中国的思维世界》，南京：江苏人民出版社2006年版。
沟口雄三：《中国前近代思想的屈折与展开》，北京：生活·读书·新知三联书店2011年版。
沟口雄三：《作为方法的中国》，北京：生活·读书·新知三联书店2011年版。
沟口雄三：《中国的公与私·公私》，北京：生活·读书·新知三联书店2011年版。
古清美：《明代理学论文集》，台北：大安出版社1990年版。
龚鹏程：《晚明思潮》，台北：里仁书局1994年版。
高海波：《刘蕺山哲学思想研究》，北京大学博士学位论文，2008年。
高海波：《慎独与诚意：刘蕺山哲学思想研究》，北京：生活·读书·新知三联书店2016年版。
侯外庐等：《宋明理学史》，北京：人民出版社1987年版。
郝大伟、安乐哲：《孔子哲学思微》，南京：江苏人民出版社2012年版。
郝大伟、安乐哲：《汉哲学思维的文化探源》，南京：江苏人民出版社1999年版。
黄勇：《道德铜律与仁的可能性》，上海：上海交通大学出版社2018年版。
黄勇：《内向超越与多元文化》，上海：上海交通大学出版社2018年版。

黄勇:《自由主义的超越与仁爱政治观》,上海:上海交通大学出版社2018年版。
黄敏浩:《刘宗周及其慎独哲学》,台北:学生书局2001年版。
黄进兴:《优入圣域:权力、信仰与正当性》,北京:中华书局2010年版。
黄仁宇:《万历十五年》,北京:中华书局2006年版。
黄仁宇:《十六世纪明代中国之财政与税收》,北京:生活·读书·新知三联书店2007年版。
黄建跃:《先秦儒家的公私之辨》,桂林:广西师范大学出版社2013年版。
何俊:《西学与晚明思想裂变》,上海:上海人民出版社1998年版。
胡吉勋:《"大礼议"与明廷人事变局》,北京:社会科学文献出版社2007年版。
嵇文甫:《晚明思想史论》,北京:东方出版社1996年版。
嵇文甫:《左派王学》,上海:开明书店1934年版。
姜广辉:《理学与中国文化》,上海:上海人民出版社1994年版。
姜允明:《心学的现代诠释》,台北:东大图书股份有限公司1986年版。
康韵梅:《中国古代死亡观之探究》,台北:台湾大学文史丛刊1994年版。
李泽厚:《中国古代思想史论》,北京:人民出版社1985年版。
李存山:《中国气论探源与发挥》,北京:中国社会科学出版社1990年版。
李存山:《气论与仁学》,郑州:中州古籍出版社2009年版。
李明辉:《儒家与康德》,台北:联经事业出版有限公司1990年版。
李明辉:《康德伦理学与孟子道德思考之重建》,台北:"中研院"中国文化研究所1994年版。
李明辉:《四端与七情——关于道德情感的比较哲学探讨》,台北:台湾大学出版中心2005年版。
李明辉:《儒家视野下的政治思想》,台北:台湾大学出版中心2005年版。
李明友:《一本万殊——黄宗羲的哲学与哲学史观》,北京:人民出版社1994年版。
李纪祥:《两宋以来大学改本之研究》,台北:台湾学生书局1988年版。
黎业明:《明儒思想与文献论集》,北京:商务印书馆2017年版。
李蕉:《张载政治思想述论》,北京:中华书局2011年版。
林继平:《明学探微》,台北:台湾"商务印书馆"1984年版。
林月惠:《良知学的转折:聂双江与罗念庵思想之研究》,台北:台湾大学出版中心2005年版。
林月惠:《诠释与工夫:宋明理学的超越蕲向与内在辩证》,台北:"中研院"中国文哲研究所2008年版。
林乐昌:《张载理学与文献探研》,北京:人民出版社2016年版。
林远泽:《儒家后习俗责任伦理学的理念》,台北:联经出版事业有限公司2017年版。
林美惠:《朱子的政治礼摄系统》,台南:复文图书有限公司2009年版。

林丽娟:《吾心自有光明月:王阳明诗探究》,高雄:复文图书出版社1998年版。
梁庚尧:《南宋的农地利用政策》,台北:台湾大学文学院文史丛刊1977年版。
刘述先:《朱子哲学思想的发展与完成》,台北:台湾学生书局1982年版。
刘述先:《黄宗羲的心学及其定位》,台北:允晨文化实业股份有限公司1986年版。
刘述先:《理一分殊》,上海:上海文艺出版社2000年版。
刘昌家:《理学方法论》,台北:里仁书局2010年版。
劳思光:《中国哲学史》,台北:三民书局1980年版。
柳存仁:《和风堂文集》,上海:上海古籍出版社1991年版。
卢国龙:《宋儒微言:多元政治哲学的批判与重建》,北京:华夏出版社2001年版。
吕妙芬:《阳明学士人社群》,台北:"中研院"近代史研究所2003年版。
马一浮:《马一浮集》,杭州:浙江古籍出版社1996年版。
牟宗三:《牟宗三先生全集》,台北:联经出版事业公司2003年版。
牟钟鉴:《儒学价值的新探索》,济南:齐鲁书社2001年版。
蒙培元:《理学范畴体系》,北京:人民出版社1989年版。
蒙培元:《中国哲学主体思维》,北京:人民出版社1993年版。
蒙培元:《心灵超越与境界》,北京:人民出版社1998年版。
麦仲贵:《阳明诸子致良知学之发展》,香港:香港中文大学1973年版。
孟淑慧:《朱熹及其门人的教化理念与实践》,台北:台湾大学出版中心2003年版。
庞朴:《庞朴文集》,济南:山东大学出版社2005年版。
钱穆:《钱宾四先生全集》,台北:联经出版事业公司1998年版。
秦家懿:《王阳明》,北京:生活·读书·新知三联书店2011年版。
秦家懿:《秦家懿自选集》,济南:山东教育出版社2005年版。
容肇祖:《容肇祖全集》,济南:齐鲁书社2013年版。
束景南:《朱熹年谱长编》,上海:华东师范大学出版社2001年版。
唐君毅:《唐君毅全集》,台北:台湾学生书局1991年版。
汤一介:《瞩望新轴心时代:在新世纪的哲学思考》,北京:中央编译出版社2014年版。
藤井伦明:《朱熹思想结构探索——以"理"为考察中心》,台北:台湾大学出版中心2011年版。
魏斐德著,陈苏镇、薄小莹等译:《洪业——清朝开国史》,南京:江苏人民出版社1998年版。
魏希德著,胡永光译:《义旨之争:南宋科举规范之折冲》,杭州:浙江大学出版社2015年版。
王汎森:《晚明清初思想十论》,上海:复旦大学出版社2004年版。
吴根友:《中国现代价值观的初生历程——从李贽到戴震》,武汉:武汉大学出版社2004年版。

吴根友:《道家思想及其现代诠释》,上海:上海交通大学出版社2018年版。

吴震:《明代知识界讲学活动系年》,上海:学林出版社2003年版。

吴震:《阳明后学研究》,上海:上海人民出版社2003年版。

吴震:《明末清初劝善运动思想研究》,台北:台湾大学出版中心2009年版。

温伟耀:《成圣之道:北宋二程修养工夫论之研究》,洛阳:河南大学出版社2004年版。

吴光主编:《阳明学研究》,上海:上海古籍出版社2000年版。

万明主编:《晚明社会变迁:问题与研究》,北京:商务印书馆2005年版。

万光军:《孟子仁义思想研究》,济南:山东大学出版社2009年版。

徐复观:《徐复观全集》,北京:九州出版社2014年版。

小野和子:《明季党社考》,上海:上海古籍出版社2006年版。

小野泽精一、山井涌等:《气的思想》,上海:上海人民出版社1999年版。

谢国桢:《明清之际党社运动考》,沈阳:辽宁教育出版社1998年版。

谢国桢:《明末清初的学风》,北京:人民出版社1982年版。

谢国祯:《顾宁人先生学谱》,上海:商务印书馆1957年版。

萧公权:《中国政治思想史》,沈阳:辽宁教育出版社1998年版。

许朝阳:《善恶皆天理:宋明儒者对善恶本体意蕴之探讨》,台北:文史哲出版社2014年版。

杨国荣:《王学通论》,上海:上海三联书店1990年版。

杨国荣:《理性与价值》,上海:上海三联书店1998年版。

杨国荣:《存在的澄明》,沈阳:辽宁人民出版社1998年版。

杨国荣:《心学之思》,北京:生活·读书·新知三联书店1990年版。

阎步克:《士大夫政治演生史稿》,北京:北京大学出版社1996年版。

杨祖汉:《儒家的心学传统》,台北:文津出版社1992年版。

杨儒宾:《儒家身体观》,台北:"中研院"中国文哲研究所筹备处1996年版。

杨儒宾、祝平次编:《儒学的气论与工夫论》,台北:台湾大学出版中心2012年版。

杨海文:《我善养吾浩然之气——孟子的世界》,济南:齐鲁书社2017年版。

余治平:《忠恕而仁:儒家尽己推己、将心比心的态度、观念与实践》,上海:上海人民出版社2012年版。

张立文:《宋明理学研究》,北京:中国人民大学出版社1985年版。

张立文:《走向心学之路:陆象山思想的足迹》,北京:中华书局1992年版。

张立文:《朱熹思想研究》,北京:中国社会科学出版社1994年版。

张灏:《幽暗意识与民主传统》,台北:联经事业出版有限公司1989年版。

张学智:《明代哲学史》,北京:北京大学出版社2000年版。

朱鸿林:《明人著作与生平发微》,桂林:广西师范大学出版社2005年版。

朱鸿林:《中国近世儒学实质的思辨与习学》,北京:北京大学出版社2005年版。

朱鸿林：《儒者思想与出处》，北京：生活·读书·新知三联书店 2015 年版。

朱鸿林：《明儒学案研究及论学杂著》，北京：生活·读书·新知三联书店 2016 年版。

钟彩钧：《王阳明思想之进展》，台北：文史哲出版社 1983 年版。

钟彩钧主编：《刘蕺山学术思想论集》，台北："中研院"中国文哲研究所 1998 年版。

赵园：《明清之际士大夫研究》，北京：北京大学出版社 1999 年版。

赵园：《制度·言论·心态——〈明清之际士大夫研究〉续编》，北京：北京大学出版社 2006 年版。

周裕锴：《宋代诗学通论》，上海：上海古籍出版社 2007 年版。

郑宗义：《明清儒学转型探析》，香港：香港中文大学出版社 2000 年版。

左东岭：《王学与中晚明士人心态》，北京：人民出版社 2000 年版。

张艺曦：《阳明学的乡里实践：以明中晚期江西吉水、安福两县为例》，北京：北京师范大学出版社 2013 年版。

郑婷：《宋诗与明代诗坛》，复旦大学博士学位论文，2012 年。

耿宁著，倪梁康译：《人生第一等事：王阳明及其后学论"良知"》，北京：商务印书馆 2014 年版。

荒木见悟著，廖肇亨译注：《佛教与儒教》，台北：联经事业股份有限公司 2008 年版。

汉娜·阿伦特著，陈联营译：《责任与判断》，上海：上海人民出版社 2011 年版。

津田左右吉著，曹景惠译注：《论语与孔子思想》，台北：联经出版事业股份有限公司 2015 年版。

列文森著，郑大华、任菁译：《儒教中国及其现代命运》，北京：中国社会科学出版社 2000 年版。

马丁·布伯著，陈维钢译：《我和你》，北京：生活·读书·新知三联书店 1986 年版。

玛莎·C.努斯鲍姆著，徐向东、陆萌译，徐向东、陈玮修订：《善的脆弱性：古希腊悲剧与哲学中的运气与伦理》(修订版)，上海：译林出版社 2018 年版。

弗莱彻著，程立显译：《境遇伦理学》，北京：中国社会科学出版社 1989 年版。

胡塞尔著，倪良康译：《现象学的观念》，上海：上海译文出版社 1986 年版。

海德格尔著，陈嘉映、王庆节译：《存在与时间》，北京：生活·读书·新知三联书店 1987 年版。

汉斯·约纳斯著，方秋明译：《责任原理：技术文明时代的伦理学探索》，香港：世纪出版有限公司 2013 年版。

汉斯·约纳斯著，张荣译：《技术、医学与伦理学》，上海：上海译文出版社 2008 年版。

汉斯·约纳斯著，张新樟等译：《灵知主义与现代性》上海：华东师范大学出版社 2005 年版。

伽达默尔著，洪汉鼎译：《真理与方法》，上海：上海人民出版社 1989 年版。

康德著,关文运译:《实践理性批判》,北京:商务印书馆1960年版。
康德著,苗力田译:《道德形而上学原理》,上海:上海人民出版社1986年版。
秦家懿著,曹剑波译:《朱熹的宗教思想》,厦门:厦门大学出版社2010年版。
舒兹著,卢兰岚译:《舒兹文集》,台北:桂冠图书公司1992年版。
吾妻重二著,吴震编:《朱熹〈家礼〉实证研究》,上海:华东师范大学出版社2012年版。
许茨著,霍桂垣译:《社会实在问题》,杭州:浙江大学出版社2011年版。
西田几多郎著,何倩译:《善的研究》,北京:商务印书馆1989年版。
伊安·夏皮罗著,姚建华、宋国有译:《政治的道德基础》,上海:上海三联书店2006年版。

Hans Jonas, *The Imperative of Responsibility: In Search of an Ethics for the Technological Age*, Chicago: University of Chicago Press, 1985.

Wm. T. de Bery, *The Message of the Mind in Neo-Confucianism*, New York: Columbia University Press, 1989.

Wm. T. de Bery, *Learning for Oneself: Essays on the Individual in Neo-Confucianism*, New York: Columbia University Press, 1991.

Wm. T. de Bery, *Self and Society in Ming Thought*, New York: Columbia University Press, 1970.

Wm. T. de Bery, *Unfolding of Neo-Confucianism*, New York: Columbia University Press, 1975.

John Berthorong, *All Under Heaven: Transforming Paradigms in Confucian-Christian Dialogue*, Albany, N.Y.: State University of New York Press, 1994.

Peter K. Bol, *This Culture of Ours: Intellectual Transitions in T'ang and Song China*, Stanford: Stanford University Press, 1992.

Thoams A. Metzger, *Escape from Predicament: Neo-Confucianism and China's Evolving Political Culture*. New York: Columbia University Press, 1977.

Cynthia J. Brokaw, *The Ledgers of Merit and Demerit: Social Change and Moral Order in Late Imperial China*, Princeton: Princeton University Press, 1991.

Timothy Brook, *Praying for Power: Buddhism and the Formation of Gentry Society in Late-Ming China*. Cambridge: Council on East Asian Studies, Harvard University, 1993.

Edward T. Ch'ien, *Chiao Hung and the Restructurning of Neo-Confucianism in the Late Ming*. New York: Columbia University Press, 1986.

Hsu Sung-peng, *A Buddhist Leader in Ming China: The Life and Thought of Han-shan Te-ch'ing*. University Park: Pennsylvania State University Press, 1979.

John B. Henderson, *The Construction of Orthodoxy and Heresy: Neo-Confucianism, Islamic, Jewish, and Early Christian Patterns*. New York: State University of New York Press, 1998.

John W. Dardess, *Blood and History in China: The Donglin Faction and Its Repression, 1620-1627*, Honolulu: University of Hawaii Press, 2002.

Soren Kierkgaard, *Concluding Unscientific Postscript*, Princeton, 1941.

David S. Nivison, *The Ways of Confucianism*, Preu: Open Court Publishing Company, 1996.

Ira Bruce Nadel, *Biography: Fiction, Fact and Form*. London: The Macmillan Press, 1984.

Frederick A. Olafson, *Principles and Persons: An Ethical Interpretation of Existentialism*, Baltimore, MD.: The Johns Hopkins Press, 1967.

Wilfred Cantwell Smith, *Faith and Belief*, Princeton, NJ: Princeton University Press, 1979.

Paul Tillich, *Systematic Theology*, I, Chicago University Press, 1951.

Rodney L. Taylor, *The Cultivation of Sagehood as a Religions Goal in Neo-Confucianism: A Study of Selected Writings of Kao P'an-lung (1562–1661)*. Missoula, Mont: Scholars Press/American Academy of Religion, 1978.

Ronald G. Dimberg, *The Sage and Society: The Life and Thought of Ho Hsin-yin*. Honolulu: University Press of Hawaii, 1974.

Tu Wei-ming, *Neo-Confucianism Thought in Action: Wang Yang-ming's Youth (1472–1509)*. Berkeley: University of California Press, 1976.

Chun-fang Yu, *The Renewal of Buddhism in China: Chu-hung and the Late Ming Synthesis*. New York: Columbia University Press, 1981.

Lawrence Alan Vogel, *Responsibility for Self and Responsibility to Others: The Moral Implications of Authenticityin Heidegger's Being and Time*, Yale University, 1989.

三、论文（按作者姓氏拼音排序）：

陈来：《朱子思想中的四德论》，《哲学研究》2011年第1期。

陈来：《"一破千古之惑"——朱子对〈洪范〉皇极说的解释》，《北京大学学报（哲学社会科学版）》2013年第2期。

陈来：《程门仁说略论》，《二程与宋学——首届宋学暨程颢程颐国际学术研讨会论文集》2012年11月。

陈少明：《仁义之间》，《哲学研究》2012年第11期。

陈少明：《人、物之间——理解〈庄子〉哲学的一个关键》，立陶宛，维尔纽斯大学东方研究中心，"中国思想史中的身体与人"国际学术会议论文，2011年6月。Conference on Body and Person in China, Centre of Oriental Studies, Vilnius University, Lithuania, June 6-8, 2011。

陈立胜：《恻隐之心："同感"、"同情"与"在世基调"》，《哲学研究》2011年第12期。

陈立胜：《仁·识痛痒·镜像神经元》，《哲学动态》2010年第11期。

陈立胜：《谁之思？何种位？——儒学"思不出位"之中的"心性"与"政治"向度》，见金泽、赵广明主编：《宗教与哲学》第5辑，北京：中国社科文献出版社2016年版。

陈立胜:《王阳明龙场悟道新诠》,《中山大学学报(社会科学版)》2014年第4期。

陈乔见:《后习俗责任伦理学与儒家伦理学之重构——林远泽教授的〈儒家后习俗责任伦理学的理念〉评介》,《伦理学术》2019年第6期。

杜维明、东方朔:《刘宗周〈人谱〉的道德精神世界——杜维明教授访谈》,《学术月刊》2001年第7期。

冯达文:《"事"的本体论意义》,《中国哲学史》2001年第1期。

方旭东:《他人的痛——对万物一体之仁说的沉思》,《学术月刊》2005年第2期。

G.恩德利(G.Enderle)著,王浩、乔亨利译,白锡校:《意图伦理与责任伦理——一种假对立》(上),《国外社会科学》1998年第3期。

G.恩德利(G.Enderle)著,王浩、乔亨利译,白锡校:《意图伦理与责任伦理——一种假对立》(下),《国外社会科学》1998年第4期。

顾红亮:《责任与他者——列维纳斯的责任观》,《社会科学研究》2006年第1期。

顾红亮:《梁漱溟的责任》,《天津社会科学》2014年第5期。

顾红亮:《作为他者》,《现代哲学》2007年第1期。

顾红亮:《为他责任》,《南京社会科学》2006年第10期。

顾红亮:《另一种主体性》,《天津社会科学》2005年第4期。

林月惠:《聂双江归寂说之衡定》,《嘉义师院学报》1992年第11期。

林月惠:《论聂双江"忽见心体"与罗念庵"彻悟仁体"之体验——一种"现象学的描述"之理解》,《嘉义师院学报》1996年第10期。

林乐昌:《张载两层结构的宇宙论哲学探微》,《中国哲学史》2008年第4期。

梁洪生:《江右王门学者的乡族建设——以流坑村为例》,《新史学》1997年第3期。

劳思光:《王门功夫问题之争议及儒学精神之特色》,《新亚学术集刊》1982年第3期。

梁庚尧:《南宋的农地利用政策》,《台湾大学文学院文史丛刊》1977年第2期。

卢崴诩:《从解释社会学到修身社会学——舒兹与孟子思想中的人己关系及其社会学意涵》,《江苏社会科学》2013年第3期。

逯铭昕:《叶梦得的"气格"论及其意义》,《中国文化研究》2011年秋卷。

杨祖汉:《"体用不二"与体证的方法》,《鹅湖》1993年第228期。

杨祖汉:《宋明儒学的发展与阳明哲学的特色》,《鹅湖》1992年第2期、1992年第3期。

王汎森:《"心即理"说的动摇与明末清初学风之转变》,《"中研院"历史语言研究所集刊》1992年第6期。

吕妙芬:《儒释交融的圣人观:从晚明儒家圣人与菩萨形象相似处及对生死议题的关注谈起》,《"中研院"近代史研究所集刊》1999年第12期。

冈田武彦:《阳明学之研究与受用》,《浙江学刊》1989年第4期。

李明辉:《刘蕺山对朱子理气论的批判》,《汉学研究》第19卷第2期。

李明辉：《存心伦理学、责任伦理学与儒家思想》，《浙江学刊》2002年第5期。

林月惠：《从宋明理学的"性情论"考察刘蕺山对〈中庸〉"喜怒哀乐"的诠释》，《中国文哲研究集刊》2004年第9期。

林惠胜：《试论王龙溪"三教合一说"——以〈调息说〉为例》，《中国学术年刊》1993年第14期。

林惠胜：《试论阳明的万物一体》，《中国学术年刊》1993年第16期。

刘宗贤：《王阳明的感应之几剖析》，《东岳论丛》1984年第4期。

蒙培元：《从王畿看良知说的演变》，《哲学研究》1986年第10期。

秦家懿：《王阳明与道教》，见《东亚文化的探索》，台北：正中书局1996年版。

钱明：《王学主意说论要》，《浙江学刊》1989年第5期。

任文利：《解读正德庚辰王阳明之梦——兼论开悟"致良知"宗旨的政治苦境》，见《中国儒学》第六辑，北京：中国社会科学出版社2011年版。

吴震：《身心技法：静坐——试析朱子学的修养论》，见《朱子学刊》第11辑，合肥：黄山书社2001年版。

吴震：《格物诚意不是两事：关于朱熹工夫论思想的若干问题》，《杭州师范大学学报（社会科学版）》2014年第6期。

谢文郁：《自由与责任》，《浙江大学学报（人文社会科学版）》2010年第1期。

谢文郁：《责任》，《中国民族报》2013年第4期。

谢文郁：《儒家仁政和责任》，《原道》2013年第2期。

谢文郁：《宗教问题：权利社会和责任》，《世界宗教研究》2014年第2期。

谢文郁：《权利政治与责任》，《文史哲》2016年第1期。

杨国荣：《论王学的内在二重性》，《浙江学刊》1989年第4期。

杨国荣：《论王门后学的归寂说》，《中洲学刊》1989年第2期。

杨国荣：《晚明群己之辨的演进》，《河北学刊》1990年第2期。

杨海文：《李泰伯疑孟公案的客观审视》，见刘小枫、陈少明主编：《荷尔德林的新神话》，《经典与解释》第4辑，北京：华夏出版社2004年版。

杨儒宾：《宋儒的静坐说》，《台湾哲学研究》2004年第4期。

杨儒宾：《论"喜怒哀乐未发前气象"》，《中国文哲研究所通讯》第15卷第3期。

杨儒宾：《理学家与悟——从冥契主义的观点探讨》，见刘述先主编：《中国思潮与外来文化》，台北："中研院"中国文哲研究所2002年版。

郁振华：《论道德—形上学的能力之知——基于赖尔与王阳明的探讨》，《中国社会科学》2014年第12期。

郁振华：《再论道德的能力之知——评黄勇教授的良知诠释》，《学术月刊》2016年第12期。

杨宇勋：《宋代的布衣上书》，《成大历史学报》第27号。

余治平：《儒家责己与责人的道德要求》，《上海交通大学学报（哲学社会科学版）》

2008年第1期。

王伟民:《论江右王门对阳明心学的修正》,《江西社会科学》1992年第5期。

屠承先:《阳明学派的本体功夫论》,《中国社会科学》1990年第6期。

张新民:《探寻真实的存在与存在的真实——王阳明心学视域下的静定、立诚与格心》,《贵州大学学报》2003年第9期。

黄俊杰:《从儒家经典诠释史观点论解经者的"历史性"及其相关问题》,《台大历史学报》第24期。

牛建强:《明代中后期讲学风气的扩张及其变异》,《史学集刊》1993年第4期。

王汎森:《"心即理"说的动摇与明末清初学风之转变》,《"中研院"历史语言研究所集刊》1994年第6期。

张世英:《人类中心论与民胞物与说》,《江海学刊》2001年第4期。

周志文:《明儒中的主动派与主静派》,见《晚明学术与知识分子论丛》,台北:大安出版社1999年版。

周志文:《仕进与讲学》,见《晚明学术与知识分子论丛》,台北:大安出版社1999年版。

赵园:《经世与救世——关于明清之际士大夫的一种姿态的考察》,《社会科学论坛》2005年第6期。

赵园:《危机时刻的思想与言说——探寻进入社会变革时期的路径》,《社会科学论坛》2005年第5期。

赵园:《师道与师门——以明清之际为例》,《社会科学论坛》2005年第7期。

朱俊林:《儒家责任》,《道德与文明》2014年第6期。

张春香:《〈周易〉责任伦理思想浅析》,《周易研究》2005年第2期。

Alix Cohen, "Kant on Doxastic Voluntarism and its Implications for Epistemic Responsibility," *Kant Yearbook*, 2013.

Annette C. Baier, "How Can Individualists Share Responsibility?" *Political Theory*, Vol. 21, No.2(May,1993).

BelaiefLynne, "Responsibility and Conscience", *Philosophy Today*, Spring 1969.

Claudia Blöser, "Degrees of Responsibility in Kant's Practical Philosophy", *Kantian Review*, Volume 20, Issue 02, July 2015.

Christopher Janaway, Necessity, "Responsibility and Character:Schopenhauer on Freedom of the Will", *Kantian Review*, Volume 17, Issue 03, November 2012.

Georgy Turski, "Emotions and Responsibility", *Philosophy Today*, Summer 1991.

Garrath Williams, "Responsibility as a Virtue", *Ethic Theory Moral Practice* (2008)11.

Howard Williams, "Heather M. Roff, Global Justice, Kant and the Responsibility to Protect:A Provisional Duty", *Kantian Review*, Volume 20, Issue 01, March 2015.

Herbert Fingarette, "Responsibility", *Mind*, New Series, Vol.75, No.297(Jan.,1966).

Georg Picht & Winston Davis, "The Concept of Responsibility:Introduction and Translation", *Religion*(1998).

Irene McMullin, "Kant on Radical Evil and the Origin of Moral Responsibility", *Kantian Review*, Volume 18, Issue 01, March 2013.

Ishtiyaque Haji, "Intrinsic Value, Alternative Possibilities, and Reaso", *The Journal of Ethics*, Vol.14, No.2(June 2010).

Jean-Cheristophe Merle, "A Kantian Argument for a Duty to Donate One's Own Organs. A Reply to Nicole Gerrand", *Journal of Applied Philosophy*, Vol.17, No.1, 2000.

Johnc.H arsanyi, "Equality, Responsibility, and Justice as Seen from Autilitarian Perspective", *Theory and Decision* 1991.

Karl Otto Apel, "L'éthique du discours comme éthique de la responsabilité : une transformation postmétaphysique de l'éthique kantienne", *Revue de Métaphysique et de Morale*, 98e Année, No.4, Numéro du centenaire Métaphysique et Morale(Octobre-Décembre 1993).

Mark Warren, "Max Weber's Liberalism for a Nietzschean World", *The American Political Science Review*, Vol.82, No.1(Mar.1988).

Suzanne M.Uniacke, "Responsibility and Obligation:Some Kantian Directions", *International Journal of Philosophical Studies*, (2005).

Steven McGuire, "Theory and Practice in Tocquevilleand Kant: Reflections on Ralph Hancock's The Responsibilityof Reason", *Perspectives on Political Science*.

Thomas Giddens, "Criminal Responsibility and the Living Self", *Crim Law and Philos*(2015).

Tu Wei Ming, "Pain and Suffering in Confucian Self-Cultivation", *Philosophy East and West*, Vol.34, no.4(oct.1984).

Tomis Kapitan, "Review by: Tomis Kapitan Responsibility and Free Choice", *Noûs*, Vol. 20, No.2(Jun.1986).

Thomas A."Wasmmer, Responsibility and Pleasure in Kantian Morality Wassmer", *Kant-Studien*; Jan 1, 1960.

Wim Dubbink& Luc van Liedekerke, "A Neo-Kantian foundation of Corporate Social Responsibility", *Ethic Theory Moral Practice*(2009).

Winston Davis, "Max Weber on Religion and Political Responsibility", *Religion*, (1999).

Winston H.F.Barnes, W.D.Falk and A.E.Duncan-Jones, "Intention, Motive and Responsibility", *Proceedings of the Aristotelian Society, Supplementary Volumes*, Vol.19, Analysis and Metaphysics(1945).

William Schweiker, "Responsibility and Christian Ethics", *New Studies in Christian Ethics*, Cambridge University Press, New York, 1995.

后 记

　　这本书是在我的导师冯达文先生的关怀下完成的。先生教我以学,树我以德,塑造培育之恩,无法言尽,谨向先生深表谢意。在书稿撰写过程中,陈来先生、陈少明先生、陈立胜先生、李兰芬先生等皆启我良多,我受用如饴,谨向诸先生敬致衷心感谢。高宣扬先生将本书纳入丛书,平素奖掖后学不遗余力,我感铭于心,此书得以出版,谨拜谢先生厚意。人民出版社洪琼先生给予了热情的帮助和支持,促成了本书面世,谨向先生致以诚挚感谢。

　　自2009年思考刘宗周一统于万说本体论特点,2010年探其"己所不欲勿施于己"恕道、并确立理学责任思想研究方向,2016年完成本书初稿于伦敦大学国王学院,书中诸说经数载沉潜酝酿。"责任"论题深广,谨以本书为引玉之砖,愿方家指正。

责任编辑:洪 琼

图书在版编目(CIP)数据

宋明理学责任伦理思想研究/雷静 著.—北京:人民出版社,2022.7
(生命哲学研究丛书/高宣扬主编)
ISBN 978-7-01-023880-7

Ⅰ.①宋… Ⅱ.①雷… Ⅲ.①理学-责任感-伦理思想-研究-宋代
②理学-责任感-伦理思想-研究-明代 Ⅳ.①B244.05②B248.05

中国版本图书馆 CIP 数据核字(2021)第 208723 号

宋明理学责任伦理思想研究
SONGMING LIXUE ZEREN LUNLI SIXIANG YANJIU

雷 静 著

人民出版社 出版发行
(100706 北京市东城区隆福寺街99号)

北京中科印刷有限公司印刷 新华书店经销

2022年7月第1版 2022年7月北京第1次印刷
开本:710毫米×1000毫米 1/16 印张:17.75
字数:300千字

ISBN 978-7-01-023880-7 定价:79.00元

邮购地址 100706 北京市东城区隆福寺街99号
人民东方图书销售中心 电话 (010)65250042 65289539

版权所有·侵权必究
凡购买本社图书,如有印制质量问题,我社负责调换。
服务电话:(010)65250042